汽车电工电子
技术

QICHE
DIANGONG
DIANZI
JISHU

张大鹏　赵慧敏　张　宪
主编

化学工业出版社

·北京·

内容简介

本书是以教育部颁布的"高等学校电工电子技术课程教学基本要求"为依据编写的，可作为高等院校工科汽车和机械相关专业教材、高职高专院校工科汽车和机械相关专业的教材或教学参考用书。

本书按三个方面来讲述：第一，电路基础部分，重点介绍电路的基本概念与基本定律、电路的分析方法、交流电路、三相交流电路、电路的过渡过程、安全用电等；第二，模拟电子技术部分，包括半导体器件、基本放大电路、集成运算放大器的应用、直流稳压电源、晶闸管及可控整流电路等；第三，数字电子技术部分，包括数字电路基础、逻辑门电路与组合逻辑电路、时序逻辑电路和集成 555 定时器、数 / 模和模 / 数转换器等。为了帮助读者掌握汽车电路的识图，增加了看汽车电路图的基本方法。以上内容也是机械、汽车相关专业了解有关电工电子基础及应用的主体内容。

本书参考教学学时为 60 ～ 80 学时，教学微课视频和部分拓展内容以二维码方式展现。对于少学时各专业采用本书时，可根据实际情况删减部分内容。

图书在版编目（CIP）数据

汽车电工电子技术 / 张大鹏，赵慧敏，张宪主编.

北京 ： 化学工业出版社，2024. 12. -- ISBN 978-7-122-46368-5

Ⅰ. U463.6

中国国家版本馆 CIP 数据核字第 20246K1A21 号

责任编辑：李佳伶　　　　　　　　　　　文字编辑：侯俊杰　温潇潇
责任校对：赵懿桐　　　　　　　　　　　装帧设计：刘丽华

出版发行：化学工业出版社
　　　　　（北京市东城区青年湖南街13号　邮政编码100011）
印　　装：三河市君旺印务有限公司
787mm×1092mm　1/16　印张17½　字数428千字
2025 年 9 月北京第 1 版第 1 次印刷

购书咨询：010-64518888　　　　　　　售后服务：010-64518899
网　　址：http://www.cip.com.cn
凡购买本书，如有缺损质量问题，本社销售中心负责调换。

定　　价：56.00元

汽车电工电子技术是汽车和机械相关专业的一门重要技术基础课程。本教材总结了我们多年的教学实践经验：贯彻"少而精"的教学原则；注重取材的先进性和实用性，力求概念叙述清楚；内容深入浅出，适当更新；做到重点突出，理论联系实际。本教材的特点是着重电路和电子电路的定性分析，强调基本概念，重视基本理论的应用和基本技能的训练。

根据相关要求，《汽车电工电子技术》教材中增加了填空题和选择题以及参考答案。目的是帮助学生理解教材的相关基本概念和基本知识，并能适应对考试中类似题目的理解和掌握，以帮助初学者提高分析问题、解决问题的能力。

在教材中我们既强调了基本理论、基本知识和基本技能，也注意到了知识面的拓宽和更新，力求处理好以下几个关系：

① 电路基本理论与电子技术的关系。除了深入理解书中介绍的基本概念与设备原理以及一般电路的分析方法外，还必须掌握电子技术的相关理论，深化和拓展对课程内容的理解。

② 传统内容和知识更新的关系。利用分立元件电路讲述基本概念和原理，做到少而精，重点介绍模拟集成电路和数字集成电路的特点和应用。

③ 器件与电路的关系。对于器件主要介绍其外部特性及使用方法，不必过分地追究其内部机理。重点在于电子电路工作原理的分析和应用实践。

④ 模拟电路与数字电路的关系。适度删减模拟电路的内容，突出重点，奠定基础，增大数字电路的比重，以适应实际工作的需要。

⑤ 理论学习与素质培养的关系。在加强"三基"的同时，注意素质的培养，尤其是例题、习题的选择中，增加了实用小电路，以提高分析问题、解决问题的能力。

⑥ 本书配备了视频课内容，方便学生在学习过程中加深理解，提高学习效率。

⑦ 本书习题参考答案，已上传至化学工业出版社官网"资源下载"处，供参考借鉴。

在此，对所有为本教材进行审阅并提出宝贵意见以及在编写、出版过程中给予热情帮助和支持的同志们，一并表示衷心的感谢。

由于编者学识有限，书中难免存在一些缺点，恳切希望使用本书的读者给予批评、指正。

编 者

第一章
电路的基本概念与基本定律

第二章
电路的分析方法

第三章
交流电路

第四章
三相交流电路

第五章
电路的过渡过程

*第六章
安全用电

第七章
半导体器件

第八章
基本放大电路

第九章
集成运算放大器的应用

第十章
直流稳压电源

第十一章
晶闸管及可控整流电路

12

第十二章
数字电路基础

13

第十三章
逻辑门电路与组合逻辑电路

14

第十四章
时序逻辑电路和集成 555 定时器

15

第十五章
数／模和模／数转换器

16

第十六章
看汽车电路图的基本方法

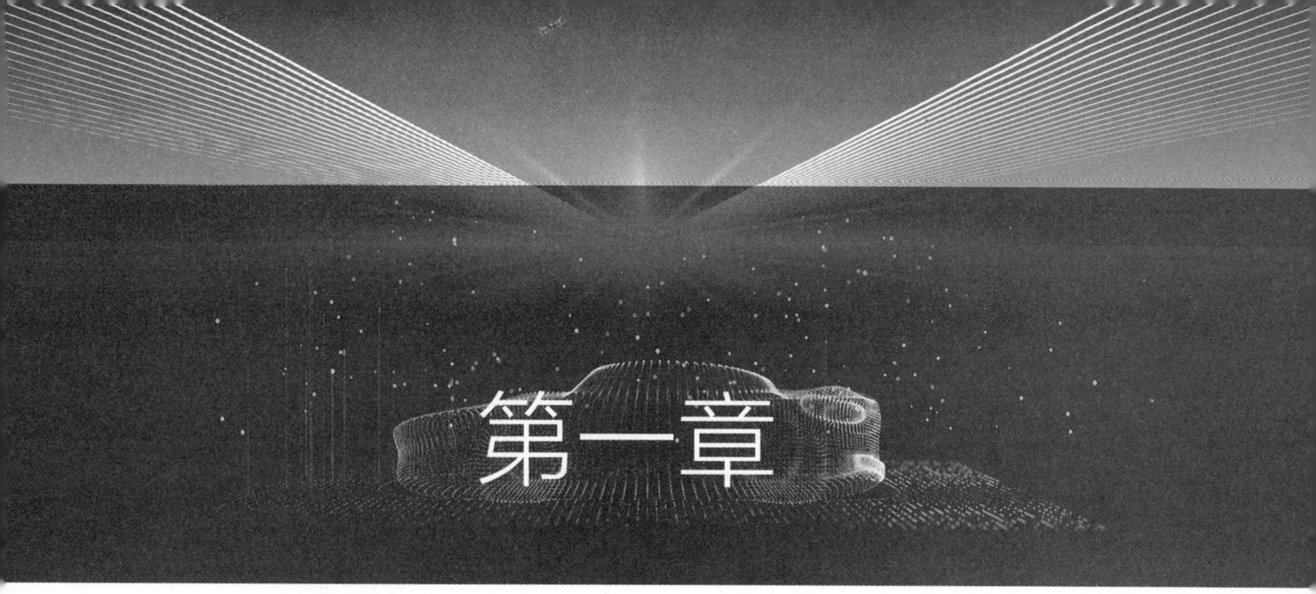

第一章

电路的基本概念与基本定律

本章从电路的基本物理量及其单位出发，着重讨论电路的基本定律、基本知识、电路的工作状态、电位的计算以及电压和电流的正方向等。直流电路中介绍的这些内容都是分析与计算电路的基础，原则上也适用于正弦交流电路及其他各种线性电路。

第一节

电路的基本物理量及其正方向

一、电流

电荷在电场作用下做有规则的定向运动，称为电流。

在金属导体内的电流是由于导体的内部自由电子在电场力的作用下有规则地运动而形成的。电流在数值上等于单位时间内通过某一导体横截面的电荷量。如果电流用 I 表示，电荷量用 q 表示，时间用 t 表示，则得

$$I = \frac{q}{t} \tag{1-1-1}$$

式中，q 为时间 t 内通过导体横截面 S 的电荷量。如图 1-1-1 所示。

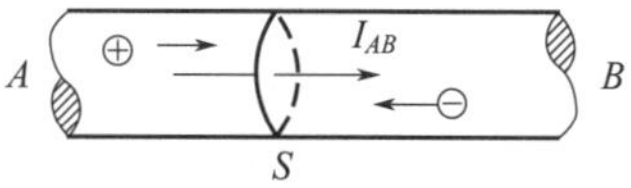

图 1-1-1　金属导体中的电流方向

对于随时间变化的电流来说，则电流为

$$i = \frac{\mathrm{d}q}{\mathrm{d}t} \tag{1-1-2}$$

上式表示电流是随时间而变化的，是时间的函数，称为变化电流，用小写字母 i 表示。当电流的大小和方向都不随时间变化时，称为直流电流，用大写字母 I 表示。

在国际单位制（SI）中，电流的单位为安培（简称安），用大写字母 A 表示。当 1 秒（s）内通过导体横截面的电荷量为 1 库仑（C）时，则电流为 1 安培（A）。在电力系统中，遇到的电流为几安、几十安，甚至更大，而在电子技术中经常遇到较小的电流，是以毫安（mA）或微安（μA）为单位来计算的。它们之间的关系是：

$$1\mathrm{kA} = 10^3 \mathrm{A}$$

$$1\mathrm{mA} = 10^{-3}\mathrm{A}$$

$$1\mu\mathrm{A} = 10^{-3}\mathrm{mA} = 10^{-6}\mathrm{A}$$

通常规定正电荷运动的方向或负电荷运动的相反方向为电流的实际方向。但是在分析电路的时候，有时电流的实际方向难以事先确定，特别是在交流电路中，电流的实际方向随时间不断地反复改变，在电路图上也无法用一个箭标来表示它的实际方向。为此，为了分析电路方便，我们可任意选定某一方向作为电流的正方向，或称为参考方向。当电流的正方向与其实际方向一致时，则电流为正值，如图 1-1-2（a）所示。当电流的正方向与其实际方向相反时，则电流为负值，如图 1-1-2（b）所示。因此，在正方向选定之后，电流值的正与负，就决定了电流的实际方向。

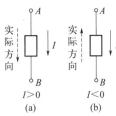

图 1-1-2　电流的正方向

本书中电路图上所标的电流方向都是正方向（参考方向）。

另外，电流的正方向除用带箭头的直线表示外，还可用双下标表示。如图 1-1-1 所示，图中 I_{AB} 即表示电流的正方向是由 A 指向 B。若选定正方向为由 B 指向 A，则为 I_{BA}，两者相差一个负号，即 $I_{AB} = -I_{BA}$。

综上所述，电流的正方向是电路中一个非常重要的概念，在学习中应注意以下几点：

① 电流的实际方向是客观存在的，而其正方向是根据计算的需要任意选取的，正方向一经选定后，在电路分析和计算过程中就必须以此为依据，不能随意改动。

② 同一电流，若正方向选择不同，其数值相等而符号相反。因此，电流值的正负只有在选定正方向下才有意义。

③ 电路中的基本公式和结论，都是在一定的正方向下得出来的。应用时必须注意正方向的选择。

④ 电流是具有大小和流动方向的代数量，是标量，不是矢量。电流流动方向与矢量中的方向不同，它并不决定电流这一物理量的作用效果。

二、电压和电动势

1. 电压

在导体内电荷的定向运动形成电流，这种定向运动是在电场力的作用下实现的。为了衡量电场力对电荷做功的能力，引入电压这一物理量。如图 1-1-3 所示电路中，A、B 两点间的电压 U_{AB} 在数值上等于电场力把单位正电荷从 A 点移到 B 点所做的功。在电场内两点间的电压也常称为两点间的电位差，即电压：

$$U_{AB} = V_A - V_B \tag{1-1-3}$$

式中，V_A 为 A 点的电位；V_B 为 B 点的电位。物理学中电位称为电势，表示电场中某一点性质的物理量，它是相对参考点而言的。电场中某点 A 的电位，在数值上等于电场力把单位正电荷从该点沿任意路径移到参考点所做的功。可见，电场中某点的电位就是该点到参考点间的电压。

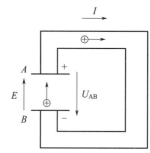

图 1-1-3　电荷的运动回路

正电荷在电场力推动下，从高电位向低电位移动。则图 1-1-3 中 A 点称为高电位，用"+"号表示。而 B 点称为低电位，用"–"号表示。电压的方向是从高电位端指向低电位端，即为电位降低的方向。和电流一样，在电路图上所标的电压的方向也都是正方向，可以用箭标或双下标表示，还可用"+""–"表示。在直流电路中，当电压的实际方向已知时，为了简便，常以电压的实际方向作为正方向。

在国际单位制（SI）中，电压的单位为伏特，简写为伏，用字母 V 表示。在测量中也可用千伏（kV）、毫伏（mV）和微伏（μV）表示，它们之间的关系是：

$$1kV = 10^3 V$$

$$1mV = 10^{-3} V$$

$$1\mu V = 10^{-3} mV = 10^{-6} V$$

2. 电动势

为了维持 AB 两点间的电压保持恒定，则必须使 B 端增加的正电荷经过另一路径流向 A 端，否则 AB 间电压将降低。但由于电场力的作用，电极 B 端上的正电荷不能逆电场而上到达 A 端。因此必须有一种力能克服电场力而使 B 端的正电荷移向 A 端。电源就能产生这种力，称为电源力。电源力将单位正电荷从电源负极端 B 经过电源内部移至正极端 A，克服电场力所做的功称为电源的电动势，用字母 E 表示。

按照电动势的定义，其单位也是伏特（V）。必须注意，电动势的实际方向由负极指向正极，如图 1-1-3 所示。因此，电动势的实际方向与电压的实际方向相反。

电动势与电压是两个不同的概念。它们既可以用正负极之间的电动势表示，也可以用其间的电压表示，但要注意两者之间的区别。在图 1-1-3 中，电动势 E 与电压 U_{AB} 表示同一电源，即 $E = U_{AB}$。在以后的叙述中，常常用一个与电源的电动势大小相等、方向相反的电压等效表示电动势对外电路的作用效果。

三、功和功率

如果在电场中某两点 A 和 B 之间的电压为 U，当电荷 q 受到电场力的作用，在时间 t 内从 A 点移到 B 点，那么电场力做的功为

$$W = Uq \tag{1-1-4}$$

即

$$W = UIt \tag{1-1-5}$$

电场力做功的结果是消耗了电能。单位时间内消耗的电能称为电功率（或称功率）：

$$P = \frac{W}{t} = UI \tag{1-1-6}$$

在国际单位制（SI）中，功率的单位是瓦特，简称瓦，用 W 表示。如果电压的单位为伏（V），电流的单位为安（A），则功率的单位为瓦（W）。

$$1W = 1V×1A$$

工程上，较大的功率常用千瓦（kW）和兆瓦（MW）作单位，较小的功率也用毫瓦（mW）和微瓦（μW）表示。它们之间的换算关系为

$$1MW = 10^3kW = 10^6W$$

$$1W = 10^3mW = 10^6μW$$

功的单位是焦耳，用 J 表示：

$$1J = 1W × 1s$$

电功有时也用千瓦时（kW·h）作为单位，1 千瓦时俗称 1 度电。

$$1kW·h = 1kW × 1h = 3.6×10^6 J$$

我们常说用了多少"度"电，就是指消耗了多少千瓦时的电能。

例 1.1.1 一只 60W、220V 的白炽灯泡，一个月要消耗多少千瓦时电能？每月按 30 天，每天以 4 小时计算。

解 根据式（1-1-5）和式（1-1-6）可知：

$$W = Pt = 60W×4h×30d = 7.2kW·h$$

必须指出：在电工技术里，负载的大小是指用电设备吸收或消耗功率的大小，消耗功率大的称为负载大，消耗功率小的称为负载小。

第二节

电路的组成和作用

某些电气设备或器件按一定方式连接起来，构成电流的通路，称为电路。最简单的电路如图 1-2-1 所示的手电筒电路，它由下列三部分组成：电源、中间环节、负载。

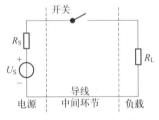

图 1-2-1 手电筒电路模型

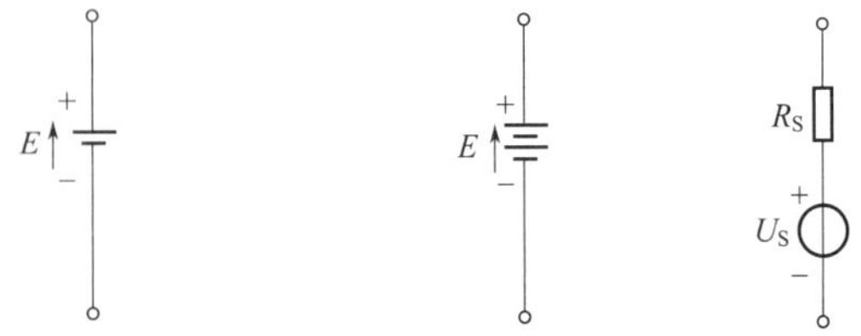

(a) 干电池、蓄电池符号　(b) 干电池、蓄电池组符号　(c) 电源符号

图 1-2-2 电源符号

一、电路的组成

1. 电源

电源是一种将非电能转换成电能的装置。常用的电源有干电池、蓄电池和发电机等，它

们分别将化学能和机械能转换成电能。电源的符号如图 1-2-2 所示。图 1-2-2（a）表示干电池或蓄电池符号，图 1-2-2（b）表示干电池组或蓄电池组的符号。在电路分析中，电源设备一般用图 1-2-2（c）所示的电压源表示，图中 R_S 表示电压源的内阻。

2. 中间环节

中间环节起传输、分配和控制电能的作用。最简单的中间环节就是开关和导线。一般连接导线的电阻很小，所以电路分析中常把连接导线的电阻视为零。中间环节一般还有保护和测量设备。对于一个实际电路来说，中间环节可能是相当复杂的，它可能是由各种元器件或设备组成的网络系统。

3. 负载

负载是取用电能的设备，其作用是将电能转换成其他形式的能量（如机械能、光能、热能）。常见的负载有电灯、电动机、电炉、扬声器等。

综上所述，电源、中间环节和负载是组成一个完整电路的三个最基本的部分。

二、电路的作用

电路的组成形式和功能虽然是多种多样的，但总的来说，它的作用主要有两点。

1. 实现电能的传输和转换

在电力系统中，发电机组把热能、水能、核能转换成电能，通过变压器、输电线路输送和分配到用户，用户则根据实际需要又把电能转换成机械能、光能和热能等。

2. 传递和处理电信号

通过电路元件，可以将信号源施加的信号变换或加工成所需的输出信号。如放大电路的作用是把微弱的输入信号放大成为满足工作需要的强的输出信号。

无论是电能的传输、分配和转换，还是信号的传递和处理，其中电源或信号源的电压（电流）都称为激励，它驱动电路工作。在激励作用下，电路某一元件上的电压或通过元件的电流称为响应。激励表示电源供给电路的能量，响应表示在电路某一元件上能量的应用。所谓电路分析，就是在已知电路结构和元件参数的情况下，讨论电路的激励和响应之间的关系。

第三节

电路的基本定律

电路中使用的最简单、最普通的电路元件是电阻，电阻是从实际元件中抽象出来的模型，在电路中对电流呈现阻力。电阻元件两端的电压和通过的电流是受欧姆定律约束的。在简单电路分析中，运用欧姆定律即可得到解决，但是在实际工作中，常常会遇到比较复杂的电路，要分析这类电路问题就有赖于基尔霍夫定律和欧姆定律的配合使用。在学习这些基本定律之前，先介绍几个有关的电路名词。

支路 电路中含有电路元件的每个分支称为支路，一条支路中通过的电流为同一电流。在图 1-3-1 中有三条支路，如 acb 支路，adb 支路和 R_L 支路。在支路 acb 和支路 adb 中

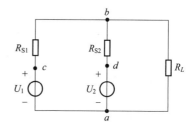

图 1-3-1 电路图的示例

含有电源，这些支路称为有源支路，而电阻 R_L 支路称为无源支路。

　　节点　在电路中，三条或三条以上支路的联结点称为节点。在图 1-3-1 中有两个节点 a 和 b，而 c 和 d 则不被看作节点。

　　回路　电路中任一闭合路径称为回路。在图 1-3-1 电路中共有三个回路，即 $acbda$、$adbR_La$、$acbR_La$。

　　网孔　在回路内部不含有支路的回路称为网孔。如图 1-3-1 电路中 $acbda$ 和 $adbR_La$ 回路都是网孔。

一、欧姆定律

　　通常流过电阻 R 的电流与电阻两端的电压成正比，与电阻 R 成反比，这就是欧姆定律。它是分析计算电路的基本定律之一。对图 1-3-2（a）所示的电路，当有电流 I 通过电阻时，欧姆定律可用下式表示：

$$I = \frac{U}{R} \tag{1-3-1}$$

或
$$U = IR \tag{1-3-2}$$

　　由式（1-3-1）可知，如果电压一定时，电阻 R 越小，则电流 I 越大。反之，电阻 R 越大，电流 I 越小。显然，电阻在电路中具有对电流起阻碍作用的物理性质。

　　在国际单位制（SI）中，电阻的单位是欧姆（Ω）。当电路两端电压为 1 伏（V），流过的电流为 1 安（A）时，则这条支路的电阻为 1 欧（Ω）。在实际工作中还常用到千欧（kΩ）或兆欧（MΩ），它们之间的关系为

$$1\text{k}\Omega = 10^3\Omega$$

$$1\text{M}\Omega = 10^3\text{k}\Omega = 10^6\Omega$$

　　应用欧姆定律时注意，如果流过电阻的电流和电压的正方向不一致时，如图 1-3-2（b）所示，则欧姆定律应写为

$$I = -\frac{U}{R} \tag{1-3-3}$$

或
$$U = -IR$$

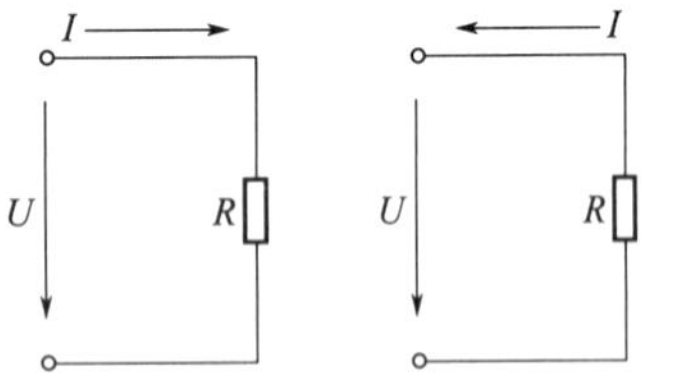

　　在电压电流参考方向一致时，电阻吸收或消耗的功率为

图 1-3-2　欧姆定律
(a) 参考方向一致　(b) 参考方向不一致

$$P = UI = RI^2 = \frac{U^2}{R} \tag{1-3-4}$$

　　上式只适用计算电阻所消耗的功率，I 和 U 分别为流过该电阻的电流和端电压，当 R 为正实常数时，电阻消耗的功率将大于零，是一个耗能元件，与假定的参考方向无关。

　　在实际电路中，如果参考方向一致，计算所得功率为负值（$P < 0$），则表示这段电路（或元件）发出功率，即产生能量。

　　例 1.3.1　如图 1-3-3 所示电路，试用欧姆定律求 I 或 U 以及电阻吸收的功率。

　　解　由图 1-3-3（a）可知，电压、电流的参考方向一致，有

$$I = \frac{U}{R} = \frac{8}{4}\text{A} = 2\text{A}$$

$$P = UI = 8 \times 2\text{W} = 16\text{W}$$

由图 1-3-3（b）可知，电压、电流方向不一致，即有

$$I = -\frac{U}{R} = -\frac{8}{4}\text{A} = -2\text{A}$$

$$P = -UI = -8 \times (-2)\text{W} = 16\text{W}$$

由图 1-3-3（c）可知，电压、电流的参考方向不一致，即有

$$U = -IR = -2 \times 3\text{V} = -6\text{V}$$

$$P = -UI = -(-6 \times 2)\text{W} = 12\text{W}$$

由图 1-3-3（d）可知，电压、电流的参考方向一致，有

$$U = IR = 2 \times 3\text{V} = 6\text{V}$$

$$P = UI = 6 \times 2\text{W} = 12\text{W}$$

由式（1-3-1）可知，电阻元件的电压与电流成正比关系，通过实验可将测量得到的电压值和电流值绘出一根直线，如图 1-3-4 所示。我们称遵循欧姆定律的电阻为线性电阻，由线性元件组成的电路称为线性电路。图 1-3-4 所示的直线常称为线性电阻的伏安特性曲线。

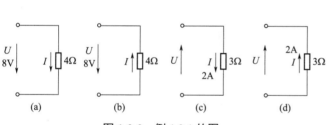

图 1-3-3 例 1.3.1 的图

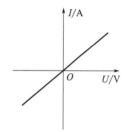

图 1-3-4 线性电阻的伏安特性曲线

二、基尔霍夫电流定律（KCL）

基尔霍夫电流定律是用来确定一个结点上各支路电流之间关系的。由于电流的连续性，在电路任何点（包括结点在内）的截面上，均不能堆积电荷。因此，基尔霍夫电流定律的具体内容如下。

在任一瞬间，流入某结点的电流 $I_\text{入}$ 之和等于从该结点流出的电流 $I_\text{出}$ 之和，即

$$\sum I_\text{入} = \sum I_\text{出} \tag{1-3-5}$$

对于图 1-3-5 所示汽车常用电路来说，由结点 a 可以得到：

$$I_\text{G} + I_\text{B} = I_\text{L}$$

如果我们规定流入结点的电流为正，而流出结点的电流为负，这样基尔霍夫电流定律可写成一般表示式：

$$\sum I = 0 \tag{1-3-6}$$

上式说明，在任一瞬间，流入或流出结点的电流代数和恒为零。如果规定流入结点的电流为正，则流出结点的电流就为负。

基尔霍夫电流定律不仅适用于电路中的任一结点，而且还适用于电路中的任一封闭面。该封闭面称为广义结点，如图 1-3-6 所示电路，封闭面包围的是一个三角形电路，它有 A、B、

C 三个结点。应用电流定律可列出：

$$I_A = I_{AB} - I_{CA}$$

$$I_B = I_{BC} - I_{AB}$$

$$I_C = I_{CA} - I_{BC}$$

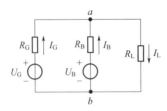

图 l-3-5   汽车常用电路

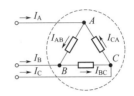

图 1-3-6   KCL 的推广应用

上列三式相加，便得：

$$I_A + I_B + I_C = 0$$

或

$$\sum I = 0$$

可见，在任一瞬间，通过任一封闭面的电流的代数和也恒等于零。

例 1.3.2   如图 1-3-7 为电路中的某一结点 O，试求 bO 支路中的电流 I_{bO}。

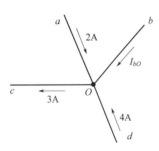

图 1-3-7   电路中的一个结点

解   在分析计算支路电流时，应首先假设各支路电流的参考方向。一经标定就应根据基尔霍夫电流定律列写方程。必须指出，在计算过程中严禁变更电流的参考方向，以免引起混乱。在本例所示电路图中，假定 b 支路中的电流方向为流入结点 O，所以：

$$2 + I_{bO} + 4 - 3 = 0$$

$$I_{bO} = 3 - 4 - 2 = -3\text{A}$$

这里 I_{bO} 为负值，说明电流 I_{bO} 的实际方向是从结点 O 流出的，与参考方向相反。

三、基尔霍夫电压定律（KVL）

基尔霍夫电压定律是用来确定回路中各部分电压之间的关系，具体内容如下。

在任一瞬间，对于电路中任一回路，沿任一指定（顺时针或逆时针）方向绕行一周，各部分电压的代数和恒等于零，即

$$\sum U = 0 \qquad\qquad (1\text{-}3\text{-}7)$$

所谓代数和，必须考虑到正负号，正负号的确定方法如下所述。

首先任意规定绕行方向（顺时针或逆时针方向），各部分电压参考方向与绕行方向一致者取正号，不一致者取负号。

基尔霍夫电压定律常与欧姆定律配合使用。如图 1-3-8 所示电路，其电流的参考方向如图所示。

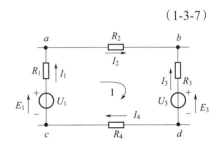

图 1-3-8   电路中的一个闭合回路

当沿回路 *abdca* 所示的顺时针方向绕行时，列写 KVL 方程：

$$U_{ab} + U_{bd} + U_{dc} + U_{ca} = 0$$

其中
$$\begin{cases} U_{ab} = R_2 I_2 \\ U_{bd} = -R_3 I_3 + U_3 \\ U_{dc} = R_4 I_4 \\ U_{ca} = R_1 I_1 - U_1 \end{cases}$$

所以

$$U_{ab} + U_{bd} + U_{dc} + U_{ca} = R_2 I_2 - R_3 I_3 + U_3 + R_4 I_4 + R_1 I_1 - U_1 = 0$$

此外，KVL 方程还有另一种表达式。仍按 *abdca* 所示的顺时针方向绕行，由于 $E_1 = U_1$，$E_3 = U_3$，且 $U_{R1} = R_1 I_1$ 与绕行方向一致取正号，同理 U_{R2} 和 U_{R4} 与绕行方向也一致，故也取正号，而 $U_{R3} = R_3 I_3$ 的参考方向与回路绕行方向相反，应取负号。对于电动势（在等式左端时），其参考方向与回路绕行方向一致时取负号，如 E_1，不一致时取正号，如 E_3。所以，根据 KVL 可得：

$$U_{R1} + U_{R2} - U_{R3} + U_{R4} + E_3 - E_1 = 0$$

即

$$R_1 I_1 + R_2 I_2 - R_3 I_3 + R_4 I_4 + E_3 - E_1 = 0$$

或将电阻压降写在等式的左端，电动势写在等式的右端，则

$$R_1 I_1 + R_2 I_2 - R_3 I_3 + R_4 I_4 = E_1 - E_3$$

上式写成普遍形式为

$$\sum (RI) = \sum E \tag{1-3-8}$$

式（1-3-8）是基尔霍夫电压定律的另一表示形式，即在电路中，在任一瞬间，沿任一闭合路径电压降的代数和等于电动势的代数和。

在应用式（1-3-8）时，同样要规定绕行方向。如果电流（电压）的参考方向与绕行方向一致，电阻两端的电压取正号，反之取负号。如果电动势（在等式右端时）的参考方向与绕行方向一致取正号，反之取负号。

例 1.3.3　如图 1-3-9 所示电路，试写出回路 Ⅰ 和回路 Ⅱ 的电压方程。

解　应用 KVL 分析电路时，一般应按下列步骤进行：

① 首先假定各支路电流的参考方向，如图 1-3-9 所示。

② 假定回路绕行方向，图中为顺时针方向。

③ 应用式（1-3-7）或式（1-3-8）列出电压方程。

由式（1-3-7）可得

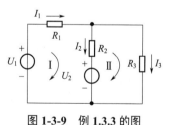

图 1-3-9　例 1.3.3 的图

回路 Ⅰ　　　　　　　$R_1 I_1 + R_2 I_2 - U_1 + U_2 = 0$

回路 Ⅱ　　　　　　　$-R_2 I_2 + R_3 I_3 - U_2 = 0$

由于 $E_1 = U_1$，$E_2 = U_2$，应用式（1-3-8），得

回路 Ⅰ　　　　　　　$R_1 I_1 + R_2 I_2 = E_1 - E_2$

回路 Ⅱ　　　　　　　$R_3 I_3 - R_2 I_2 = E_2$

例 1.3.4　在图 1-3-10 所示电路中，已知 $R_B = 20\text{k}\Omega$，$R_1 = 10\text{k}\Omega$，$E_B = 6\text{V}$，$U_S = 6\text{V}$，$U_{BE} = -0.3\text{V}$，试求电流 I_B、I_2 及 I_1。

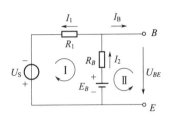

图 1-3-10　例 1.3.4 的图

解　对回路 Ⅱ 应用基尔霍夫电压定律列出

$$E_B - I_2 R_B - U_{BE} = 0$$

即

$$6 - 20I_2 - (-0.3) = 0$$

故

$$I_2 = 0.315\text{mA}$$

再对回路 Ⅰ 列出

$$E_B - I_2 R_B - I_1 R_1 + U_S = 0$$

即

$$6 - 0.315 \times 20 - 10I_1 + 6 = 0$$

故

$$I_1 = 0.57\text{mA}$$

应用基尔霍夫电流定律列出

$$I_2 - I_1 - I_B = 0$$

即

$$0.315 - 0.57 - I_B = 0$$

故

$$I_B = -0.255\text{mA}$$

由此可见，基尔霍夫电压定律不仅适用于任一闭合回路，而且对于任一假想的闭合回路，基尔霍夫电压定律同样适用。

综上所述，在电路中，电阻元件上的电流、电压关系要符合欧姆定律，而对于任何结点，各支路电流要按照基尔霍夫电流定律分配。对于任何闭合回路中的各支路电压应满足基尔霍夫电压定律。

另外，在应用欧姆定律和基尔霍夫定律列写电路方程时，首先应在电路图中标出电压、电流的参考方向，因为方程式中各个物理量的正、负号均由相应的电压、电流的参考方向所决定。

▶ 第四节
电路的工作状态和电气设备的额定值

电路工作时，有可能处于有载工作状态、开路状态和短路状态。现分别讨论每一种状态下的特点。

一、有载工作状态

由图 1-4-1 的电路可知，当开关 S 闭合时，电路接通，有电流通过负载 R_L，这种状态称为有载工作状态，此时电路中的电流为

$$I = \frac{U_S}{R_0 + R_L} \qquad (1\text{-}4\text{-}1)$$

当电压源 U_S 和内阻 R_0 一定时，电流 I 的数值取决于负载电阻 R_L 的大小。负载两端电压为

$$U = R_L I \qquad (1\text{-}4\text{-}2)$$

将式（1-4-2）代入式（1-4-1），整理可得

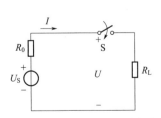

图 1-4-1　电路的有载工作状态

$$U = U_{\text{S}} - R_0 I \tag{1-4-3}$$

由式（1-4-3）可得

$$U_{\text{S}} = U + R_0 I \tag{1-4-4}$$

式（1-4-4）两边同乘以 I，则得功率平衡方程式：

$$U_{\text{S}} I = UI + I^2 R_0 \tag{1-4-5}$$

或

$$P_{\text{S}} = P + P_0 \tag{1-4-6}$$

式中，$P_{\text{S}} = U_{\text{S}} I$，是电源产生的功率；$P = UI$，是电源输出的功率；$P_0 = I^2 R_0$，是电源内阻上损耗的功率。

式（1-4-6）说明，电路在有载工作状态下，电压源 U_{S} 产生的功率等于负载 R_{L} 消耗的功率与电源内阻 R_0 上损耗的功率之和。

在图 1-4-1 中，当负载电阻减小时，负载电流将随之增加，电源输出功率也将增加，若不能加以限制，则电源将因电流过大而被烧毁。

例 1.4.1　有一阻值为 200Ω，功率为 2W 的碳膜电阻，在使用时其电流和电压不得超过多大的数值？

解　由 $P_{\text{N}} = U_{\text{N}} I_{\text{N}} = I_{\text{N}}^2 R$ 得：

$$I_{\text{N}} = \sqrt{P_{\text{N}} / R} = \sqrt{2/200}\,\text{A} = 0.1\text{A}$$

$$U_{\text{N}} = I_{\text{N}} R = 0.1 \times 200\text{V} = 20\text{V}$$

二、开路状态

如图 1-4-2 所示电路，开关 S 未闭合，或未接负载 R_{L} 时，电路断开，此时电路中输出电流为零，电路的这种状态叫做开路状态。这时电源的端电压 U_{L}' 在数值上等于电压源的电压 U_{S}，这个电压叫做开路电压，用 U_{OC} 表示。由于输出电流为零，故电路不输出功率。开路状态电路的主要特点为

$$\left.\begin{array}{l} I = 0 \\ U_{\text{L}}' = U_{\text{OC}} = U_{\text{S}} \\ P = I^2 R_{\text{L}} = 0 \end{array}\right\} \tag{1-4-7}$$

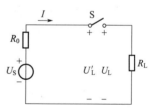

图 1-4-2　电路的开路状态

三、短路状态

在图 1-4-3 电路中，当负载电阻 R_{L} 逐渐减小到等于零时，或者由于某种原因导致负载两端发生短路时，短路点电阻为零，电流有捷径可流通，不再流过负载，这种状态称为短路状态。在此状态下，电路中电流只通过电源内阻 R_0，电流将达到很大的数值，这个电流叫做短路电流，用 I_{SC} 表示。即

$$I_{\text{SC}} = \frac{U_{\text{S}}}{R_0} \tag{1-4-8}$$

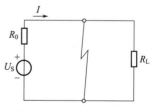

图 1-4-3　电路的短路状态

此时，电源内阻上的电压：

$$U_0 = R_0 I_{\text{SC}} = U_{\text{S}}$$

负载上的端电压：

$$U = U_\mathrm{S} - R_0 I_\mathrm{SC} = 0 \qquad\qquad (1\text{-}4\text{-}9)$$

因而负载上吸收的功率也等于零，即

$$P = 0 \qquad\qquad (1\text{-}4\text{-}10)$$

所以电源产生的功率全部消耗在内阻上，即

$$P_\mathrm{O} = R_0 I_\mathrm{SC}^2$$

内阻 R_O 一般很小，由式（1-4-8）可知 I_SC 将很大。如果这种状态不能迅速排除，短路电流经过内阻产生的热量会烧坏电源。电源短路是一种严重事故，应尽量避免。为了防止短路引起大电流损坏电源的事故出现，通常在电路中安装熔断器或自动保护装置。一旦发生短路故障时，能迅速切断电路使之处于开路状态，以保护电气设备和供电线路。

实际工作中，有时出于某种需要，可以将电路的某一段或某一元件短路（常称为短接）或进行某种短路实验，如图 1-4-4 所示。应该注意：严禁将电源输出端钮直接短路。

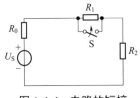

图 1-4-4　电路的短接

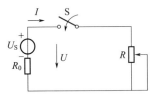

图 1-4-5　例 1.4.2 的图

例 1.4.2　设图 1-4-5 电路中的电源额定功率 $P_\mathrm{N} = 11\mathrm{kW}$，额定电压 $U_\mathrm{N} = 220\mathrm{V}$，内电阻 $R_0 = 0.4\Omega$，R 为可调节的负载电阻，求：

（1）电源的额定电流 I_N；

（2）电源的开路电压 U_OC；

（3）电源满载时的负载电阻 R_N；

（4）负载发生短路时的短路电流 I_SC。

解　（1）电源的额定电流：

$$I_\mathrm{N} = \frac{P_\mathrm{N}}{U_\mathrm{N}} = \frac{11 \times 10^3}{220}\mathrm{A} = 50\mathrm{A}$$

（2）电源的开路电压：

$$U_\mathrm{OC} = U_\mathrm{S} = U_\mathrm{N} + R_0 I_\mathrm{N} = 220\mathrm{V} + 0.4 \times 50\mathrm{V} = 240\mathrm{V}$$

（3）电源满载时的负载电阻：

$$R_\mathrm{N} = \frac{U_\mathrm{N}}{I_\mathrm{N}} = \frac{220}{50}\Omega = 4.4\Omega$$

（4）短路电流：

$$I_\mathrm{SC} = \frac{U_\mathrm{S}}{R_0} = \frac{240}{0.4}\mathrm{A} = 600\mathrm{A} \gg I_\mathrm{N}$$

由计算可知，电源短路时的电流很大，因而具有很大的危害性。

四、电气设备的额定值

对于电气设备或电路元件在使用时，都要明确规定使用数据，这些数据就是该设备或元件的额定值。电气设备工作在额定情况下叫做额定工作状态。

　　各种电气设备和电路元件都有额定值。按照额定值使用，电气设备运行才能安全可靠，经济合理，同时也不至于缩短使用寿命。例如一只变压器的寿命与它的绝缘材料的耐热性能和绝缘强度有关。如果通过变压器的电流大于其额定电流，将会由于发热量过大而损坏绝缘材料。同理，若所加电压超过额定电压，绝缘材料有可能被击穿，影响使用寿命。导线的使用也是如此，一定要根据使用场合、通过电流的大小来选定导线的粗细和绝缘等级等。

　　为了便于用户使用，生产厂家在电气设备和元器件的铭牌或外壳上均明确标出了其额定数据——额定电压、额定电流和额定功率，分别用 U_N、I_N 和 P_N 表示。例如，一台直流发电机的铭牌上标有 28V、160A、4.5kW，这些数据就是它的额定值。在额定电压下工作，负载电流小于额定值时称为欠载，负载电流等于额定值时称为满载，负载电流大于额定值时称为过载。一般情况下，应按照规定值来使用各种电气设备。

第五节
电路中电位的计算

 习题一

　1.1　在图 P1.1 所示的电路中，ab 段产生功率 1500W，其余三段消耗功率分别为 1000W、350W、150W，若已知电流 $I = 20A$，方向如图所示。

（1）标出各段电路电压的极性。

（2）求出 U_{ab}、U_{cd}、U_{ef}、U_{gh} 的值。

（3）电路产生的功率与消耗的功率相等，这反映了能量守恒定律。你能从（2）中计算的结果看出这一定律反映在整个电路中电压有什么规律性吗？

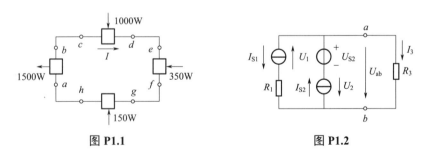

图 P1.1　　　　　　　　　　　图 P1.2

　1.2　设电路如图 P1.2 所示，求电流 I_3 和两个电流源发出的功率。

　1.3　一直流发电机，它的额定电压 $U_N = 220V$，额定输出功率 $P_N = 4.4kW$。

（1）求发电机的额定电流 I_N。

（2）设负载电阻为 R_L，当 R_L 为何值时，发电机正好满载？若 R_L 小于此值时会怎样？

（3）将一只 220V、60W 的灯泡作为发电机的负载时，是否能正常工作？为什么？

1.4　为了测量某直流电机励磁线圈的电阻 R，采用了图 P1.4 所示的"伏安法"。伏特计读数为 220V，安培计读数为 0.7A，试求线圈的电阻。如果在实验时有人误将安培计当作伏特计，并联在电源上，其后果如何？（已知安培计的量程为 1A，内阻 R_0 为 0.4Ω）。

1.5　如图 P1.5 所示电路，试求 I_0。

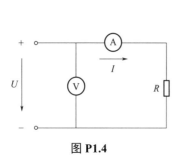

图 P1.4

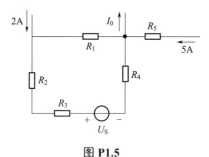

图 P1.5

1.6　试求图 P1.6 所示电路中的电流 I_1、I_2、I_3 和电压 U_1、U_2。

1.7　在图 P1.7 所示的晶体管电路中，已知 $U_{CC} = 6V$，$I_C = 2mA$，$I_B = 50\mu A$，$I_2 = 0.15mA$，$UR_E = 1V$，$UR_C = 2V$，$R_2 = 11k\Omega$。试求：（1）集电极电阻 R_C；（2）电压 U_{CE} 和 U_{BE}；（3）电流 I_1 和 I_E。

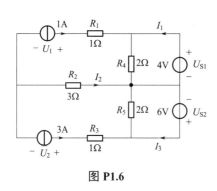

图 P1.6

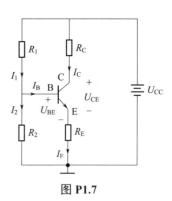

图 P1.7

1.8　图 P1.8 所示的电路中，已知 $R_1 = R_2 = 5\Omega$，$R_3 = 10\Omega$，$R_4 = R_5 = 15\Omega$，$I_1 = 2A$，$I_3 = 4A$，$I_5 = 1A$，试求电动势 E_1、E_3 及 E_5。

1.9　在图 P1.9 所示的电路中，已知 $U_S = 16V$，$I_S = 2A$，$R_1 = 12\Omega$，$R_2 = 1\Omega$，求开关 S 断开时开关两端的电压 U 和开关 S 闭合时通过开关的电流 I。

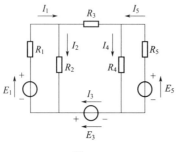

图 P1.8

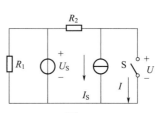

图 P1.9

1.10　为了测定蓄电池的内阻，通常选用一个阻值等于额定负载的电阻 R，接成如图 P1.10 所示电路。合上开关 S，读出端电压 $U = 24\text{V}$，再打开开关 S 读出开路电压 $U_{OC} = 25.2\text{V}$，如果图 P1.10 中 $R = 10\Omega$，试求蓄电池内阻 R_0 等于多少？

1.11　在图 P1.11 的电路中，试求：（1）开关 S 断开时电路各段的电流 I_1、I_2 及 I_3；（2）S 合上后的电流 I_2 和 I_S；（3）S 合上后电路各段上的电压 U、U_1、U_2 及 U_3，哪个变高了？哪个变低了？

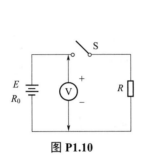

图 P1.10

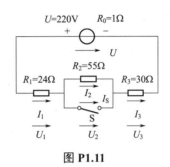

图 P1.11

1.12　求图 P1.12 所示电路中的电流 I 和电压 U。

1.13　试求图 P1.13 所示的电路中电压 U_{ab}。

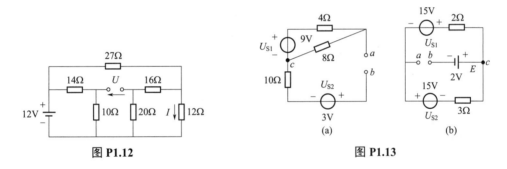

图 P1.12

(a)　　　　　(b)

图 P1.13

1.14　在图 P1.14 电路中，在开关 S 断开和闭合的两种情况下试求 A 点的电位。

1.15　如图 P1.15 所示电路，分别计算电路中开关 S 断开及接通时 a 点（对地）的电位 V_A。

1.16　如图 P1.16 所示电路，已知 $R_1 = 1\Omega$，$R_2 = 2\Omega$，$R_3 = 3\Omega$，$R_4 = 4\Omega$，$R_5 = 5\Omega$，$E_1 = 10\text{V}$，$E_2 = 9\text{V}$。试求以 B 为参考点的 V_C、V_D 和 U_{AB}。

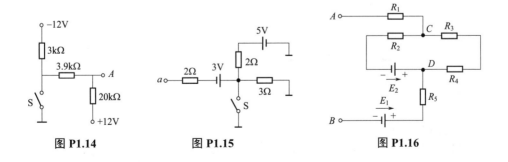

图 P1.14　　　　　图 P1.15　　　　　图 P1.16

第二章

电路的分析方法

　　电路按其结构形式可分为简单电路和复杂电路。最简单的电路只有一个回路，即所谓单回路电路。凡不能用串并联的方法将多个回路化简为单回路电路的，称为复杂电路。

　　欧姆定律和基尔霍夫定律是分析电路的基础，但由于实际电路往往比较复杂，计算起来相当繁复。因此，要根据电路的结构特点，去寻找分析电路的简单方法。电路有线性电路和非线性电路，线性电路是指电路中的元件均为常数的电路。本章着重讨论线性电路的分析方法，线性电路重点讨论几种常用的电路分析方法：电源的等效变换、支路电流法、叠加原理和戴维宁定理等。

第一节

电阻的串联与并联

第二节

电压源与电流源及其等效变换

　　在组成电路的各种元件中，电源是一个有源元件。一个电源可以用两种不同的等效电路表示：一种以输出电压为特征，称为电压源；另一种以输出电流为特征，称为电流源。下面我们来讨论电源的等效电路及其工作特性。

一、电压源

通常一个有源元件的电路模型可用一电压源 U_S 和内阻 R_S 的串联组合表示。如图 2-2-1（a）虚线框内所示，图中电压源的源电压 U_S 在数值上等于实际有源元件的开路电压 U_{OC}。若电源两端接有负载电阻 R_L，电源向负载输出的电流为 I，则电源的端电压为

$$U = U_S - IR_S \tag{2-2-1}$$

上式说明，当电压源的源电压 U_S 和内阻 R_S 为定值时，电压源的端电压 U 与负载电流 I 成线性关系，可以用图 2-2-1（b）中的直线表示。我们把这条直线称为电压源的外特性曲线，简称外特性。也就是电源端电压 U 随输出电流 I 变化的伏安特性曲线。可以看出，当负载电流 I 增大时，电压源内阻压降 $\Delta U = U_S - U = IR_S$ 也增大，电压源的端电压 U 则随之下降。

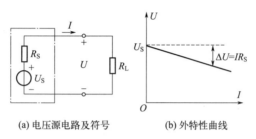

(a) 电压源电路及符号   (b) 外特性曲线

图 2-2-1　电压源

如果实际电源的内阻很小，则它们的外特性比较平坦。由图 2-2-1（b）可看出，当负载变动时，电压源端电压随电流 I 变化的大小取决于内阻 R_S 的大小，R_S 愈小，内阻压降愈小，电源的端电压愈稳定。

如果 $R_S = 0$，由式（2-2-1）知，这时电源的端电压为定值，即 $U = U_S$，与负载 R_L 无关，这样的电源我们称为理想电压源，又称恒压源。

理想电压源的基本性质：

① 理想电压源的端电压 U 是恒定值，而与流过它的电流大小和方向无关。

② 理想电压源所通过的电流可以是任意值，电流的大小和方向取决于与之相联结的外电路。

③ n 个理想电压源可以串联，其等效电压为其代数和。若理想电压源并联，其端电压必须相等。

④ 任一支路与理想电压源 U_S 并联时，等效电压仍为其端电压 U_S，而等效电压源的电流等于原电路外部电路电流。

图 2-2-2（a）中虚线框内所示为理想电压源的符号，其外特性是一条平行于 I 轴的直线，如图 2-2-2（b）所示。

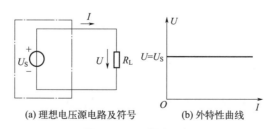

(a) 理想电压源电路及符号   (b) 外特性曲线

图 2-2-2　理想电压源

众所周知，理想的电压源是不存在的。但是，如果一个电压源的电阻 R_S 比负载电阻 R_L 小很多时，即满足 $R_S \ll R_L$，则端电压 $U = IR_L \gg IR_S$，于是 $U \approx U_S$，端电压基本恒定，可以认为是理想电压源。如大功率供电网、干电池、蓄电池、直流稳压电源等，其内阻一般都很小，可把它们作为理想的电压源。

二、电流源

实际电源除用源电压 U_S 和内阻 R_S 串联的电源模型来表示外，还可以用图 2-2-3（a）所示的另一种电源模型来表示，由图可得关系式：

$$I = I_S - \frac{U}{R_S} \tag{2-2-2}$$

式中，I_S 为电源的短路电流；I 仍为负载电流；而 U/R_S 是电源内阻 R_S 中流过的电流。

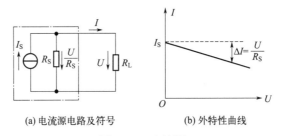

(a) 电流源电路及符号   (b) 外特性曲线

图 2-2-3 电流源

图 2-2-3（a）虚线框是由电流源 I_S 和内阻 R_S 相并联的电源模型，称为电流源。其中电流源的源电流 I_S 在数值上等于电源端口短路电流 I_{SC}。

由式（2-2-2）可知，电流源的电流 I_S 和内阻 R_S 为定值时，电流源的输出电流 I 与负载端电压 U 成线性关系，可以用图 2-2-3（b）中的直线表示。我们把这条直线称为电流源的外特性曲线。

由图 2-2-3（b）可知，电源向外部输出的电流 I 总是小于 I_S，实际电流源的内阻 R_S 通常都很大。当负载变动时，电流源的输出电流 I 的大小取决于 R_S，R_S 愈大，内阻 R_S 分去的电流愈小，电流源输出电流就愈稳定。

如果电流源的内阻 $R_S = \infty$，这时电源供给负载的电流 I 为恒定值，即 $I = I_S$，与负载的大小无关，这种电流源我们称为理想电流源，又称恒流源。

理想电流源的基本性质：

① 理想电流源输出的电流是恒定值 I_S，与其端电压无关。

② 它的端电压是任意的，由外电路决定。

③ n 个理想电流源可以并联，其等效电流为其代数和。若理想电流源串联，则各电流源的电流必须相等。

④ 任一支路与理想电流源 I_S 串联时，等效电流仍为电流 I_S，而等效电流源的电压等于原电路外部电路电压。

图 2-2-4（a）中虚线框内所示为理想电流源的符号，其外特性是一条平行于 U 轴的直线，如图 2-2-4（b）所示。

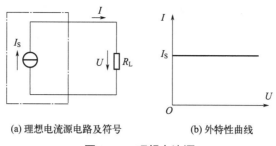

(a) 理想电流源电路及符号   (b) 外特性曲线

图 2-2-4 理想电流源

和理想电压源一样，理想电流源实际上是不存在的。但是，如果一个电源的内阻 R_S 比负载电阻大得多，即满足 $R_\text{S} \gg R_\text{L}$，则负载电流 $I = U / R_\text{L} \gg U / R_\text{S}$，因而 $I \approx I_\text{S}$，可以认为是理想电流源。如光电池和工作在线性区的三极管都可近似看成理想电流源。

三、电压源与电流源的等效变换

在电路分析计算中，以上两种电源模型是可以等效变换的。下面我们就来研究这两种实际电源等效变换的条件。

由式（2-2-1）可得：

$$I = \frac{U_\text{S} - U}{R_\text{S}} = \frac{U_\text{S}}{R_\text{S}} - \frac{U}{R_\text{S}} \tag{2-2-3}$$

对电流源来说，其端电压和电流的关系由式（2-2-2）可知：

$$I = I_\text{S} - \frac{U}{R_\text{S}}$$

若它们对外电路等效，则式（2-2-2）和式（2-2-3）对应项应相等，因此等效变换条件为

$$I_\text{S} = \frac{U_\text{S}}{R_\text{S}} \tag{2-2-4}$$

或

$$U_\text{S} = I_\text{S} R_\text{S} \tag{2-2-5}$$

当两者满足以上关系，且电压源的内阻等于理想电流源的内阻时，这两种电源是可以互换的。 两种电源的等效互换电路如图 2-2-5 所示。

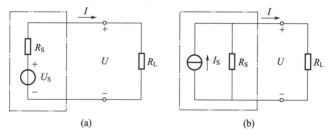

(a)   (b)

图 2-2-5 两种电源的等效互换

电源的两种等效电路互相变换时，要注意以下几点：

① 电压源和电流源的参考方向要一致。即电流源流出电流的一端应与电压源的正极相对应。

② 所谓"等效"是指它们对外电路等效，电源内部电路不等效。

③ 理想电压源与理想电流源之间不能等效变换。因为理想电压源的内阻 $R_S = 0$，而理想电流源的内阻 $R_S = \infty$，两者不满足等效变换条件。

电压源与电流源的等效变换非常简便，它可以使一些复杂电路的计算简化，是一种很实用的电路变换方法。

例 2.2.1　把图 2-2-6（a）所示的电路变换成电压源的等效电路。

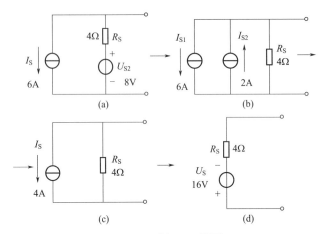

图 2-2-6　例 2.2.1 的图

解　（1）先将电压源等效变换成电流源，如图 2-2-6（b）所示，其中：

$$I_{S2} = \frac{U_{S2}}{R_S} = \frac{8}{4}\text{A} = 2\text{A}$$

（2）然后将两电流源合并为 I_S，如图 2-2-6（c）所示，则

$$I_S = I_{S1} - I_{S2} = 6 - 2\text{A} = 4\text{A}$$

（3）再将图 2-2-6（c）中的电流源等效变换成电压源，如图 2-2-6（d）所示，其中：

$$U_S = I_S R_S = 4 \times 4\text{V} = 16\text{V}$$

$$R_S = 4\Omega$$

例 2.2.2　图 2-2-7（a）电路中各参数已知，求 R_4 中的电流 I。

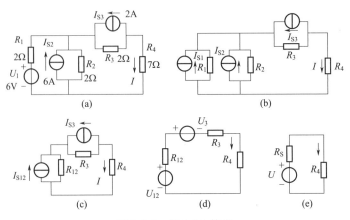

图 2-2-7　例 2.2.2 的图

解　（1）将图 2-2-7（a）中的电压源等效变换为电流源，如图 2-2-7（b）所示，其中：

$$I_{S1} = \frac{U_1}{R_1} = \frac{6}{2}A = 3A$$

（2）将两个并联的电流源合并成图 2-2-7（c）所示 I_{S12} 与 R_{12} 相并联的电流源，其中：

$$I_{S12} = I_{S1} + I_{S2} = 3A + 6A = 9A$$

$$R_{12} = R_1 \,//\, R_2 = \frac{R_1 R_2}{R_1 + R_2} = \frac{2 \times 2}{2 + 2}\Omega = 1\Omega$$

（3）将两电流源分别等效变换成两电压源如图 2-2-7（d）所示，其中：

$$U_{12} = I_{S12} R_{12} = 9 \times 1V = 9V \qquad R_{12} = 1\Omega$$

$$U_3 = I_{S3} R_3 = 2 \times 2V = 4V \qquad R_3 = 2\Omega$$

（4）将两个电压源合并成如图 2-2-7（e）所示的电压源，其中：

$$U = U_{12} - U_3 = 9 - 4V = 5V$$

$$R_S = R_{12} + R_3 = 1 + 2\Omega = 3\Omega$$

（5）按等效电路图 2-2-7（e），可求得电流 I 为

$$I = \frac{U}{R_S + R_4} = \frac{5}{3 + 7}A = 0.5A$$

由上例可见，利用电源等效变换，可简化电路，使复杂电路的计算变得简便。

▶ 第三节
支路电流法

支路电流法是计算复杂电路的最基本的方法，它以各支路电流为未知量，应用基尔霍夫定律和欧姆定律对结点和回路列出所需要的方程，然后解出各支路电流，进而求出电压或功率。

下面以图 2-3-1 所示电路为例，介绍支路电流法。在本电路中，支路数 $b = 3$，结点数 $n = 2$，要求出三条支路的电流，需列出三个独立方程联立求解。所谓独立方程是指该方程不能通过已经列出的方程演变而来。

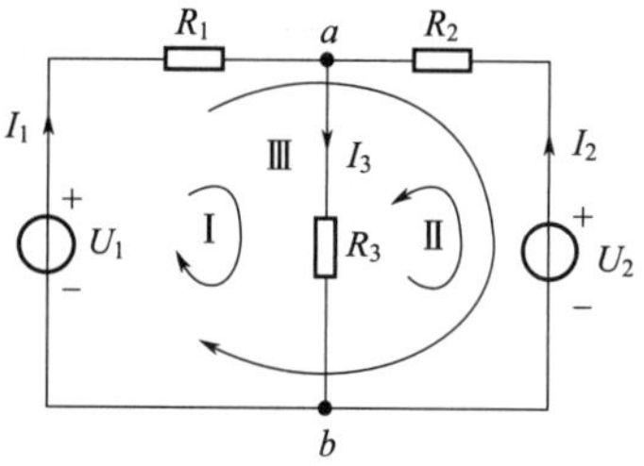

在列方程之前，首先必须在电路图中选定未知支路电流的参考方向。按图中选定的参考方向，根据基尔霍夫电流定律可列出两个电流方程。

图 2-3-1　两个电源并联的电路

对于结点 a：

$$I_1 + I_2 - I_3 = 0 \tag{2-3-1a}$$

对于结点 b：

$$I_3 - I_2 - I_1 = 0 \tag{2-3-1b}$$

比较以上两式发现，只有一个方程是独立的。因为对于式（2-3-1b）可由式（2-3-1a）导

出，同理，式（2-3-1a）可由式（2-3-1b）导出。所以对具有两个结点的电路，应用基尔霍夫电流定律，只能列出一个独立方程。

一般地说，对具有 n 个结点的电路应用基尔霍夫电流定律只能列出（$n-1$）个独立方程。

图 2-3-1 中有三个回路，即回路 Ⅰ、Ⅱ、Ⅲ。根据基尔霍夫电压定律可列出三个回路电压方程。回路的绕行方向如图 2-3-1 所示。

对于回路 Ⅰ 可列出：

$$U_1 = I_1 R_1 + I_3 R_3 \qquad (2\text{-}3\text{-}2)$$

对于回路 Ⅱ 可列出：

$$U_2 = I_2 R_2 + I_3 R_3 \qquad (2\text{-}3\text{-}3)$$

对于回路 Ⅲ 可列出：

$$U_1 - U_2 = I_1 R_1 - I_2 R_2 \qquad (2\text{-}3\text{-}4)$$

以上三个方程中，实际上只有两个是独立方程，因为第三个方程可以从前面两个方程导出。在列回路方程时，要使所列出的方程都是独立方程，就得适当选取回路。一般来说，在电路分析中，选取以网孔为回路所列出的电压方程一定为独立方程。图 2-3-1 所示电路有两个网孔，可列出两个独立的回路电压方程。一般来说，对具有 n 个结点和 b 条支路的电路，按基尔霍夫电压定律列出的独立方程数为 $b-(n-1)$ 个，这正好等于电路中的网孔数。

由上可知，对于图 2-3-1 所示的电路可列出如下独立方程：

$$\left.\begin{array}{l} I_1 + I_2 - I_3 = 0 \\ U_1 = I_1 R_1 + I_3 R_3 \\ U_2 = I_2 R_2 + I_3 R_3 \end{array}\right\} \qquad (2\text{-}3\text{-}5)$$

将以上方程联立求解，即可求得 I_1、I_2 和 I_3。若求出的数值为正，则表示该电流的实际方向与参考方向相同。若求出的数值为负，则表示电流的实际方向与参考方向相反。

必须指出，当用支路电流法分析含有理想电流源的电路时，由于理想电流源所在支路的电流为已知，所以可以少列一个方程。因此，在列回路方程时要避开理想电流源支路。

现在，我们把用支路电流法计算复杂电路的解题步骤归纳如下：

① 判定电路的支路数 b 和结点数 n；

② 标出各待求支路电流的参考方向和回路的绕行方向；

③ 根据 KCL 列出 $n-1$ 个独立的电流方程式；

④ 根据 KVL 列出 $b-(n-1)$ 个独立回路的电压方程式；

⑤ 解联立方程组，求出各支路电流。

例 2.3.1 图 2-3-2 所示电路中，已知：$U_S = 10\text{V}$，$I_S = 4\text{A}$，$R_1 = 6\Omega$，$R_2 = 2\Omega$，$R = 4\Omega$。用支路电流法求各支路电流。

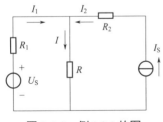

图 2-3-2　例 2.3.1 的图

解　图 2-3-2 所示电路共有 $n = 2$ 个结点和 $b = 3$ 条支路。设各支路电流的参考方向如图所示。由于 R_2 支路含电流源 I_S，电流 $I_2 = I_S = 4\text{A}$ 为已知，所以只需列出 1 个独立的回路的电压方程，且列回路方程时应避开理想电流源支路。根据基尔霍夫电流定律和电压定律可列出如下独立方程。

列 KCL 方程：　　　　　$I_1 + I_2 - I = 0$

列 KVL 方程：

$$I_1 R_1 + IR - U_S = 0$$

$$I_2 = I_S = 4A$$

代入数据得：

$$I_1 + I_2 - I = 0$$

$$6I_1 + 4I - 10 = 0$$

联立求解解方程得：

$$I_1 = -0.6A，I_2 = 4A，I = 3.4A。$$

负号表示电流 I_1 的实际方向与图中所设参考方向相反。

例 2.3.2　图 2-3-3 所示为一测量电阻的电桥电路，用支路电流法求出各支路的电流。已知 $r_1 = 20\Omega$，$r_2 = 50\Omega$，$r_3 = 40\Omega$，$r_4 = 36\Omega$，$r_5 = 10\Omega$，$U = 12V$。

解　该电路中有 4 个结点和 6 条支路，设各支路电流的参考方向和网孔的绕行方向如图 2-3-3 所示。

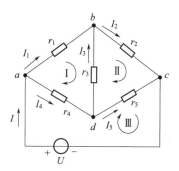

图 2-3-3　例 2.3.2 的图

对结点 a：

$$I = I_1 + I_4$$

对结点 b：

$$I_2 = I_1 + I_3$$

对结点 d：

$$I_4 = I_3 + I_5$$

对网孔 I：

$$20I_1 - 40I_3 - 36I_4 = 0$$

对网孔 II：

$$50I_2 - 10I_5 + 40I_3 = 0$$

对网孔 III：

$$36I_4 + 10I_5 = 12$$

联立求解得：

$$I_1 = 0.24A；I_2 = 0.144A；I_3 = -0.096A；$$

$$I_4 = 0.24A；I_5 = 0.336A；I = 0.48A。$$

负号表示电流 I_3 的实际方向与图中所设的参考方向相反。

第四节

叠加原理

　　叠加原理是网络定理中一个最基本的定理，它的重要性并不在于用来计算复杂电路，而在于它是分析和计算线性电路的普遍原理，它反映了线性电路的两个基本性质，即叠加性和比例性，在后续课程中起到重要的作用。其具体内容为：在具有 n 个电源的线性电路中，n 个电源共同作用时，在某一支路中所产生的电流（或电压），等于各个电源单独作用时分别在该支路中所产生的电流（或电压）之代数和。这个关于各个电源作用的独立性的原理，称为叠加原理。

　　叠加原理的正确性可用图 2-4-1 电路为例说明。

　　在图 2-4-1 中支路电流 I_1 可用支路电流法求出，即应用基尔霍夫定律列出方程组：

$$
\left.\begin{array}{l}
I_1 + I_2 + I_3 = 0 \\
U_1 = I_1 R_1 + I_3 R_3 \\
U_2 = I_2 R_2 + I_3 R_3
\end{array}\right\} \qquad (2\text{-}4\text{-}1)
$$

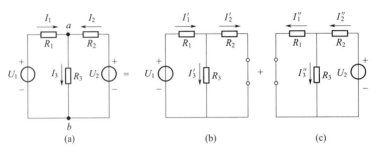

图 2-4-1 叠加原理

而后解之，得

$$
I_1 = \left(\frac{R_2 + R_3}{R_1 R_2 + R_2 R_3 + R_3 R_1}\right) U_1 - \left(\frac{R_3}{R_1 R_2 + R_2 R_3 + R_3 R_1}\right) U_2 \qquad (2\text{-}4\text{-}2)
$$

$$
\left.\begin{array}{l}
I_1' = \dfrac{R_2 + R_3}{R_1 R_2 + R_2 R_3 + R_3 R_1} U_1 \\[2ex]
I_1'' = \dfrac{R_3}{R_1 R_2 + R_2 R_3 + R_3 R_1} U_2
\end{array}\right\} \qquad (2\text{-}4\text{-}3)
$$

于是：

$$
I_1 = I_1' - I_1''
$$

显然，I_1' 是当电路中只有 U_1 单独作用时，在第一支路中所产生的电流，如图 2-4-1（b）所示。而 I_1'' 是当电路中只有 U_2 单独作用时，在第一支路中所产生的电流，如图 2-4-1（c）所示。因为 I_1'' 与 I_1 的正方向相反，所以带负号。

同理：

$$
I_2 = I_2'' - I_2'
$$

$$
I_3 = I_3' + I_3''
$$

由此可见，用叠加原理计算复杂电路，就是把一个多电源的复杂电路化为几个单电源电路来进行计算。

应用叠加原理时应注意以下几点。

① 叠加原理只适用于线性电路。它只能用来分析和计算线性电路的电流和电压。由于功率不是电流和电压的一次函数，所以不能用叠加原理来计算电路的功率。如以图 2-4-1（a）中电阻 R_3 上的功率为例，显然：

$$
P_3 = I_3^2 R_3 = (I_3' + I_3'')^2 R_3 \neq I_3'^2 R_3 + I_3''^2 R_3
$$

这说明，电阻上所消耗的功率不等于各个电源单独作用时在电阻 R 上所消耗的功率之和。

② 在对电路中电流或电压进行叠加时，要注意各支路电压或电流的参考方向。凡是电压（或电流）分量的参考方向与原支路电压（或电流）的参考方向一致时，取正号，反之则取负号。

③ 所谓某一电源单独作用，就是假设其余电源除去（简称除源）。即将电压源中的理想电压源用短路线代替，把电流源中理想电流源 I_S 断开，但电路中的其他元件及电路联结方式都保持不变。

例 2.4.1 电路如图 2-4-2（a）所示，已知 $R_1 = 1\Omega$，$R_2 = 2\Omega$，$R_3 = 3\Omega$，$U_S = 4V$，$I_S = 2A$，用叠加原理求 R_3 支路中的电流 I_3。

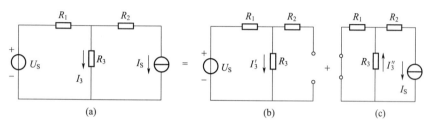

图 2-4-2 例 2.4.1 的图

解　（1）当电压源 U_S 单独作用（理想电流源 I_S 断开）时，其等效电路如图 2-4-2（b）所示。

由图 2-4-2（b）可得

$$I_3' = \frac{U_S}{R_1 + R_3} = \frac{4}{1+3}A = 1A$$

（2）当理想电流源 I_S 单独作用（电压源 U_S 不作用）时，其等效电路如图 2-4-2（c）所示。

由图 2-4-2（c）可得

$$I_3'' = \frac{R_1}{R_1 + R_3} I_S = \frac{1}{1+3} \times 2A = 0.5A$$

考虑 I_3'、I_3'' 与 I_3 的参考方向，则

$$I_3 = I_3' - I_3'' = 1 - 0.5A = 0.5A$$

例 2.4.2　用叠加原理计算图 2-4-3（a）所示电路，已知各电阻 R 相等，测得电压 $U = 6V$。当 16V 电压源电压降为 0V 时，U 等于多少？

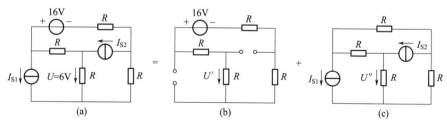

图 2-4-3 例 2.4.2 的图

解　由于该题存在三个有源元件，其中只有一个电源发生变化，所以特别适宜叠加原理。

（1）电压源 16V 单独作用时的电路如图 2-4-3（b）所示，由图可知：

$$U' = \frac{R}{4R} \times 16\text{V} = 4\text{V}$$

（2）U'' 相当于两个电流源单独作用时产生的电压，电路如图 2-4-3（c）所示，根据题意，三个电源共同作用时产生的电压 U：

$$U = U' + U'' = 4\text{V} + U'' = 6\text{V}$$

所以

$$U'' = 6\text{V} - 4\text{V} = 2\text{V}$$

（3）当 16V 电压源电压降为 0V 时，相当于两个电流源单独作用时产生的电压：

$$U = U'' = 2\text{V}$$

由上例可知，在复杂电路的分析中，其中只有一个电源发生变化时，叠加原理使计算变得简单。

第五节
戴维宁定理与诺顿定理

在分析研究一些电路时，往往只需求解一个复杂电路中某个支路的电流或电压，或者在电路其他参数不变的情况下，某支路的电阻改变时，分析计算该支路的电流变化情况。如果用前面讲的支路电流法、叠加原理来计算时，必然要求出一些不需要求的电流或电压来，使计算过程复杂，此时若用戴维宁定理或诺顿定理来进行计算，就比较简便。

一、二端网络的概念

任何电路，不论是简单的还是复杂的，只要它具有两个端钮，则称它为二端网络。根据它内部是否含有电源，又分为无源二端网络［如图 2-5-1（a）所示］和有源二端网络［如图 2-5-1（b）所示］。

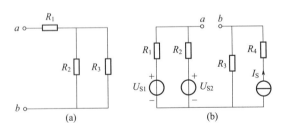

图 2-5-1　二端网络

二、戴维宁定理

任何一个线性有源二端网络，对外电路来讲，都可以用一个电压源 U_S 和内阻 R_S 串联的组合电源模型来代替，如图 2-5-2 所示。图中线性有源二端网络用 A 表示，任意负载用 L 表示。等效电源的电压源 U_S 就是有源二端网络的开路电压 U_{OC}（将负载断开后 AB 两端间的电压），

等效电源的内阻 R_S 等于有源二端网络中所有电源均不作用（将各个理想电压源短路，即其电压为零，将各个理想电流源开路，即其电流为零）时，所得的无源二端网络两端间的等效电阻。这个由电压源 U_S 和串联电阻 R_S 组成的等效电路称为戴维宁等效电路。

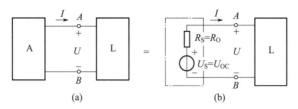

图 2-5-2　戴维宁等效电路

由上可知，应用戴维宁定理求解电路的关键在于正确处理和求得有源二端网络的电压源 U_S 和串联电阻 R_S。下面通过例题说明如何应用戴维宁定理简化有源二端网络，求解复杂电路。

例 2.5.1　应用戴维宁定理计算图 2-5-3（a）的支路电流 I_3。

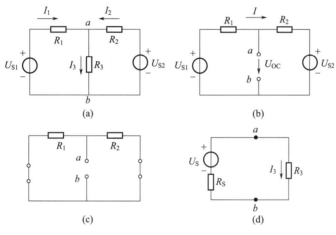

图 2-5-3　例 2.5.1 的图

解　首先将所求支路从 a、b 处断开，如图 2-5-3（b）所示。求此时有源二端网络等效电路的电压源 U_S，因为：

$$I = \frac{U_{S1} - U_{S2}}{R_1 + R_2}$$

于是

$$U_{OC} = U_{S1} - IR_1 = \frac{R_1 U_{S2} + R_2 U_{S1}}{R_1 + R_2}$$

由图 2-5-3（b）可看出 ab 间的开路电压 U_{OC} 就是等效电源的电压源 U_S，故

$$U_S = U_{OC} = \frac{R_1 U_{S2} + R_2 U_{S1}}{R_1 + R_2}$$

然后将有源二端网络内的理想电压源短路，如果 2-5-3（c）所示，此无源二端网络的等

效电阻为

$$R_S = R_O = R_{ab} = R_1 /\!/ R_2 = \frac{R_1 R_2}{R_1 + R_2}$$

U_S 和 R_S 求出后，得到有源二端网络的等效电路如图 2-5-3（d）所示。

由图 2-5-3（d）可求出 R_3 支路中的电流：

$$I_3 = \frac{U_S}{R_S + R_3}$$

将 U_S 及 R_S 代入上式得

$$I_3 = \frac{R_1 U_{S2} + R_2 U_{S1}}{R_1 R_2 + R_2 R_3 + R_1 R_3}$$

通过以上分析，可得出应用戴维宁定理求解电路的一般步骤：

① 断开待求量的支路，得到一有源二端网络。

② 根据有源二端网络的具体电路，计算出二端网络的开路电压 U_{OC}，得到等效电压源的源电压 U_S。

③ 将有源二端网络中的全部电源除去（即理想电压源短路，理想电流源开路），画出所得无源二端网络的电路图，计算其等效电阻，便得到等效电路的内阻 R_S。

④ 画出由等效电压源与待求支路组成的简单电路，计算出待求电流。

例 2.5.2 如图 2-5-4（a）所示电路中，已知 $U = 10\text{V}$，$R_1 = 16\Omega$，$R_2 = 4\Omega$，$R_3 = 20\Omega$，$R_4 = 5\Omega$，$I_S = 4\text{A}$。试用戴维宁定理求电阻 R_2 中的电流 I。

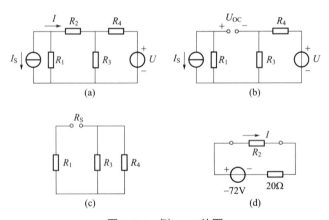

图 2-5-4　例 2.5.2 的图

解　（1）根据题意，断开待求的 R_2 支路求其两端的开路电压 U_{OC}。如图 2-5-4（b）所示，可得

$$U_S = U_{OC} = -I_S R_1 - \frac{U}{R_3 + R_4} R_3$$

$$= -4 \times 16 - \frac{10}{20 + 5} \times 20\text{V} = -72\text{V}$$

（2）求无源二端网络的等效电阻 R_S，将电流源 I_S 断开，如图 2-5-4（c）所示，由图可得

$$R_S = R_1 + \frac{R_3 R_4}{R_3 + R_4} = 16 + \frac{20 \times 5}{20 + 5}\Omega = 20\Omega$$

（3）求 I，将断开的 R_2 支路联结上，画出戴维宁等效电路如图 2-5-4（d）所示，则

$$I = \frac{U_S}{R_S + R_2} = \frac{-72}{20 + 4}A = -3A$$

必须指出：用戴维宁定理求解时，待求支路电流或电压的方向若与戴维宁等效电路电压方向关联时取正号，否则取负号。

例 2.5.3 用戴维宁定理求解图 2-5-5（a）所示电路 R_L 中所通过的电流 I_L。

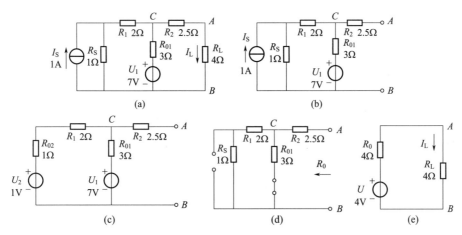

图 2-5-5 例 2.5.3 的图

解 （1）求开路电压，将 R_L 从 A、B 处断开得图 2-5-5（b）所示电路。首先将其左边 I_S 与 R_S 相并联的电流源变换成电压源，如图 2-5-5（c）所示。由图看出

$$U_{AB} = U_{CB}$$

回路中电流

$$I = \frac{U_1 - U_2}{R_{01} + R_{02} + R_1} = \frac{7 - 1}{3 + 1 + 2}A = 1A$$

于是可得

$$U = U_{AB} = U_{CB} = U_1 - IR_{01} = 7 - 1 \times 3V = 4V$$

（2）求 R_0。根据图 2-5-5（b）所示二端网络，将 I_S 开路、U_1 短路，得图 2-5-5（d）所示电路，从 AB 端往左看过去的等效电阻为

$$R_0 = R_2 + \frac{(R_1 + R_S)R_{01}}{R_1 + R_S + R_{01}}$$

$$= 2.5 + \frac{(2 + 1) \times 3}{2 + 1 + 3}\Omega = 4\Omega$$

（3）画出戴维宁等效电路如图 2-5-5（e）所示，得

$$I_L = \frac{U}{R_0 + R_L} = \frac{4}{4 + 4}A = 0.5A$$

由上例可知，应用戴维宁定理计算复杂电路时，最重要的是计算 U_{OC} 和 R_0。在计算 U_{OC} 时，最好画出输出端开路时的有源二端网络的电路图。在计算 R_0 时，最好画出有源二端网络中各理想电压源短路以及理想电流源开路时的电路图。这样既便于计算，也可避免错误。

三、诺顿定理

任何一个有源二端线性网络都可以用一个电流为 I_S 的理想电流源和内阻 R_S 并联的电源模型来等效代替。如图 2-5-6 所示。电流源的电流 I_S 等于二端网络端口短路时的短路电流，并联电阻等于线性有源二端网络除源（理想电压源短路，理想电流源开路）后所得到的无源网络 a、b 两端之间的等效电阻。这就是诺顿定理。

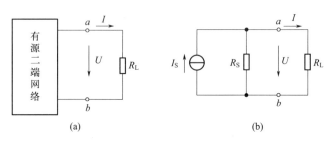

图 2-5-6 诺顿定理等效电路

由图 2-5-6（b）的等效电路，可用下式计算电流：

$$I = \frac{R_S}{R_S + R_L} I_S \tag{2-5-1}$$

因此一个有源二端网络既可用戴维宁定理化为等效电源（电压源），也可用诺顿定理化为图 2-5-6 所示的等效电源（电流源）。两者对于外电路是等效的，可利用电源等效变换的条件互换。

例 2.5.4 用诺顿定理求图 2-5-7（a）电路中流过 4Ω 电阻的电流 I。

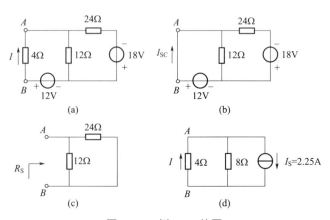

图 2-5-7 例 2.5.4 的图

解 （1）将所求支路 4Ω 电阻划去，短接 A、B 两点求短路电流 I_{SC}，电路如图 2-5-7（b）所示，根据叠加原理：

$$I_{SC} = \frac{18}{24} + \frac{12}{12//24} A = 0.75 + 1.5A = 2.25A$$

（2）计算等效电路的内阻 $R_S = R_{AB}$。将 A、B 端口开路，理想电压源短路，得图 2-5-7（c）所示电路，则

$$R_S = R_{AB} = 12//24\Omega = \frac{12 \times 24}{12 + 24}\Omega = 8\Omega$$

（3）求得诺顿等效电源后，再把 4Ω 的电阻接在 A、B 之间，得图 2-5-7（d）所示电路，则

$$I = \frac{8}{4+8} \times 2.25 \text{ A} = 1.5A$$

第六节
结点电压法

习题二

2.1　求图 P2.1（a）和（b）所示的无源二端网络 a 、b 的入端电阻 R_{ab}。

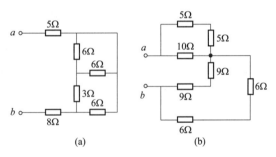

(a)　　　　　　(b)

图 P2.1

2.2　求图 P2.2 所示各二端网络的等效电阻 R_{ab}，其中图 P2.2（d）应分别在 S 打开和闭合时求解。

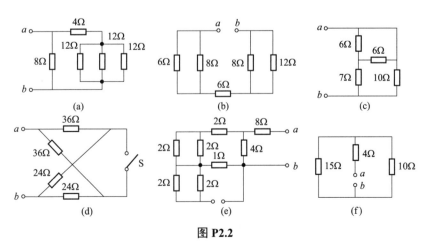

(a)　　　　　　(b)　　　　　　(c)

(d)　　　　　　(e)　　　　　　(f)

图 P2.2

2.3 将图 P2.3 所示的电压源模型变换为一个等效的电流源模型。将电流源模型变换为一个等效的电压源模型。

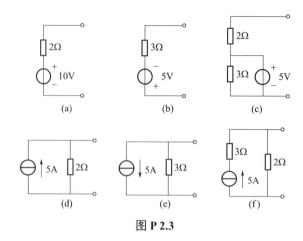

图 P 2.3

2.4 将图 P2.4 所示的各电路分别用实际电源的电流源模型和电压源模型来表示。

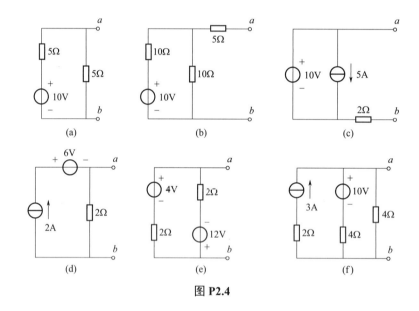

图 P2.4

2.5 试用电源等效变换的方法计算图 P2.5 中 2Ω 电阻中的电流 I。

2.6 如图 P2.6 所示电路,已知 $U_{S1} = U_{S2} = 12\text{V}$, $R_1 = R_2 = 6\Omega$, $R_3 = 12\Omega$, $R = 3\Omega$, $I_S = 3\text{A}$。求 ab 两点间电压 U_{ab}。

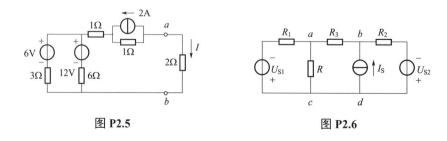

图 P2.5   图 P2.6

2.7 计算图 P2.7 中的电流 I_3。

2.8 利用电源等效变换原理求图 P2.8 所示电路中 R_6 支路的电流 I。已知：$U_{S1} = 3V$，$U_{S2} = 12V$，$U_{S3} = 4.5V$，$I_S = 1.5A$，$R_1 = 2\Omega$，$R_2 = 8\Omega$，$R_3 = 1.5\Omega$，$R_4 = 3\Omega$，$R_5 = 8\Omega$，$R_6 = 0.4\Omega$。

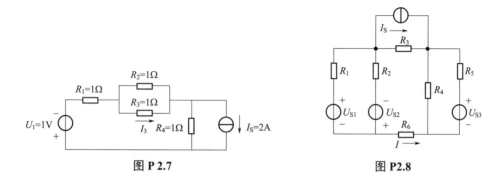

图 P 2.7　　　　　　　　　图 P2.8

2.9 求图 P2.9 所示电路中 U。

2.10 用支路电流法求图 P2.10 所示电路中各支路的电流，已知：$U_{S1} = 12V$，$U_{S2} = 15V$，$R_1 = 3\Omega$，$R_2 = 1.5\Omega$，$R_3 = 9\Omega$。

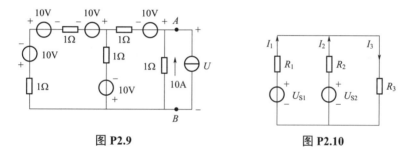

图 P2.9　　　　　　　　　图 P2.10

2.11 用支路电流法求图 P2.11 所示电路中各支路的电流。

2.12 用支路电流法求图 P2.12 所示电路中各支路的电流。已知：$U_{S1} = 30V$，$U_{S2} = 24V$，$I_S = 1A$，$R_1 = 6\Omega$，$R_2 = R_3 = 12\Omega$。

2.13 图 P2.13 所示电路，已知：$U = 12V$，$R_1 = R_2 = 5\Omega$，$R_3 = 10\Omega$，$R_4 = 5\Omega$，$R_5 = 10\Omega$，$R = 0.5\Omega$，试用支路电流法列出求解各支路电流的方程式。

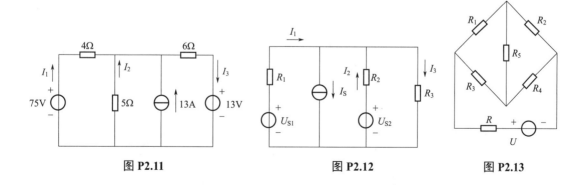

图 P2.11　　　　　　　图 P2.12　　　　　　　图 P2.13

2.14　如图 P2.14 所示电路，已知 $U_S = 6V$，$I_S = 3A$，$R_1 = R_2 = 1\Omega$，$R_3 = 2\Omega$，用叠加原理求各元件中的电流。

2.15　应用叠加原理求图 P2.15 电路中的电流 I_3 值。

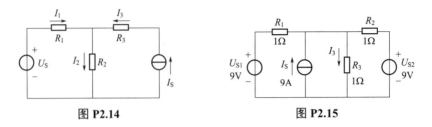

图 P2.14　　　　　　　　　图 P2.15

2.16　应用叠加原理求图 P2.16（a）和（b）电路中的电压 U。

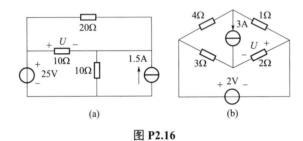

(a)　　　　　　　　　(b)

图 P2.16

2.17　如图 P2.17 所示为 R-$2R$ 梯形网络，用于电子技术的数模转换中，试用叠加原理求证 $I = \dfrac{U_R}{3R \times 2^4}(2^3 + 2^2 + 2^1 + 2^0)$。

2.18　如图 P2.18 所示电路，已知 $U_{S1} = 72V$，$U_{S2} = 80V$，$R_1 = 1.5k\Omega$，$R_2 = 3k\Omega$，$R_3 = R_4 = 2k\Omega$，负载电阻 $R = 2k\Omega$，用戴维宁定理求 R 中电流 I。

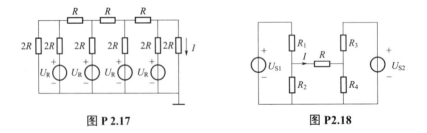

图 P 2.17　　　　　　　　　图 P2.18

2.19　图 P2.19 所示是常见的分压电路，试用戴维宁定理和诺顿定理分别求负载电流 I_L。

2.20　一个有源二端网络 N_A，测得其开路电压为 18V，当输出端接一个 9Ω 电阻时，流过的电流为 1.8A，现将这个 N_A 连接成如图 P2.20 所示的电路，求它的输出电流 I 及输出功率 P。

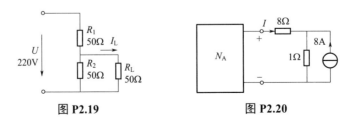

图 P2.19　　　　　　　　　图 P2.20

2.21 应用戴维宁定理和诺顿定理分别求图 P2.21 电路中的电流 I。

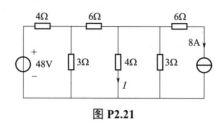

图 P2.21

2.22 电路如图 P2.22 所示，求端点 ab 处的戴维宁等效电路。

2.23 在图 P2.23 电路中，如果用一个零电阻的电流表跨接于 ab 两端上，求流过电流表的电流。

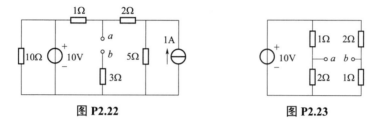

图 P2.22　　　　　　图 P2.23

2.24 求图 P2.24 所示电路中流过 ab 支路和 cd 支路的电流 I_{ab} 和 I_{cd}。

2.25 用结点电压法求图 P2.25 所示电路中的电流 I，已知：$U_S = 36V$ ，$I_{S1} = 5A$，$I_{S2} = 2A$，$R_1 = 6\Omega$，$R_2 = 8\Omega$，$R_3 = 12\Omega$。

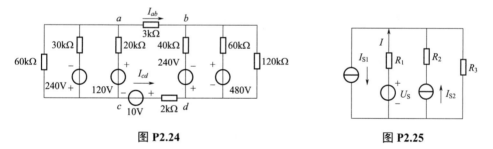

图 P2.24　　　　　　图 P2.25

2.26 用结点电压法求图 P2.26 所示电路中的电压 $U_{N'N}$ 和电流 I_1、I_2、I_3。已知：$U_{S1} = 150V$，$U_{S2} = U_{S3} = 330V$，电源的内阻 $R_{S1} = R_{S2} = R_{S3} = 1\Omega$，负载电阻 $R_1 = R_2 = R_3 = 9\Omega$。

2.27 如图 P2.27 所示电路，已知：$R_1 = 11\Omega$，$R_2 = R_3 = 2\Omega$，$R_4 = 3\Omega$，$U_S = 15V$，$I_S = 2A$。试用结点电压法计算各电阻中的电流。

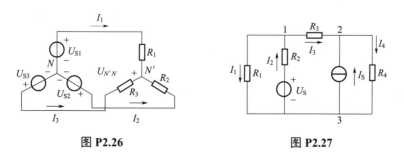

图 P2.26　　　　　　图 P2.27

第三章

交流电路

交流电路是电工电子技术的重点内容之一，是学习智能汽车电气部件和电子技术的理论基础。现代工农业生产、国防以及人们日常生活中广泛应用交流电。所谓交流电是指大小和方向随时间作周期性交替变化的电动势、电压和电流。按正弦规律变化的交流电称为正弦交流电。本章重点讨论正弦交流电，以下所称的交流电均指正弦交流电。

直流电路的分析方法原则上也适用于交流电路。由于交流电路中电压和电流的大小和方向随时间作周期性变化，因此交流电路的分析和计算比直流电路要复杂得多。本章首先讨论正弦交流电路的基本概念及相量表示法，然后介绍单一参数的伏安特性和能量关系，以及由这些单一参数组成的电路中电压与电流之间的关系及功率，最后分析和研究提高功率因数的意义和方法。在学习中要注意掌握交流电路的特点和规律。

▶ 第一节
交流电的基本概念

一、周期电流和电压

在工程技术中常采用各种大小和方向随时间作周期性变化的电流和电压以传递电能和电信号，其波形如图 3-1-1 所示，这种电流和电压称为周期电流和电压。

周期性电压和电流重复一次所需的时间叫做周期，用 T 表示，单位为秒（s）。单位时间内电压和电流变化的次数叫做频率，用 f 表示，单位为赫兹（Hz）。由上述定义可知，频率与周期互为倒数，即

$$f = \frac{1}{T} \qquad (3\text{-}1\text{-}1)$$

图 3-1-1 是几种常见的交流电的波形图，其中 3-1-1（a）为正弦交流电的波形。交流电在某一瞬间的数值称为瞬时值，规定用小写字母来表示，例如 i、u、e 分别表示交流电的电流、电压、电动势的瞬时值。

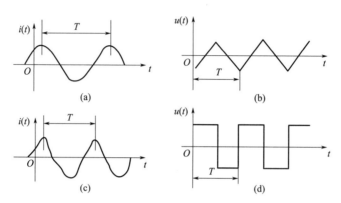

图 3-1-1　周期电流和电压的波形

我国发电厂发出的交流电，其频率均为 50Hz，这一频率为我国工业用电的标准频率，所以 50Hz 的交流电又称为工频交流电，一般交流电动机、照明、电热等设备，都是按照取用 50Hz 的交流电来设计制造的。

二、正弦交流电及三要素

正弦电动势、电压和电流其表达式为

$$\left.\begin{aligned} e &= E_m\sin(\omega t + \varphi_e) \\ u &= U_m\sin(\omega t + \varphi_u) \\ i &= I_m\sin(\omega t + \varphi_i) \end{aligned}\right\} \qquad (3\text{-}1\text{-}2)$$

由上式可知，一个正弦电流，当知道了 I_m、ω 和 φ_i 时，这个正弦电流就被确定下来。正弦电压和电动势也是一样，所以称这几个量为正弦量的三要素，下面分别讨论。

1. 幅值和有效值

正弦量瞬时值中最大的值称为幅值或最大值，它确定了正弦量变化的范围，用带下标的大写字母表示。如 I_m、U_m、E_m、分别表示电流、电压及电动势的幅值。

正弦交流电的瞬时值是随时间改变的，所以不便用它来计量交流电的大小，而是用有效值来表示。交流电的有效值是根据其热效应来确定的。不论是周期性变化的正弦电流还是直流电流，只要它们在相等的时间内通过同一电阻所产生的热量相等，则此直流值叫作该交流电流的有效值。因此，交流电流的有效值实际上就是在热效应方面同它相当的直流电流值。

直流电流 I 通过电阻 R，在时间 T 内所产生的热量为

$$Q_{\text{直}} = I^2 RT$$

而交流电流在无限短的时间 $\mathrm{d}t$ 内电流的变动极小，可以近似认为不变，因此，交流电流 i 通过电阻 R，在时间 $\mathrm{d}t$ 内所产生的热量为

$$dQ_{交} = i^2Rdt$$

一个周期内所产生的热量为

$$Q_{交} = \int_0^T i^2Rdt$$

当 $Q_{直} = Q_{交}$ 时，得

$$I^2RT = \int_0^T i^2Rdt$$

故交流电流的有效值为

$$I = \sqrt{\frac{1}{T}\int_0^T i^2dt} \qquad (3\text{-}1\text{-}3)$$

根据上式，交流电的有效值也称为均方根值。

把 $i = I_m\sin\omega t$ 代入上式，即得

$$I = \sqrt{\frac{1}{T}\int_0^T I_m^2\sin^2\omega tdt}$$

因为

$$\int_0^T \sin^2\omega tdt = \int_0^T \frac{1-\cos 2\omega t}{2}dt$$

$$= \frac{1}{2}\int_0^T dt - \frac{1}{2}\int_0^T \cos 2\omega tdt$$

$$= \frac{T}{2} - 0 = \frac{T}{2}$$

所以

$$I = \sqrt{\frac{1}{T}\times I_m^2\times\frac{T}{2}} = \frac{I_m}{\sqrt{2}} \qquad (3\text{-}1\text{-}4)$$

由此可见，正弦交流电流的有效值等于最大值的 $\frac{1}{\sqrt{2}}$ 倍或 0.707 倍。

同理，正弦电动势、电压也可类似地分别推出它们的有效值与最大值之间的关系为

$$E = \frac{E_m}{\sqrt{2}} , \quad U = \frac{U_m}{\sqrt{2}}$$

一般讲正弦电压或电流的大小，都是指它的有效值。交流电压表和电流表的读数一般也都是有效值，交流电气设备铭牌上的额定电压、额定电流也都是用有效值来表示的。

例 3.1.1　已知 $u = U_m\sin\omega t$V，$U_m = 282.8$V，试求有效值 U。

解　$$U = \frac{U_m}{\sqrt{2}} = \frac{282.8}{\sqrt{2}}\text{V} = 200\text{V}$$

2. 角频率

式（3-1-2）中的 ω 称为正弦量的角频率。由于正弦量在一个周期 T 内相位角变化为 2π 弧度，且 $f = \frac{1}{T}$，所以

$$\omega = \frac{2\pi}{T} = 2\pi f \tag{3-1-5}$$

ω 的单位是弧度 / 秒（rad/s）。

对于 $f = 50$Hz 的工频交流电，其角频率为

$$\omega = 2\pi f = 2\pi \times 50 \text{rad/s} = 314 \text{rad/s}$$

3. 初相位与相位差

图 3-1-2 是正弦电流的波形，它的瞬时值表达式为

$$\left. \begin{aligned} i_1 &= I_m \sin\omega t \\ i_2 &= I_m \sin(\omega t + \varphi_2) \end{aligned} \right\} \tag{3-1-6}$$

由式（3-1-6）可知，这两个正弦量的幅值和角频率虽然相同，但两者是有区别的。其区别在于它们到达零值（或最大值）的时间不同，从波形图上可直观地看出。反映在函数式中的差别是 ωt 和（$\omega t + \varphi_2$）不一样。我们把角度 ωt 和（$\omega t + \varphi_2$）称为正弦量的相位角或相位。

$t = 0$ 时的相位角称为初相位角或初相位。在式（3-1-6）中 i_1 的初相位为零，i_2 的初相位为 φ_2。因此，所取计时起点不同，正弦量的初相位不同，其初始值也就不同。

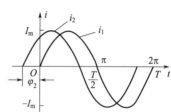

图 3-1-2 正弦电流波形

在研究分析两个同频率正弦量的关系时，常常用到相位差的概念。两个同频率正弦量的相位之差，称为相位差，用 φ 表示。例如有两个同频率的正弦交流电

$$u = U_m \sin(\omega t + \varphi_u)$$

和

$$i = I_m \sin(\omega t + \varphi_i)$$

则它们的相位差为

$$\varphi = (\omega t + \varphi_u) - (\omega t + \varphi_i) = \varphi_u - \varphi_i \tag{3-1-7}$$

由此可见，两个同频率正弦量的相位差等于它们的初相位之差。

当 $\varphi = \varphi_u - \varphi_i = 0$ 时，波形如图 3-1-3（a）所示，这时 u 和 i 的相位相同，称为同相。

当 $\varphi = \varphi_u - \varphi_i > 0$ 时，波形如图 3-1-3（b）所示，u 总是比 i 先经过零值或最大值，即 u 的变化总是超前于 i 的变化，我们称 u 在相位上超前于 i 一个 φ 角，或者说 i 滞后于 u 一个 φ 角。

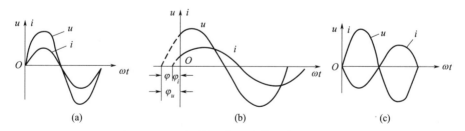

图 3-1-3 正弦量的同相、超前（滞后）和反相

当 $\varphi = \varphi_u - \varphi_i = 180°$ 时，波形如图 3-1-3（c）所示，这时 u 和 i 相位相反，称为反相。

例 3.1.2 确定两个正弦电流

$$i_1 = 10\sin(314t + 30°)\text{A}$$

$$i_2 = 50\sin(314t - 60°)\text{A}$$

的相位差，并说明两者的相位关系。

解　已知 i_1 的初相位 $\varphi_i = 30°$，i_2 的初相位 $\varphi_2 = -60°$，所以 i_1 与 i_2 的相位差

$$\varphi = \varphi_1 - \varphi_2 = 30° - (-60°) = 90°$$

因为 $\varphi_1 > \varphi_2$，所以 i_1 超前于 i_2 $90°$，或称 i_2 滞后于 i_1 $90°$。

第二节
正弦量的相量表示

前面已经介绍了一个正弦量具有幅值、频率及初相位三个要素。这些特征可以用三角函数或波形图表示出来。用以上方法表示的正弦量进行四则运算显得很麻烦。为了简化电路的分析与计算，本节将引出"相量法"的概念。应用相量法，可以把交流电路中按正弦规律变化的电压、电流变换成相量图或复数的形式，使正弦量的运算变换为几何或代数运算。相量法是以复数运算为基础的，为此，简要介绍一些有关复数的基本知识。

一、复数的表示形式和四则运算

1. 复数的表示形式

复数有以下几种表达形式，代数型为

$$A = a + \text{j}b \tag{3-2-1}$$

式（3-2-1）中 a 和 b 分别是复数的实部和虚部，算符 $\text{j} = \sqrt{-1}$ 是虚数单位，即数学中的虚数 i，电工学中为避免与电流 i 相混而改用 j 表示。

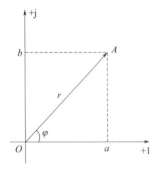

图 3-2-1　有向线段的复数表示

复数还可以由复平面内几何线段来表示，如图 3-2-1 所示。图中横坐标为实数轴，用 +1 表示实单位，纵坐标为虚数轴，用 +j 表示虚单位。实数轴与虚数轴构成的平面称为复平面。复数 $A = a + \text{j}b$ 是横坐标为 a 和纵坐标为 b 的一点。a 是复数的实数部分，简称实部。取复数 A 的实部，常写成 $Re[A]$，它等于复数 A 在实轴上的投影。b 是复数的虚数部分，简称虚部。取复数 A 的虚部，常写成 $Im[A]$，它等于复数 A 在虚轴上的投影。由原点 O 到 A 点的有向线段 $\overrightarrow{OA}$，称为复数的向量，图中向量 $\overrightarrow{OA}$ 的长度用 r 表示，称为复数的模。向量 $\overrightarrow{OA}$ 与实数正方向的夹角 φ，称为复数的辐角。显然，实部、虚部、模和辐角之间的关系为

$$\left. \begin{array}{l} a = r\cos\varphi \\ b = r\sin\varphi \end{array} \right\} \tag{3-2-2}$$

$$\left. \begin{array}{l} r = \sqrt{a^2 + b^2} \\ \varphi = \arctan\dfrac{b}{a} \end{array} \right\} \tag{3-2-3}$$

由式（3-2-2）可以得到

$$A = a + jb = r\cos\varphi + jr\sin\varphi \tag{3-2-4}$$

上式称为复数的三角函数式

应用欧拉恒定等式

$$\cos\varphi + j\sin\varphi = e^{j\varphi}$$

式（3-2-4）可以写为复数的指数形式

$$A = re^{j\varphi} \tag{3-2-5}$$

为了便于书写，指数式又可写成极坐标式，即

$$A = r\angle\varphi \tag{3-2-6}$$

综上所述，复数的几种表示形式为

$$A = a + jb = r(\cos\varphi + j\sin\varphi)= re^{j\varphi} = r\angle\varphi$$

不论复数是哪种表达式，它都只有两个要素，即模和辐角（或是虚部和实部）只要它们一定，其对应的复数便确定了。

如果把 $\varphi = \pm\dfrac{\pi}{2}$ 代入欧拉公式，则得

$$e^{j\varphi} = e^{\pm j\frac{\pi}{2}} = \cos\frac{\pi}{2} \pm j\sin\frac{\pi}{2} = 0 \pm j = \pm j$$

将复数 $A = re^{j\varphi}$ 乘以 $e^{j\frac{\pi}{2}}$ 可得

$$re^{j\varphi}\, e^{j\frac{\pi}{2}} = re^{j(\varphi+\frac{\pi}{2})} = jre^{j\varphi}$$

而把复数 $A = re^{j\varphi}$ 乘以 $e^{-j\frac{\pi}{2}}$ 得

$$re^{j\varphi}\, e^{-j\frac{\pi}{2}} = re^{j(\varphi-\frac{\pi}{2})} = -jre^{j\varphi}$$

因此，任一向量乘以 j，则该向量逆时针旋转 90°，乘以 -j，则应顺时针旋转 90°。所以 j 称为旋转 90° 的算子。如图 3-2-2 所示。

例 3.2.1 将复数 $A = 6 + j8$ 变换成极坐标和指数表达式。

解 复数的模

$$r = \sqrt{6^2 + 8^2} = 10$$

辐角

$$\varphi = \arctan\frac{8}{6} = 53.1°$$

所以

$$A = 10\angle 53.1° = 10e^{j53.1°}$$

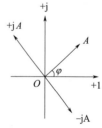

图 3-2-2 A 乘 j 或 -j

2. 复数的四则运算

（1）加减法运算

复数的加减法运算一般采用代数形式，即实部与实部相加减，虚部与虚部相加减。

例如：

$$A_1 = a_1 + \mathrm{j}b_1$$

$$A_2 = a_2 + \mathrm{j}b_2$$

则

$$A_1 \pm A_2 = (a_1 \pm a_2) + \mathrm{j}(b_1 \pm b_2)$$

（2）乘除法运算

复数的乘除法运算一般采用指数形式或极坐标形式。两复数相乘时，其模相乘，辐角相加。

例如：

$$A_1 = r_1 \angle \varphi_1, \ A_2 = r_2 \angle \varphi_2$$

其积为

$$A_1 A_2 = r_1 r_2 \angle (\varphi_1 + \varphi_2)$$

两复数相除时，其模相除，辐角相减，即

$$\frac{A_1}{A_2} = \frac{r_1}{r_2} \angle (\varphi_1 - \varphi_2)$$

例 3.2.2 已知两复数为 $A_1 = 3 + \mathrm{j}5$，$A_2 = 4 - \mathrm{j}3$，求它们的和、差、积、商。

解 利用代数形式求它们的和与差

$$A_1 + A_2 = (3 + \mathrm{j}5) + (4 - \mathrm{j}3) = 7 + \mathrm{j}2$$

$$A_1 - A_2 = (3 + \mathrm{j}5) - (4 - \mathrm{j}3) = -1 + \mathrm{j}8$$

利用指数形式求它们的积与商。先将 A_1、A_2 化为指数形式

$$A_1 = 3 + \mathrm{j}5 = \sqrt{3^2 + 5^2}\, \mathrm{e}^{\mathrm{j}\arctan\frac{5}{3}} = 5.83\mathrm{e}^{\mathrm{j}59°}$$

$$A_2 = 4 - \mathrm{j}3 = \sqrt{4^2 + (-3)^2}\, \mathrm{e}^{\mathrm{j}\arctan\frac{-3}{4}} = 5\mathrm{e}^{-\mathrm{j}36.9°}$$

它们的积与商分别为

$$A_1 A_2 = 5.83\mathrm{e}^{\mathrm{j}59°} \times 5\mathrm{e}^{-\mathrm{j}36.9°} = 29.15\,\mathrm{e}^{\mathrm{j}22.1°}$$

$$\frac{A_1}{A_2} = \frac{5.83}{5}\mathrm{e}^{\mathrm{j}(59° + 36.9°)} = 1.17\mathrm{e}^{\mathrm{j}95.9°}$$

二、 正弦量的相量表示法

一个正弦量是由它的**幅值（或有效值）**、**频率**和**初相位**三要素所决定的。在正弦交流电路中，由于电压和电流均是同频率的正弦量，因此要确定电压或电流，只要知道它们的幅值（或有效值）和初相位两个量就行了。而一个复数恰好能满足代表两个要素的要求，现从数学角度给出相量定义。

设一复数为 $U_\mathrm{m}\mathrm{e}^{\mathrm{j}(\omega t + \varphi)}$，根据欧拉公式可得

$$U_\mathrm{m}\mathrm{e}^{\mathrm{j}(\omega t + \varphi)} = U_\mathrm{m}\cos(\omega t + \varphi) + \mathrm{j}U_\mathrm{m}\sin(\omega t + \varphi) \tag{3-2-7}$$

对于最大值为 U_m、初相位角为 φ 的正弦电压，其瞬时表达式为

$$u = U_\mathrm{m}\sin(\omega t + \varphi) \tag{3-2-8}$$

比较式（3-2-7）和式（3-2-8）可见，瞬时值正好是复数的虚部，即

$$u = Im[U_m e^{j(\omega t + \varphi)}] = Im[\sqrt{2} U e^{j\varphi} e^{j\omega t}]$$

$$= Im[\sqrt{2} \dot{U} e^{j\omega t}]$$

式中

$$\dot{U} = U e^{j\varphi} = U\angle\varphi \tag{3-2-9}$$

显然 $\dot{U}$ 是复数，其模等于正弦量的有效值，辐角等于正弦量的初相角，我们称这个复数为有效值相量。而 $\dot{U}_m = \sqrt{2} U e^{j\varphi}$，则称为最大值相量。以后不加说明所指的相量均为有效值相量。由此可知，相量与正弦量之间存在一一对应的关系。为了与一般的复数相区别，我们把表示正弦量的复数上打"·"

同理，若 $i = \sqrt{2} I\sin(\omega t - \varphi_i)$，则相量形式为

$$\dot{I} = I e^{-j\varphi_i} = I\angle -\varphi_i$$

把正弦量变换成相量来分析计算正弦电路的方法，称为相量法。

按照各个正弦量的大小和相位关系用初始位置的有向线段画出的若干个相量的图形，称为相量图。在相量图上能形象地看出各个正弦量的大小和相互间的相位关系。如图 3-2-3 所示画出了相量 $\dot{U}$ 和 $\dot{I}$，有向线段的长度表示 $\dot{I}$ 和 $\dot{U}$ 的模，有向线段与横轴的夹角则代表它们的辐角。相量图不仅清楚地表明了 $\dot{I}$ 和 $\dot{U}$ 有效值的大小和初相位，还显示了 $\dot{I}$ 和 $\dot{U}$ 之间的相位关系。如图所示 $\dot{U}$ 滞后于 $\dot{I}$ 为 $(\varphi_2 - \varphi_1)$ 角度，或 $\dot{I}$ 超前于 $\dot{U}$ 为 $(\varphi_2 - \varphi_1)$ 角度，为简便计算，以后复数坐标就不一定画出了。

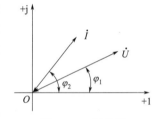

图 3-2-3 相量图

必须指出：只有在所有激励（输入电信号）均为同一频率情况下，各正弦量用相量表示才有意义，这样采用相量法来分析计算才能得到正确的结果。相量只是表示正弦量，并不等于正弦量。因为正弦量是时间函数，相量只是表征了正弦量的有效值和初相位。只有将相量 $\dot{U}$（或 $\dot{I}$）乘以旋转因子 $e^{j\omega t}$ 后再取其虚部才是正弦量的时域函数形式。因此，相量是一种为简化运算而引出的一种数学变换方法，而且它只适用于正弦激励时的稳态电路分析。由于相量是复数，所以就可按复数运算法则进行四则运算，并能同时求出正弦量的大小和相位，这是分析正弦交流电路的主要运算方法。

例 3.2.3 用相量形式表示

$$i = 150\sqrt{2} \sin(\omega t + 30°)A$$

解 先写出幅值相量

$$\dot{I}_m = 150\sqrt{2} e^{j30°} = 150\sqrt{2} \angle 30°A$$

其有效值相量

$$\dot{I} = 150 e^{j30°} = 150\angle 30°A$$

例 3.2.4 已知两个正弦电流

$$i_1 = 5\sqrt{2} \sin(\omega t + 70°)A$$

$$i_2 = 10\sqrt{2} \sin(\omega t - 60°)A$$

求 $i = i_1 + i_2$。

解 先将两个正弦电流分别表示成相量，并展开成代数式

$$\dot{I}_1 = 5\angle 70° = 5\cos 70° + j5\sin 70° = 1.71 + j4.7A$$

$$\dot{I}_2 = 10\angle{-60°} = 10\cos(-60°) + j10\sin(-60°) = 5 - j8.66A$$

则

$$\dot{I} = \dot{I}_1 + \dot{I}_2 = (1.71 + j4.7) + (5 - j8.66) = 6.71 - j3.96A$$

将上式转换成极坐标型，则

$$\dot{I} = 6.71 - j3.96A = \sqrt{6.71^2 + (-3.96)^2}\angle\arctan\frac{-3.96}{6.71}$$

$$= 7.79\angle{-30.5°}A$$

所以电流 i 的瞬时值表达式为

$$i = \sqrt{2}\,I\sin(\omega t + \varphi) = 7.79\sqrt{2}\sin(\omega t - 30.5°)A$$

至此，我们得出了表示正弦量可以用三角函数式、正弦波形、相量图和复数等几种不同的方法，只要知道一种表示形式，便可求出其他几种表示形式。

若两个相量相减，可看成一个相量加另一个的反向相量，再进行求和的运算，即

$$\dot{I}_1 - \dot{I}_2 = \dot{I}_1 + (-\dot{I}_2)$$

例 3.2.5 已知 $i_1 = 40\sqrt{2}\sin(314t + 90°)A$，$i_2 = 30\sqrt{2}\sin314tA$，求 $i_1 - i_2$ 的有效值及瞬时值表达式。

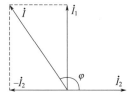

图 3-2-4　例 3.2.5 的相量图

解　先用相量图法求解。将 i_1 及 i_2 的相量 $\dot{I}_1$ 和 $\dot{I}_2$ 画在图 3-2-4 上，然后把 $\dot{I}_2$ 的相量倒转 180° 成（$-\dot{I}_2$）。这时 $\dot{I}_1$ 和（$-\dot{I}_2$）间具有直角三角形关系。其对角线很容易算出。

因为

$$\dot{I} = \dot{I}_1 - \dot{I}_2 = \dot{I}_1 + (-\dot{I}_2)$$

所以 $i_1 - i_2 = i$ 的有效值、初相位和瞬时值表达式分别为

$$I = \sqrt{40^2 + 30^2} = 50A$$

$$\varphi = 180° - \arctan\frac{40}{30} = 126.9°$$

$$i = 50\sqrt{2}\sin(314t + 126.9°)A$$

此题也可用相量法求解。

$$\dot{I} = \dot{I}_1 - \dot{I}_2 = 40\angle90° - 30\angle0°$$

$$= 40\cos90° + j40\sin90° - (30\cos0° + j30\sin0°)$$

$$= -30 + j40A$$

请注意 $\dot{I}$ 的初相角。根据 $\dot{I}$ 的实数为"−"，虚数为"+"，因而该相量在第二象限内，辐角为大于 90° 的正角，则

$$\dot{I} = -30 + j40$$

$$= \sqrt{30^2 + 40^2}\angle\left(180° - \arctan\frac{40}{30}\right)$$

$$= 50\angle126.9°A$$

所以

$$i = 50\sqrt{2}\sin(314t + 126.9°)A$$

由上例可知，复数中辐角 φ 的度数，不能只凭虚部和实部的比值来确定，而是同时要根据虚部和实部的正负号来判明复数 A 在哪个象限后再决定。

▶ 第三节

无源元件

电路元件按能量特性可分为无源元件和有源元件。当二端元件上的电压和电流取关联参考方向时，若它在任何 t 时刻得到的总能量始终为

$$W = \int_{-\infty}^{t} u i \mathrm{d}t > 0 \qquad (3\text{-}3\text{-}1)$$

则表明元件对外界不提供能量，这种元件称为无源元件。本节将讨论电阻、电感和电容等无源元件的基本概念及其伏安特性。

在交流电路中，由于所加电压是随时间交变的因此电路中的电流、功率以及电场和磁场中所储存的能量也都是随时间而变化的。所以在交流电路中，电感元件中的感应电动势和电容元件中的电流均不等于零。但在直流电路稳定状态下，电感元件可视作短路，电容元件视作开路。下面我们讨论的电阻元件、电感元件与电容元件都是组成电路模型的理想元件。

一、电阻元件

在图 3-3-1 中，u 和 i 的正方向相同，根据欧姆定律得出

$$i = \frac{u}{R} \quad \text{或} \quad u = Ri \qquad (3\text{-}3\text{-}2)$$

即电阻元件上的电压与通过的电流成线性关系。

如将上式两边乘以 i，并积分之，则得

$$\int_{0}^{t} u i \mathrm{d}t = \int_{0}^{t} i^{2} R \mathrm{d}t$$

上式表明电能全部消耗在电阻上，转换为热能。

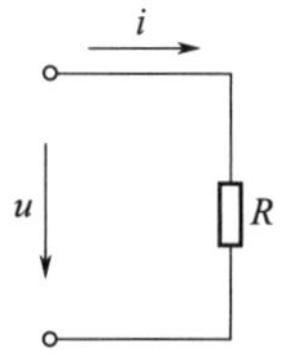

金属导体的电阻与导体的尺寸及导体材料的导电性能有关，即

图 3-3-1 电阻元件

$$R = \rho \frac{l}{S} \qquad (3\text{-}3\text{-}3)$$

式中，ρ 称为电阻率，它是一个表示材料对电流起阻碍作用的物理量。在国际单位制中，电阻率的单位为欧姆·米（$\Omega \cdot \mathrm{m}$），也使用 $\dfrac{\text{欧·毫米}^2}{\text{米}}\left(\dfrac{\Omega \cdot \mathrm{mm}^2}{\mathrm{m}}\right)$。$1\dfrac{\Omega \cdot \mathrm{mm}^2}{\mathrm{m}} = 10^{-6}\,\Omega \cdot \mathrm{m}$。

二、电感元件

将绝缘导线绕成 N 匝的螺管线圈，便组成一个非铁心电感元件，简称线性电感器或电感。如图 3-3-2 所示。

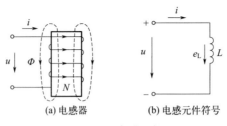

(a) 电感器　　　　(b) 电感元件符号

图 3-3-2　电感元件

我们在物理学中已学过电磁感应定律，它的内容是：当通过 N 匝线圈的磁通量 Φ 发生变化时，不论引起磁通量变化的原因是什么，在线圈电路上产生的感应电动势 e_L，总是与磁通量对时间 t 的变化率的负值成正比，即

$$e_L = -N\frac{\mathrm{d}\Phi}{\mathrm{d}t} \tag{3-3-4}$$

规定感应电动势 e_L 的参考方向与磁通的参考方向之间符合右手螺旋定则。因此 e_L 的参考方向与 i 的参考方向一致。如图 3-3-2（b）所示。在磁路不饱和的情况下，磁通 Φ 与流过线圈的电流 i 成比例，这个比例系数称为电感，即

$$L = \frac{N\Phi}{i} = \frac{\Psi}{i} \tag{3-3-5}$$

式（3-3-5）中 Ψ 是磁链，其值等于线圈每匝磁通 Φ 乘以线圈匝数 N。

在国际单位制（SI）中，电感的单位是亨利（H）。实际工作中还常用到毫亨利（mH）和微亨利（μH）。它们之间的关系为

$$1H = 10^3\,mH = 10^6\mu H$$

图 3-3-2（b）是电感的图形符号和 u、i 的参考方向。

因此，式（3-3-4）又可写成

$$e_L = -N\frac{\mathrm{d}\Phi}{\mathrm{d}t} = -L\frac{\mathrm{d}i}{\mathrm{d}t}$$

根据基尔霍夫电压定律可知

$$u + e_L = 0$$

所以

$$u = -e_L = L\frac{\mathrm{d}i}{\mathrm{d}t} \tag{3-3-6}$$

这就是电感元件上电压与通过它的电流关系式。由式（3-3-6）可见，当电流为正值增大时，即 $\frac{\mathrm{d}i}{\mathrm{d}t} > 0$ 时，e_L 为负值，即其实际方向与电流方向相反。这时的 e_L 要阻碍电流增大。同理，当电流为正值减小时，即 $\frac{\mathrm{d}i}{\mathrm{d}t} < 0$ 时，e_L 为正值，即其实际方向与电流方向相同，这时 e_L 要阻碍电流的减小。可见，感应电动势具有阻碍电流变化的性质，所以外加电压要平衡线圈中的感应电动势，即 $u = -e_L$。

当线圈中通过不随时间变化的恒定电流时，由于电流恒定不变，端电压为零，电感就呈

短路状态。

将式（3-3-6）两边乘上 i，并积分之，则得

$$\int_0^t u i \mathrm{d}t = \int_0^i L i \mathrm{d}i = \frac{1}{2} L i^2 \qquad (3\text{-}3\text{-}7)$$

上式表明当电感元件中的电流增大时，磁场能量增大，在此过程中电能转换为磁能，即电感元件从电源取用能量。上式中的 $\frac{1}{2} L i^2$ 就是磁场能量。当电流减小时，磁场能量减小，磁能转换为电能，即电感元件向电源放还能量。

三、电容元件

用绝缘材料隔开的两个金属导体的组合称为电容器，两个金属导体称为电容器的极板，极板上所储存的电荷量 q 与极板上所加的电压 u 成正比，即

$$\frac{q}{u} = C \qquad (3\text{-}3\text{-}8)$$

式中，C 就是电容器的电容量，简称电容。在国际单位制（SI）中，电容的单位是法拉（F）。但实际电容器的电容都很小，通常用微法（μF）或皮法（pF）。它们之间的关系为

$$1\mu\text{F} = 10^{-6}\text{F} \qquad 1\text{pF} = 10^{-12}\text{F}$$

电容器的电容与金属极板的大小、形状、两极间的绝缘材料有关，而与金属极板的材料无关。电容器的符号如图 3-3-3 所示。

因为电容器极板间存在着绝缘层，在直流情况下，它不导通，相当于开路。但当极板两端电压发生变化时，极板上储存的电荷量就随之改变，则接在电容器极板上的导线将出现电流，我们假设电流 i 和电压 u 的参考方向如图 3-3-4 所示，则

$$i = \frac{\mathrm{d}q}{\mathrm{d}t} = C \frac{\mathrm{d}u}{\mathrm{d}t} \qquad (3\text{-}3\text{-}9)$$

上式表明，电容电流不是与电容两端电压成正比而是与电容两端电压对时间的变化率成正比。

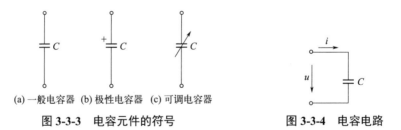

(a) 一般电容器　(b) 极性电容器　(c) 可调电容器

图 3-3-3　电容元件的符号　　　　图 3-3-4　电容电路

如将式（3-3-9）两边乘上 u，并积分之，则得

$$\int_0^t u i \mathrm{d}t = \int_0^u C u \mathrm{d}u = \frac{1}{2} C u^2 \qquad (3\text{-}3\text{-}10)$$

这说明当电容元件上的电压增高时，电场能量增大，在此过程中电容元件从电源取用能量（充电）。上式中的 $\frac{1}{2} C u^2$ 就是电容元件极板间的电场能量。当电压降低时，该电场能量减

小，即电容元件向电源放还能量（放电）。

必须指出：本节所讲的都是线性元件，R、L 和 C 都是常数，即相应的 u 和 i、Φ 和 i 及 q 和 u 之间都是线性关系。分析中电压和电流瞬时值关系式是在 u 和 i 的正方向一致的情况下得出的，否则，式中有负号。

▶ 第四节
纯电阻交流电路

从这节开始，我们将分别研究电阻 R、电感 L 和电容 C 这三个电路参数在交流电路中的作用，分析电路中电压与电流的大小和相位关系，能量转换及功率问题。

在实际电路中 R、L、C 这三个参数的影响都存在，但在研究某一具体电路时，为了使问题简化，经常抓住起主要作用的参数，而忽略其余两个参数的影响，这样的电路叫单一参数元件电路。我们必须首先掌握单一参数元件电路中电压与电流之间的关系，因为其他电路元件是一些单一参数元件的组合而已。

本节首先分析纯电阻的正弦交流电路。

一、电压与电流的关系

如图 3-4-1（a）所示是一个线性电阻元件的交流电路。电压和电流的正方向如图中所示。两者关系由欧姆定律确定，即

$$u = iR$$

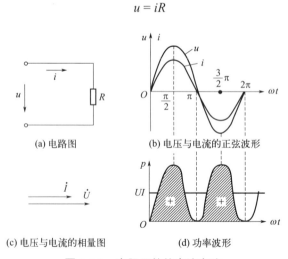

(a) 电路图　　　　　　(b) 电压与电流的正弦波形

(c) 电压与电流的相量图　　　　　(d) 功率波形

图 3-4-1　电阻元件的交流电路

设电路中的电流为

$$i = I_m \sin\omega t$$

则电阻两端电压为

$$u = iR = I_m R\sin\omega t = U_m \sin\omega t \tag{3-4-1}$$

也是一个同频率的正弦量。

由上式可知

$$U_\mathrm{m} = I_\mathrm{m} R$$

或

$$\frac{U_\mathrm{m}}{I_\mathrm{m}} = \frac{U}{I} = R \qquad (3\text{-}4\text{-}2)$$

如用相量表示，则

$$\dot{I} = I\angle 0° \qquad \dot{U} = U\angle 0°$$

$$\frac{\dot{U}}{\dot{I}} = \frac{U}{I}\angle 0° = R$$

或

$$\dot{U} = \dot{I}R \qquad (3\text{-}4\text{-}3)$$

此即欧姆定律的相量表达式。

由上分析，可得到下述结论：

① 在正弦交流电流作用下，电阻两端的电压与电流是同频率的正弦量，而且相位相同。

② 电压的幅值（或有效值）与电流的幅值（或有效值）之比值就是电阻 R。

它们的波形和相量图如图 3-4-1（b）、（c）所示。

二、电阻上的功率

1. 瞬时功率

在任意瞬间，电压的瞬时值 u 与电流的瞬时值 i 的乘积，称为瞬时功率，用小写字母 p 代表，即

$$p = p_\mathrm{R} = ui = U_\mathrm{m} I_\mathrm{m} \sin^2\omega t$$

$$= \frac{U_\mathrm{m} I_\mathrm{m}}{2}(1 - \cos 2\omega t)$$

$$= UI(1 - \cos 2\omega t) \qquad (3\text{-}4\text{-}4)$$

上式说明，电阻上的瞬时功率由一个固定分量 UI 和一个交变量 $UI\cos 2\omega t$ 组成。p 随时间变化的波形如图 3-4-1（d）所示。由于 u 和 i 总是同相变化的，所以瞬时功率总是正值，即 $p > 0$。这表明电阻总是消耗电功率的，它把电能转换成热能，这是一种不可逆的能量转换过程。

2. 平均功率

由于瞬时功率时刻在变动，不便计算，通常取瞬时功率在一个周期内的平均值来衡量电阻上消耗的电功率，称为平均功率，用大写字母 P 表示。

$$P = \frac{1}{T}\int_0^T p\,\mathrm{d}t = \frac{1}{T}\int_0^T UI(1 - \cos 2\omega t)\mathrm{d}t = UI = I^2 R = \frac{U^2}{R} \qquad (3\text{-}4\text{-}5)$$

上式的计算形式与直流电路中的功率计算形式完全一样，但要注意电压有效值和电流有效值的乘积是交流功率的平均值，不能把它与直流电路的功率混淆起来。在交流电路中电阻上消耗的平均功率称为有功功率，简称功率，单位为瓦（W）。

例 3.4.1　一个额定电压 220 伏，功率为 50 瓦的电烙铁，接于初相角为 30°的 220 伏的工频正弦交流电源上，求电烙铁的电阻和流过的电流，若经过 4 小时，问消耗的电能是多少？如果电烙铁误接于 380 伏的交流电源上，则电烙铁吸收的功率是多少？（不考虑电阻的温度影响）。

解　（1）电烙铁的电阻

$$R = \frac{U_N^2}{P} = \frac{220^2}{50}\Omega = 968\Omega$$

（2）当接上 220 伏的电源时，通过电烙铁的电流有效值

$$I = \frac{U}{R} = \frac{220}{968}A = 0.227A$$

对于瞬时值表达式，由已知条件

$$u = 220\sqrt{2}\sin(314t + 30°)V$$

得

$$i = \frac{u}{R} = \frac{220\sqrt{2}}{968}\sin(314t + 30°)A$$

$$= 0.227\sqrt{2}\sin(314t + 30°)A$$

用相量形式解

$$\dot{U} = 220\angle 30°\,V$$

则

$$\dot{I} = \frac{\dot{U}}{R} = \frac{220\angle 30°}{968}A = 0.227\angle 30°A$$

（3）4 小时消耗的电能

$$W = Pt = 50×4×3600J = 7.2×10^5J$$

（4）当误接于 380 伏电源时，电烙铁功率

$$P' = \frac{380^2}{968}W = 150W$$

这时电烙铁的电阻丝有被烧断的危险。

第五节

纯电感交流电路

若交流电路中其他参数的影响与电感相比可忽略不计时，则只考虑电感参数的作用，这种只有单一电感参数的电路，称为纯电感电路，如图 3-5-1（a）所示。

一、电压与电流关系

设流过图 3-5-1（a）所示电感元件的电流为

$$i = I_m \sin\omega t$$

则自感电压为

$$u = L\frac{di}{dt} = L\frac{d}{dt}(I_m \sin\omega t) = I_m \omega L \cos\omega t$$

$$= I_m \omega L \sin(\omega t + 90°) = U_m \sin(\omega t + 90°) \tag{3-5-1}$$

它是一个和电流同频率的正弦量。式（3-5-1）中

$$U_m = \omega L I_m$$

或

$$\frac{U_m}{I_m} = \frac{U}{I} = \omega L \tag{3-5-2}$$

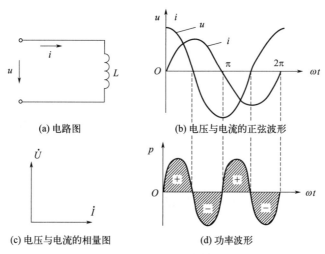

(a) 电路图　　(b) 电压与电流的正弦波形

(c) 电压与电流的相量图　　(d) 功率波形

图 3-5-1　电感元件的交流电器

比较上面各式可知，纯电感电路中，在相位上电压比电流超前90°。电压的幅值（或有效值）与电流的幅值（或有效值）之比值为 ωL。它的单位为欧姆（Ω）。当电压 U 一定时。ωL 愈大，则电流 I 愈小。可见它具有对交流起阻碍作用的物理性质，所以称为电感电抗，简称感抗，用 X_L 代表，即

$$X_L = \omega L = 2\pi f L \tag{3-5-3}$$

感抗 X_L 与电感 L 和频率 f 成正比。因此，电感线圈对高频电流的阻碍作用很大，而对直流电因为 $f = 0$，所以 $X_L = 0$，线圈可视作短路。

当 U 和 L 一定时，X_L 和 I 同 f 的关系如图 3-5-2 所示。

应该注意，感抗 X_L 是电压有效值（或幅值）与电流有效值（或幅值）之比，而不是它们的瞬时值之比，即 $\frac{u}{i} \neq X_L$。这是因为电感元件电路里的电压与电流是导数关系，而不是成正比关系，它们的波形如图 3-5-1（b）所示。

如果用相量表示电压与电流之间关系，则为

$$\dot{I} = I\angle0° \qquad \dot{U} = U\angle90°$$

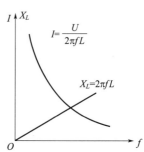

图 3-5-2　X_L 和 I 同 f 的关系

$$\frac{\dot{U}}{\dot{I}} = \frac{U}{I} \angle 90° = \mathrm{j}X_L$$

或

$$\dot{U} = \mathrm{j}\dot{I}X_L = \mathrm{j}\dot{I}\omega L \tag{3-5-4}$$

式（3-5-4）就是电感电压和电流关系的相量形式。其含义十分明显，它既表示了电感电压和电流有效值之间的数值关系为 $U = IX_L$，又表达了电压的有效值相量 $\dot{U}$ 在相位上超前电流有效值相量 $\dot{I}$ 90°。在几何意义上，式（3-5-4）表明 $\dot{I}$ 乘以 X_L 后朝逆时针方向旋转 90° 即得到电压相量 $\dot{U}$。$\dot{U}$ 和 $\dot{I}$ 的相量图见图 3-5-1（c）。

二、电感上的功率

1. 瞬时功率

将电感电路中的电压瞬时值与电流瞬时值相乘，就可得到瞬时功率，即

$$
\begin{aligned}
p = p_L = ui &= U_m I_m \sin\omega t \sin(\omega t + 90°) \\
&= U_m I_m \sin\omega t \cos\omega t = \frac{U_m I_m}{2} \sin 2\omega t \\
&= UI \sin 2\omega t \tag{3-5-5}
\end{aligned}
$$

由式（3-5-5）可见，p 幅值为 UI，并以两倍于电流的频率按正弦规律变化，其变化的波形如图 3-5-1（d）所示。

在第一个与第三个 $\frac{1}{4}$ 周期内，由于 u 和 i 的参考方向相同，故其乘积为正值，即 $p > 0$，在此期间 i 的绝对值增大，电感中存储的磁场能增加，因此需从电源吸收功率，以便把电能转变为磁场能。在第二个与第四个 $\frac{1}{4}$ 周期内，u 和 i 的参考方向相反，所以它的乘积为负值，即 $p < 0$，在这两段时间内，i 的绝对值减小，电感中存储的磁场能减少，因此磁场能又转变为电能送回电源。即电感元件磁场能量的建立与消失对交流电源来说是一种可逆的能量转换过程，纯电感元件不消耗能量，这可由平均功率表达式得到证明。

2. 平均功率

在电感元件电路中的平均功率

$$P = \frac{1}{T} \int_0^T p \mathrm{d}t = \frac{1}{T} \int_0^T UI \sin 2\omega t \mathrm{d}t = 0$$

从图 3-5-1（d）的功率波形图也容易看出，p 的平均值为零。

3. 无功功率

由上述可知，电感本身不消耗电能，但在电感和电源之间有能量的互换。这种能量互换的规模，用无功功率 Q_L 来衡量。我们规定无功功率等于瞬时功率 p_L 的幅值，即

$$Q_L = UI = I^2 X_L \tag{3-5-6}$$

无功功率的单位是乏（Var）或千乏（kVar）。

例 3.5.1 有一线圈，其电感 $L = 35\mathrm{mH}$，线圈电阻忽略不计，在频率 $f = 50\mathrm{Hz}$，电压 $U = 220\mathrm{V}$ 的电源作用下，求：

（1）线圈的感抗；

（2）电路中的电流及其与电压的相位差 φ；

（3）线圈的无功功率 Q_L。

解 （1）$X_L = 2\pi f L = 2\pi \times 50 \times 35 \times 10^{-3}\Omega = 11\Omega$

（2）设电压为参考相量 $\dot{U} = 220\angle 0°\text{V}$

$$\dot{I} = \frac{\dot{U}}{jX_L} = \frac{220\angle 0°}{j11} = \frac{220\angle 0°}{11\angle 90°}\text{A} = 20\angle -90°\text{A}$$

$$i = 20\sqrt{2}\sin(314t - 90°)\text{A}$$

$$\varphi = \varphi_u - \varphi_i = 0° - (-90°) = 90°$$

说明电压超前于电流90°，或称电流滞后电压90°。

（3）
$$Q_L = UI = 220 \times 20\text{Var} = 4400\text{Var}$$

▶ 第六节

纯电容交流电路

若在交流电路中，只含有单一电容参数（即其他参数的影响可忽略）称为纯电容电路，如图3-6-1（a）所示。

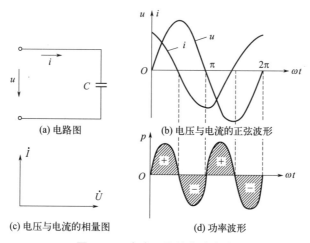

(a) 电路图　　(b) 电压与电流的正弦波形

(c) 电压与电流的相量图　　(d) 功率波形

图 3-6-1　电容元件的交流电路

一、电压与电流关系

当电容器两端电压发生变化时，电容器极板上的电量（电流）也要随着变化，即

$$i = \frac{dq}{dt} = C\frac{du}{dt}$$

设在电容器的两端加一个电压

$$u = U_m \sin\omega t$$

则

$$i = C\frac{\mathrm{d}}{\mathrm{d}t}(U_{\mathrm{m}}\sin\omega t) = U_{\mathrm{m}}\omega C\cos\omega t$$

$$= U_{\mathrm{m}}\omega C\sin(\omega t + 90°) = I_{\mathrm{m}}\sin(\omega t + 90°) \tag{3-6-1}$$

即电流和电压是一个同频率的正弦量。式（3-6-1）中

$$I_{\mathrm{m}} = U_{\mathrm{m}}\omega C$$

或

$$\frac{U_{\mathrm{m}}}{I_{\mathrm{m}}} = \frac{U}{I} = \frac{1}{\omega C} \tag{3-6-2}$$

比较以上各式可知，在纯电容电路中，相位上电流比电压超前 $90°$。电压的幅值（或有效值）与电流的幅值（或有效值）之比值为 $\dfrac{1}{\omega C}$，它的单位是欧姆（Ω）。当电压 U 一定时，$\dfrac{1}{\omega C}$ 愈大，流过电容的电流愈小。可见它具有对电流起阻碍作用的物理性质，所以称为电容电抗，简称容抗，用 X_C 代表，即

$$X_C = \frac{1}{\omega C} = \frac{1}{2\pi fC} \tag{3-6-3}$$

容抗 X_C 与电容 C、频率 f 成反比。因此对直流电（$f = 0$）所呈现的容抗 $X_C \to \infty$，可视作开路。电容器这种"通交隔直"的特性，在电子技术中应用十分普遍。

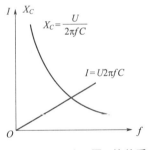

图 3-6-2 X_C 和 I 同 f 的关系

当电压 U 和电容 C 一定时，容抗 X_C 和电流 I 与频率 f 的关系表示在图 3-6-2 中。

必须注意，容抗 X_C 是电压有效值与电流有效值的比，而不是它们瞬时值的比，即 $X_C \neq \dfrac{u}{i}$。表示电压和电流的正弦波形如图 3-6-1（b）所示。若用相量式表示电压和电流之间的关系则为

$$\dot{U} = U\angle 0° \qquad \dot{I} = I\angle 90°$$

$$\frac{\dot{U}}{\dot{I}} = \frac{U}{I}\angle -90° = -\mathrm{j}\frac{U}{I} = -\mathrm{j}X_C$$

或

$$\dot{U} = -\mathrm{j}\dot{I}X_C = -\mathrm{j}\frac{\dot{I}}{\omega C} = \frac{\dot{I}}{\mathrm{j}\omega C} \tag{3-6-4}$$

式（3-6-4）表示电压有效值相量 $\dot{U}$ 在相位上滞后于电流有效值相量 $\dot{I}$ $90°$，在数值上 $U = IX_C$。电压和电流的相量图如图 3-6-1（c）所示。从相量图上可以看出，电流相量 $\dot{I}$ 乘以算子（$-\mathrm{j}$）后，即向后（顺时针方向）旋转 $90°$，就是电压相量 $\dot{U}$ 的位置。

二、电容上的功率

1.瞬时功率
将电容电路中电压和电流的瞬时值表示式直接相乘，则可求得瞬时功率。即

$$p = p_c = ui = U_m I_m \sin\omega t \sin(\omega t + 90°)$$

$$= U_m I_m \sin\omega t\cos\omega t = \frac{U_m I_m}{2}\sin 2\omega t$$

$$= UI\sin 2\omega t \tag{3-6-5}$$

由式（3-6-5）可见，p 是一个以 2ω 角频率随时间而变化的交变量，它的幅值为 UI，其波形如图 3-6-1（d）所示。

在第一个与第三个 $\frac{1}{4}$ 周期内，电压的绝对值增加，表示电容充电，$p > 0$，电容器从电源吸取能量，而储存于电容器的电场内。在第二个与第四个 $\frac{1}{4}$ 周期内，电压的绝对值减小，表示电容器放电，$p < 0$，电容器放出充电时储存的能量，送回电源，所以电场能的变化是可逆的。

2. 平均功率

在电容元件电路中，平均功率

$$P = \frac{1}{T}\int_0^T p\mathrm{d}t = \frac{1}{T}\int_0^T UI\sin 2\omega t\mathrm{d}t = 0$$

这说明电容也是不消耗能量的，在电源与电容元件之间只发生能量的互换。

3. 无功功率

我们把电容元件与电源之间能量互换的最大值（即瞬时功率的幅值），称为无功功率，用符号 Q_C 表示。

$$Q_C = UI = I^2 X_C \tag{3-6-6}$$

例 3.6.1　如图 3-6-3 所示的晶体管电路中，在电阻两端并联一个电容器，其目的是使交流电"容易通过"，而不致在电阻上产生显著的交流电压降，以此提高晶体管放大电路的放大倍数。设 $R = 100\Omega$，$C = 100\mu F$，试计算信号频率等于 50Hz 和 5000Hz 时的容抗。

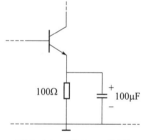

图 3-6-3　例 3.6.1 的图

解　（1）当 f = 50Hz 时

$$X_C = \frac{1}{2\pi fC} = \frac{1}{2\times 3.14\times 50\times 100\times 10^{-6}}\Omega = 31.85\Omega$$

（2）当 f = 5000Hz 时

$$X_C = \frac{1}{2\pi fC} = \frac{1}{2\times 3.14\times 5000\times 100\times 10^{-6}}\Omega = 0.3185\Omega$$

由此可见，在信号频率为 5000Hz 时，容抗 $X_C \ll R$，它把 5000Hz 的交流信号给"旁路"掉了。

第七节

RLC 串联电路

前面我们讨论了单一元件的正弦交流电路，在明确了每种参数的性质及其在交流电路中的作用后，可直接应用上面分析的结果来讨论电阻、电感和电容串联的交流电路。

电阻、电感和电容组成的串联交流电路如图 3-7-1（a）所示，电路中流过三个元件的电流是相同的。

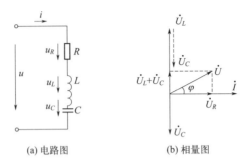

(a) 电路图　　　　　　(b) 相量图

图 3-7-1　电阻、电感与电容元件串联的交流电路

一、电压与电流关系

设电流 $i = I_m \sin\omega t$ 为参考正弦量，于是电阻、电感和电容端电压的表达式分别为

$$u_R = I_m R\sin\omega t$$

$$u_L = I_m \omega L\sin(\omega t + 90°)$$

$$u_C = \frac{I_m}{\omega C}\sin(\omega t - 90°)$$

根据基尔霍夫电压定律，总电压应为

$$u = u_R + u_L + u_C$$

$$= I_m R\sin\omega t + I_m \omega L\sin(\omega t + 90°) + \frac{I_m}{\omega C}\sin(\omega t - 90°) \tag{3-7-1}$$

同频率的正弦量相加仍然是同频率的正弦量，故总电压的表达式可写为

$$u = u_R + u_L + u_c = U_m \sin(\omega t + \varphi) \tag{3-7-2}$$

式中，总电压幅值为 U_m；与电流 i 之间的相位差为 φ。

如果将电压 u_R、u_L、u_C 用相量 $\dot{U}_R$、$\dot{U}_L$、$\dot{U}_C$ 表示，则总电压等于三个电压的相量和，即

$$\dot{U} = \dot{U}_R + \dot{U}_L + \dot{U}_C$$

与上式对应的相量图如图 3-7-1（b）所示。图中选 $\dot{I}$ 为参考相量，画在水平位置。从相量图可见，电感电压 $\dot{U}_L$ 和电容电压 $\dot{U}_C$ 反相，因此它们的作用是相互削弱的。由相量图（组成电压三角形）求得总电压有效值，即

$$U = \sqrt{U_R^2 + (U_L - U_C)^2} = \sqrt{(IR)^2 + (IX_L - IX_C)^2}$$

$$= I\sqrt{R^2 + (X_L - X_C)^2}$$

也可写成

$$\frac{U}{I} = \sqrt{R^2 + (X_L - X_C)^2} \tag{3-7-3}$$

由上式可知，这种电路中电压与电流的有效值之比为 $\sqrt{R^2+(X_L-X_C)^2}$，它具有对电流起阻碍作用的性质，我们称它为电路的阻抗，其单位是欧姆，用 $|Z|$ 表示，即

$$|Z|=\sqrt{R^2+(X_L-X_C)^2} \qquad (3\text{-}7\text{-}4)$$

可见阻抗 $|Z|$ 与 R 和（X_L-X_C）三者之间的关系也可用一个直角三角形——阻抗三角形来表示，如图 3-7-2 所示。

至于电源电压 u 与电流 i 之间的相位差 φ 也可以从电压三角形或阻抗三角形得出，即

$$\varphi=\arctan\frac{U_L-U_C}{U_R}=\arctan\frac{X_L-X_C}{R} \qquad (3\text{-}7\text{-}5)$$

式（3-7-5）表明电压三角形和阻抗三角形是相似三角形。但要注意 $|Z|$、R 和 X 都不是相量，所以画阻抗三角形的三条边均不应带箭头。

从式（3-7-5）可以看出，电源电压与电流的相位差 φ 角的大小和正负完全由电路的参数来决定。如果 $X_L>X_C$，即 $U_L>U_C$，则 $\varphi>0$。这表明在相位上电压 u 比电流 i 超前 φ 角，这种电路呈电感性。如果 $X_L<X_C$，即 $U_L<U_C$，则 $\varphi<0$，这表明在相位上电压 u 比电流 i 滞后 φ 角，这种电路呈电容性。当然，也可能存在 $X_L=X_C$，即 $U_L=U_C$，则 $\varphi=0$，表明电路中电压和电流同相位，电路呈现纯电阻性。这种电路称为谐振电路。

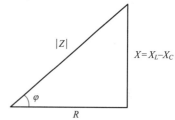

图 3-7-2　阻抗三角形

如果用相量表示电压与电流关系，则为

$$\begin{aligned}
\dot{U} &= \dot{U}_R+\dot{U}_L+\dot{U}_C \\
&= \dot{I}R+j\dot{I}X_L-j\dot{I}X_C \\
&= \dot{I}\left[R+j(X_L-X_C)\right]
\end{aligned} \qquad (3\text{-}7\text{-}6)$$

或

$$\frac{\dot{U}}{\dot{I}}=R+j(X_L-X_C)=R+jX$$

式中，$R+j(X_L-X_C)$ 称为电路的复数阻抗（简称复阻抗）；复数阻抗的实部为 R；虚部 $X=X_L-X_C$，称为电抗。复数阻抗用大写字母 Z 表示，即

$$\begin{aligned}
Z=R+j(X_L-X_C)&=\sqrt{R^2+(X_L-X_C)^2}\ e^{j\arctan\frac{X_L-X_C}{R}} \\
&= |Z|e^{j\varphi}=|Z|\angle\varphi
\end{aligned} \qquad (3\text{-}7\text{-}7)$$

则式（3-7-6）可写成

$$\dot{U}=Z\dot{I} \qquad (3\text{-}7\text{-}8)$$

由式（3-7-7）可知，复数阻抗的单位与电阻一样，也是欧姆，它代表了电路的电压与电流之间的关系，既表示了大小关系（反映在复数阻抗的模 $|Z|$ 上），又表示了相位关系（反映在辐角 φ 上）。上式在形式上和直流电路的欧姆定律相似，称为交流电路的欧姆定律。

复数阻抗的辐角 φ 即为电压 $\dot{U}$ 与电流 $\dot{I}$ 之间的相位差，对电感性电路 φ 为正，对电容性电路 φ 为负。

应该注意：复数阻抗不是时间函数，所以它不是相量。只是一个复数计算量。

二、RLC 串联电路的功率

1. 瞬时功率

知道了电压 u 和电流 i 的变化规律与相互关系后，便可计算出瞬时功率，设

$$i = I_m \sin\omega t$$

$$u = U_m \sin(\omega t + \varphi)$$

则

$$p = ui = U_m I_m \sin(\omega t + \varphi)\sin\omega t$$

$$= 2UI\sin(\omega t + \varphi)\sin\omega t$$

$$= UI\cos\varphi - UI\cos(2\omega t + \varphi) \tag{3-7-9}$$

从上式可以看出，瞬时功率由两项组成，一项是恒定分量 $UI\cos\varphi$，一项是两倍于电源频率变化的分量 $-UI\cos(2\omega t + \varphi)$。

2. 平均功率

由于电阻元件上要消耗电能，相应的平均功率（有功功率）为

$$P = \frac{1}{T}\int_0^T p\mathrm{d}t = \frac{1}{T}\int_0^T \left[UI\cos\varphi - UI\cos(2\omega t + \varphi)\right]\mathrm{d}t$$

$$= UI\cos\varphi \tag{3-7-10}$$

此式与直流电路的功率公式不同，由式（3-7-10）中可看出，有功功率不仅与电压和电流的有效值乘积 UI 成正比，而且还与 $\cos\varphi$ 成正比，$\cos\varphi$ 称为功率因数。相位差角 φ 又称为功率因数角。显然，因为 $-90° \leqslant \varphi \leqslant 90°$，所以 $0 \leqslant \cos\varphi \leqslant 1$，这就是说有功功率总小于或等于电压与电流有效值的乘积 UI。

从电压三角形［图 3-7-1（b）］可得出

$$U\cos\varphi = U_R = IR$$

于是

$$P = UI\cos\varphi = U_R I = I^2 R \tag{3-7-11}$$

3. 无功功率

对于 RLC 串联电路，从电压三角形［图 3-7-1（b）］可得出

$$U\sin\varphi = U_L - U_C$$

所以

$$Q = UI\sin\varphi = (U_L - U_C)I$$

$$= U_L I - U_C I = (X_L - X_C)I^2$$

$$= Q_L - Q_C \tag{3-7-12}$$

上式说明，无功功率 Q 的大小取决于 U、I 和 $\sin\varphi$ 的大小。

综上所述，一个交流发电机输出的功率不仅与发电机的端电压及其输出电流的有效值的乘积有关，而且还与电路（负载）的参数有关。电路所具有的参数不同，则电压与电流间的相位差 φ 就不同，在同样电压 U 和电流 I 之下，这时电路的有功功率和无功功率也就不同。

4. 视在功率和功率三角形

在交流电路中，平均功率一般不等于电压与电流有效值的乘积，如将两者的有效值相乘，

则得出所谓视在功率 S，即

$$S = UI = I^2 |Z| \tag{3-7-13}$$

交流电气设备是按照规定了的额定电压 U_N 和额定电流 I_N 来设计和使用的，变压器的容量就是以额定电压和额定电流的乘积，即所谓额定视在功率

$$S_N = U_N I_N$$

来表示的。

视在功率的单位是伏安（VA）或千伏安（kVA），以便和有功功率、无功功率相区别。因为

$$P = UI\cos\varphi$$

$$Q = UI\sin\varphi$$

所以

$$P^2 + Q^2 = S^2(\cos^2\varphi + \sin^2\varphi) = S^2$$

或

$$S = \sqrt{P^2 + Q^2} \tag{3-7-14}$$

由上式可见，视在功率 S、有功功率 P 和无功功率 Q 之间也可用一个直角三角形来表示，如图 3-7-3 所示，称它为功率三角形。

功率、电压和阻抗三角形是相似的。因为将电压三角形每边乘以电流 I 即可得到功率三角形，而将电压三角形每边除以电流 I 即可得到阻抗三角形（如图 3-7-3）。现在把它们同时表示在图 3-7-3 中。目的是便于我们分析和记忆。

应该注意，功率 P、Q 及 S 都不是正弦量，所以不能用相量来表示。

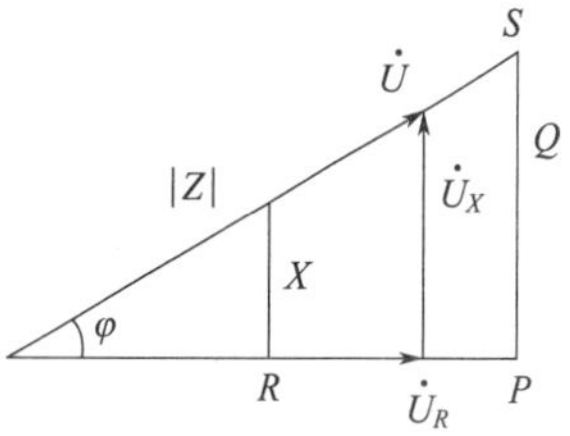

这一节中，我们分析了电阻、电感与电容元件串联的交流电路，这是一个典型电路，其他的单一参数电路，以及 RL 串联电路和 RC 串联电路都可以看成是它的特例。现将几种正弦交流电路中电压与电流的关系列入表 3-7-1 中，以帮助读者总结和记忆。

图 3-7-3 阻抗、电压、功率三角形

表3-7-1 正弦交流电路中电压与电流的关系

电路	瞬时关系	相位及相量图	大小关系	复数式
R ($X_L = X_C = 0$)	$u = iR$	$\varphi = 0$ 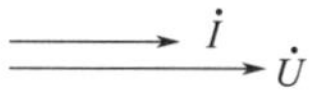	$I = \dfrac{U}{R}$	$\dot{I} = \dfrac{\dot{U}}{R}$
L ($R = X_C = 0$)	$u = L\dfrac{\mathrm{d}i}{\mathrm{d}t}$	$\varphi = 90°$ 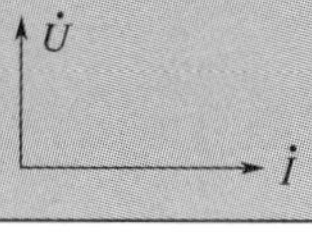	$I = \dfrac{U}{X_L}$	$\dot{I} = \dfrac{\dot{U}}{\mathrm{j}X_L}$
C ($R = X_L = 0$)	$u = \dfrac{1}{C}\displaystyle\int i\mathrm{d}t$	$\varphi = -90°$ 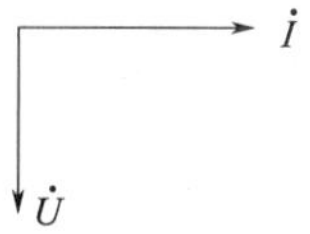	$I = \dfrac{U}{X_C}$	$\dot{I} = \dfrac{\dot{U}}{-\mathrm{j}X_C} = \mathrm{j}\dfrac{\dot{U}}{X_C}$

续表

电路	瞬时关系	相位及相量图	大小关系	复数式
RL 串联 （$X_C=0$）	$u = iR + L\dfrac{\mathrm{d}i}{\mathrm{d}t}$	$\varphi = \arctan \dfrac{X_L}{R} \quad 0 < \varphi < 90°$	$I = \dfrac{U}{\lvert Z \rvert} = \dfrac{U}{\sqrt{R^2 + X_L^2}}$	$\dot I = \dfrac{\dot U}{Z} = \dfrac{\dot U}{R + \mathrm{j}X_L}$
RC 串联 （$X_L=0$）	$u = iR + \dfrac{1}{C}\displaystyle\int i\,\mathrm{d}t$	$\varphi = \arctan \dfrac{-X_C}{R}$ $-90° < \varphi < 0$	$I = \dfrac{U}{\lvert Z \rvert} = \dfrac{U}{\sqrt{R^2 + (-X_C)^2}}$	$\dot I = \dfrac{\dot U}{Z} = \dfrac{\dot U}{R - \mathrm{j}X_C}$
RLC 串联	$u = iR + L\dfrac{\mathrm{d}i}{\mathrm{d}t} + \dfrac{1}{C}\displaystyle\int i\,\mathrm{d}t$	$\varphi = \arctan \dfrac{X_L - X_C}{R}$ $\varphi > 0(u$超前i，感性$)$ $\varphi < 0(u$滞后i，容性$)$ $\varphi = 0(u$与i同相，电阻性$)$	$I = \dfrac{U}{\lvert Z \rvert} = \dfrac{U}{\sqrt{R^2 + (X_L - X_C)^2}}$	$\dot I = \dfrac{\dot U}{Z} = \dfrac{\dot U}{R + \mathrm{j}(X_L - X_C)}$

例 3.7.1　求如图 3-7-4（a）所示的总电压 U 和总阻抗 $\lvert Z \rvert$。

解　图中电压表测量的是有效值，故不能用有效值直接相加的方法求总电压 U，因此需利用相量图分析求解。

在作相量图时，应首先选择参考相量，一般选已知量或公共量作为参考相量。在串联电路中，电流相量 $\dot I$ 是公共相量，可作为参考相量。如图 3-7-4（b）所示。

作相量图 $\dot U_R$ 与 $\dot I$ 同相，$\dot U_L$ 超前于 $\dot I$ 90°，然后求 $\dot U_R$ 与 $\dot U_L$ 的相量和，即得 $\dot U$。

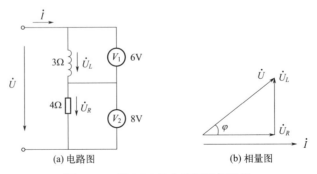

(a) 电路图　　　　　　(b) 相量图

图 3-7-4　例 3.7.1 的电路图和相量图

由图 3-7-4（a）知：

$$U_R = 8\text{V}, \qquad U_L = 6\text{V}$$

则

$$U = \sqrt{U_R^2 + U_L^2} = \sqrt{8^2 + 6^2} = 10\text{V}$$

同理，总阻抗：

$$|Z| = \sqrt{R^2 + X_L^2} = \sqrt{4^2 + 3^2} = 5\Omega$$

例 3.7.2 在 RLC 串联电路中，已知 $R = 30\Omega$，$L = 127\text{mH}$，$C = 40\mu\text{F}$，电源电压 $u = 100\sqrt{2}\sin(314t + 30°)\text{V}$，求

（1）感抗、容抗和阻抗；

（2）电流的有效值 I 与瞬时值 i 的表达式；

（3）各部分电压的有效值与瞬时值表达式；

（4）作相量图；

（5）用相量计算电流 $\dot{I}$ 和各部分电压 $\dot{U}_R$、$\dot{U}_L$ 及 $\dot{U}_C$；

（6）求功率 P 和 Q。

解

（1）
$$X_L = \omega L = 314 \times 127 \times 10^{-3}\Omega = 40\Omega$$

$$X_C = \frac{1}{\omega C} = \frac{1}{314 \times 40 \times 10^{-6}}\Omega = 80\Omega$$

$$|Z| = \sqrt{R^2 + (X_L - X_C)^2} = \sqrt{30^2 + (40-80)^2}\Omega = 50\Omega$$

（2）
$$I = \frac{U}{|Z|} = \frac{100}{50}\text{A} = 2\text{A}$$

$$\varphi = \arctan\frac{X_L - X_C}{R} = \arctan\frac{40-80}{30} = -53° \text{（电容性）}$$

$$i = 2\sqrt{2}\sin(314t + 30° + 53°)\text{A} = 2\sqrt{2}\sin(314t + 83°)\text{A}$$

注意： $\varphi = -53°$ 表示电压滞后电流 53°，因 u 的初相位为 30°，所以电流 i 的初相位为 $30° + 53° = 83°$。

（3）
$$U_R = IR = 2 \times 30\text{V} = 60\text{V}$$
$$u_R = 60\sqrt{2}\sin(314t + 83°)\text{V}$$
$$U_L = IX_L = 2 \times 40\text{V} = 80\text{V}$$
$$u_L = 80\sqrt{2}\sin(314t + 83° + 90°)\text{V} = 80\sqrt{2}\sin(314t + 173°)\text{V}$$
$$U_C = IX_C = 2 \times 80\text{V} = 160\text{V}$$
$$u_C = 160\sqrt{2}\sin(314t + 83° - 90°)\text{V} = 160\sqrt{2}\sin(314t - 7°)\text{V}$$

显然，$U \neq U_R + U_L + U_C$。所以，在正弦电路中，有效值不能直接相加。在本例中，$U_C > U$，电路中部分电压大于电源电压是在直流电路中不可能发生的。

（4）作相量图如图 3-7-5 所示。

（5）用相量形式计算

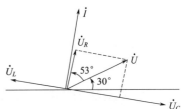

图 3-7-5 例 3.7.2 的相量图

$$\dot{U} = 100\angle 30° \text{V}$$

$$Z = R + j(X_L - X_C) = 30 + j(40 - 80)$$

$$= 30 - j40 = 50\angle -53° \ \Omega$$

$$\dot{I} = \frac{\dot{U}}{Z} = \frac{100\angle 30°}{50\angle -53°} = 2\angle 83° \text{A}$$

$$\dot{U}_R = \dot{I}R = 2\angle 83° \times 30 = 60\angle 83° \text{V}$$

$$\dot{U}_L = j\dot{I}X_L = j40 \times 2\angle 83° = 80\angle 173° \text{V}$$

$$\dot{U}_C = -j\dot{I}X_C = -j80 \times 2\angle 83° = 160\angle -7° \text{V}$$

（6）
$$P = UI\cos\varphi = 100 \times 2 \times \cos(-53°)$$

$$= 100 \times 2 \times 0.6 = 120\text{W}$$

$$Q = UI\sin\varphi = 100 \times 2 \times \sin(-53°)$$

$$= 100 \times 2 \times (-0.8) = -160\text{Var}$$

▶ 第八节

阻抗的串联与并联

▶ 第九节

功率因数的提高

一、提高功率因数的意义

在供电系统的负载中，就其性质来说，多属感性负载。如经常使用的异步电动机、控制电路中的交流接触器，以及照明用的日光灯等，都是感性负载。由于感性负载的电流滞后于电压、功率因数 $\cos\varphi$ 总是小于 1。功率因数低将带来一些不良后果，这可以从以下两方面来说明。

1. 电源设备的容量不能充分利用

交流电源（发电机或变压器）的容量是根据设计的额定电压和额定电流来确定的。其视在功率 $S_N = U_N I_N$ 就是电源的额定容量。但负载能否得到这样大的有功功率还得取决于负载的性质。

例如，$S = 1000\text{kW}$ 的发电机，当负载的功率因数 $\cos\varphi = 0.9$ 时，输出的有功功率为

$$P = S\cos\varphi = 1000 \times 0.9\text{kW} = 900\text{kW}$$

当负载的功率因数 $\cos\varphi = 0.6$ 时，则其输出的有功功率只有 600kW。可见功率因数降低后，电源输出的有功功率也随之减少，电源利用率降低。

2. 增加了输电线路和发电机绕组的功率消耗

当电源电压 U 和输出的有功功率 P 一定时，线路电流 I 与功率因数成反比，即

$$I = \frac{P}{U \cos \varphi}$$

显然，功率因数越低，则通过线路的电流越大，线路和发电机上损耗的电功率 $\Delta P = I^2 R_o$ 也就越大（R_o 为线路上和发电机绕组的电阻）。

由此可见，提高电网的功率因数对国民经济的发展有着重要的意义。功率因数的提高，能使发电设备的容量得到充分利用，减小线路电流和功率损失。

二、提高功率因数的方法

提高功率因数，常用的方法就是与电感性负载并联电容器，其电路图和相量图如图 3-9-1 所示。

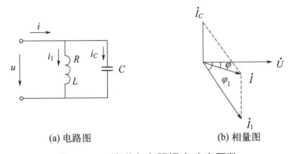

(a) 电路图　　　　　　　　　　　(b) 相量图

图 3-9-1　并联电容器提高功率因数

并联电容器以后，电感性负载的电流 $I_1 = \dfrac{U}{\sqrt{R^2 + X_L^2}}$ 和功率因数 $\cos \varphi_1 = \dfrac{R}{\sqrt{R^2 + X_L^2}}$ 均未变化，这是因为所加电压和负载参数没有改变。但电压 u 和线路电流 i 之间的相位差 φ 变小了，即 $\cos\varphi$ 变大了。这里我们所讲的提高功率因数，是指提高电源或电网的功率因数，而不是指提高某个电感性负载的功率因数。

由相量图可见，并联电容器以后线路电流也减小了，因而减小了功率损耗。应该注意，并联电容器以后感性负载的有功功率并未改变，因为电容器是不消耗电能的。

例 3.9.1　有一感性负载，其功率 $P = 10\text{kW}$，功率因数 $\cos\varphi_1 = 0.6$，接在 $U = 220\text{V}$，$f = 50\text{Hz}$ 的电源上。（1）如果将功率因数提高到 $\cos\varphi = 0.95$，求与负载并联的电容器容量。（2）求出与电容器并联前后的线路电流。

解　（1）计算并联电容器容量，可从图 3-9-1 的相量图导出公式。由图可得

$$I_C = I_1 \sin \varphi_1 - I \sin \varphi = \left(\frac{P}{U \cos \varphi_1}\right) \sin \varphi_1 - \left(\frac{P}{U \cos \varphi}\right) \sin \varphi$$

$$= \frac{P}{U}(\tan \varphi_1 - \tan \varphi)$$

又因

$$I_C = \frac{U}{X_C} = U \omega C$$

所以

$$U\omega C = \frac{P}{U}(\tan\varphi_1 - \tan\varphi)$$

由此得

$$C = \frac{P}{\omega U^2}(\tan\varphi_1 - \tan\varphi)$$

求出

$$\cos\varphi_1 = 0.6 \text{ 时 } \quad \varphi_1 = 53°$$
$$\cos\varphi = 0.95 \text{ 时 } \quad \varphi = 18°$$

则

$$C = \frac{10\times10^3}{2\pi\times50\times220^2}(\tan53° - \tan18°)\mu F = 659\mu F$$

（2）并联电容前的线路电流为

$$I_1 = \frac{P}{U\cos\varphi_1} = \frac{10\times10^3}{220\times0.6}A = 75.8A$$

并联电容后的线路电流为

$$I = \frac{P}{U\cos\varphi} = \frac{10\times10^3}{220\times0.95}A = 47.8A$$

第十节
电路中的谐振

如前所述，在含有电感和电容元件的电路中，由于感抗和容抗都是频率的函数，电路可能表现为感抗，也可能表现为容抗。在一定条件下，电路还可能表现为纯电阻性，这种现象叫做电路的谐振。谐振电路具有的某些特征在无线电和电工技术中得到广泛的应用，但在电力系统中若发生谐振时，可能破坏系统的正常工作状态，应尽量避免，所以对谐振现象的研究有重要意义。根据电路的连接方法可分为串联谐振和并联谐振，下面分别讨论。

一、串联谐振

RLC 串联电路中（如图 3-10-1 所示），在正弦电压的作用下，其复阻抗为

$$Z = R + j(X_L - X_C) = |Z|\angle\varphi$$

它的模和辐角分别为

$$|Z| = \sqrt{R^2 + (X_L - X_C)^2}$$

$$\varphi = \arctan\frac{X_L - X_C}{R}$$

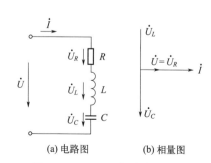

(a) 电路图　　　(b) 相量图

图 3-10-1　RLC 串联谐振电路

当 $X_L = X_C$ 时，即

$$\omega L = \frac{1}{\omega C} \qquad (3\text{-}10\text{-}1)$$

则

$$\varphi = \arctan \frac{X_L - X_C}{R} = 0$$

即电路的电压和电流同相，这时电路中发生谐振现象。由于 RLC 串联，故称串联谐振。

式（3-10-1）是发生串联谐振的条件，根据这一谐振条件，可求得谐振角频率和谐振频率分别为

$$\left.\begin{array}{l} \omega_0 = \dfrac{1}{\sqrt{LC}} \\[3mm] f_0 = \dfrac{1}{2\pi\sqrt{LC}} \end{array}\right\} \qquad (3\text{-}10\text{-}2)$$

由式（3-10-2）可知，只要调节 ω（或频率 f）和 L、C 三个数值中的任意一个量，都能使电路发生谐振。

串联谐振具有以下特征：

① 谐振时，电路的阻抗 $|Z| = \sqrt{R^2 + (X_L - X_C)^2} = R$，其值最小，且等于电阻 R。

② 谐振时，电压与电流同相位，电路为纯电阻性。

③ 在电源电压一定的条件下，由于谐振时电路阻抗最小，故电路中电流最大，此时的电流为

$$I = I_0 = \frac{U}{|Z|} = \frac{U}{R}$$

式中，I_0 称为谐振电流。

④ 谐振时，因为 $X_L = X_C$，于是有

$$U_L = U_C = I_0 X_C = I_0 X_L$$

且

$$U = I_0 |Z| = I_0 R = U_R$$

即电路总电压等于电阻电压降。如果电路参数满足 $X_L = X_C \gg R$ 的条件，则各元件端电压的关系是

$$U_L = U_C \gg U_R = U$$

于是出现电路的局部电压大于电源电压 U，甚至可能大于电源电压许多倍，所以串联谐振又称电压谐振。在电力系统中一般应避免发生串联谐振，以防止高电压影响正常运行和损坏电器设备。但在无线电工程中，正是利用串联谐振的这个特点来获得一个比输入电压大许多倍的电压。

通常，将谐振时电感上和电容上的电压有效值 U_L 和 U_C 与电源电压有效值 U 相比之值，称为电路的品质因数，用 Q 表示，简称 Q 值。

$$Q = \frac{U_L}{U} = \frac{U_C}{U} = \frac{\omega_0 L}{R} = \frac{1}{\omega_0 CR} \qquad (3\text{-}10\text{-}3)$$

它的意义是表示在谐振时电容或电感元件上的电压是电源电压的 Q 倍，无量纲。例如，若电路的 Q 值为 50，当输入电压 $U = 6V$ 时，在谐振电路中电容或电感元件上的电压将高达 300V。

品质因数是谐振电路的一个重要指标，它不仅标志着电路在谐振时的电容和电感元件上获得电压的高低，而且还标志着谐振电路选频性能的好坏，为了清楚地说明这一点，我们研究一下它们随频率变化的情况。

对于 RLC 串联电路，当电源电压 U 不变时，电路中电流 I、容抗 X_C、感抗 X_L、阻抗 $|Z|$ 都将随频率变化，具体公式如下所述。

$$
\left.
\begin{aligned}
X_L &= \omega L \qquad X_C = \frac{1}{\omega C} \\
X &= X_L - X_C \\
|Z| &= \sqrt{R^2 + X^2} = \sqrt{R^2 + \left(\omega L - \frac{1}{\omega C}\right)^2}
\end{aligned}
\right\}
\qquad (3\text{-}10\text{-}4)
$$

由式（3-10-4）可得它们随频率变化的曲线如图 3-10-2（a）所示，其中 $X_L = \omega L$ 与 ω 成正比，$X_C = \dfrac{1}{\omega C}$ 与 ω 成反比，当 $0 \leqslant \omega \leqslant \omega_0$ 时，$X = X_L - X_C < 0$，故在低频范围内电路呈容性。当 $\omega_0 < \omega$ 时 $X = X_L - X_C > 0$，即在高频范围内电路呈感性。而在 $\omega = \omega_0$ 时，$X_L - X_C = 0$，此时的电路呈电阻性。

在电源电压 U 不变时，根据阻抗 $|Z|$ 曲线可以得到电流的频率特性。

$$
I = \frac{U}{|Z|} = \frac{U}{\sqrt{R^2 + \left(\omega L - \frac{1}{\omega C}\right)^2}} = \frac{\dfrac{U}{R}}{\sqrt{1^2 + \left(\dfrac{\omega L}{R} - \dfrac{1}{\omega C R}\right)^2}}
$$

$$
= \frac{I_0}{\sqrt{1^2 + \left(\dfrac{\omega L}{R} - \dfrac{1}{\omega C R}\right)^2}}
\qquad (3\text{-}10\text{-}5)
$$

其中 $I_0 = \dfrac{U}{R}$。

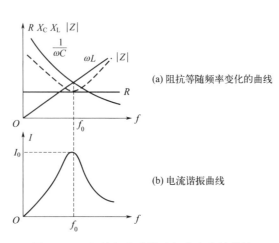

(a) 阻抗等随频率变化的曲线

(b) 电流谐振曲线

图 3-10-2　阻抗与电流等随频率变化的曲线

串联电路中电流的有效值随频率变化的曲线称为电流谐振曲线，如图 3-10-2（b）所示。

由图 3-10-2（b）可知，当 $\omega = \omega_0$ 时，$I = I_0$，电流最大。当 $\omega < \omega_0$ 或 $\omega > \omega_0$ 时，电流的有效值 I 都小于谐振时的最大值 I_0，这表明串联谐振电路具有选择特性。也就是说，这种电路能够选择所需要的频率信号，抑制不需要的频率信号，这就是谐振电路的选择性。

图 3-10-3 是电路谐振曲线与品质因数的关系，由图可知对应于不同的 Q 值，特性曲线的形状不一样，Q 值愈大，谐振曲线愈尖锐，对应稍微偏离谐振频率的信号，就大大减弱。这说明，电路的 Q 值愈大，电路的选择性愈好。为了说明电路选择性的好坏，通常引用通频带宽度的概念。我们规定在电流等于电流最大值 I_0 的 70.7%（即 $\dfrac{1}{\sqrt{2}}$）处频率上下限之间的宽度称为通频带宽度，如图 3-10-4 所示，用 $\Delta\omega$ 或 Δf 表示：

$$\Delta\omega = \omega_2 - \omega_1 \quad 或 \quad \Delta f = f_2 - f_1$$

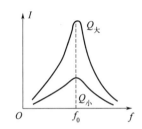

图 3-10-3 Q 与谐振曲线的关系

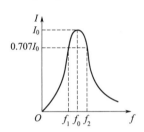

图 3-10-4 通频带宽度

可以证明通频带宽度和 Q 值的关系：

$$f_2 - f_1 = \frac{f_0}{Q} \tag{3-10-6}$$

显然，Q 值愈大，通频带宽度就愈窄，表明谐振曲线愈尖锐，谐振电路的选择性就愈好。

例 3.10.1 某接收电路，其参数 $R = 10\Omega$，$L = 0.3\text{mH}$，$C = 300\text{pF}$，串联接入电源电压 $U = 2\text{mV}$ 时，发生谐振。求（1）谐振频率 f_0、谐振电流 I_0、品质因数 Q 和电容电压 U_C 各为何值？（2）如电压 U 的有效值不变，而频率增加 10% 时，电容电压 U_C 为何值？

解 （1）
$$f_0 = \frac{1}{2\pi\sqrt{LC}} = \frac{1}{2\times 3.14\sqrt{0.3\times 10^{-3}\times 300\times 10^{-12}}}\text{Hz}$$

$$= 531\times 10^3\text{Hz}$$

$$X_L = \omega_0 L = 2\pi f_0 L = 2\pi\times 531\times 10^3\times 0.3\times 10^{-3}\Omega = 1000\Omega$$

$$X_C = \frac{1}{\omega_0 C} = \frac{1}{2\pi f_0 C} = \frac{1}{2\pi\times 531\times 10^3\times 300\times 10^{-12}}\Omega = 1000\Omega$$

$$I_0 = \frac{U}{R} = \frac{2\times 10^{-3}}{10}\text{A} = 0.2\times 10^{-3}\text{A} = 0.2\text{mA}$$

$$Q = \frac{\omega_0 L}{R} = \frac{1000}{10} = 100$$

$$U_C = QU = 100\times 2\times 10^{-3}\text{V} = 200\text{mV}$$

（2）当电压有效值不变，而频率增加 10% 时的电容电压。

$$f = (1 + 0.1)f_0 = 584 \times 10^3 \text{Hz}$$

$$X_L = \omega L = 2\pi fL = 2\pi \times 584 \times 10^3 \times 0.3 \times 10^{-3}\Omega = 1101\Omega$$

$$X_C = \frac{1}{\omega C} = \frac{1}{2\pi fC} = \frac{1}{2\pi \times 584 \times 10^3 \times 300 \times 10^{-12}}\Omega = 908\Omega$$

$$|Z| = \sqrt{R^2 + (X_L - X_C)^2} = \sqrt{10^2 + (1101 - 908)^2}\Omega = 193.9\Omega$$

$$U_C = \frac{X_C}{|Z|}U = \frac{908}{193.3} \times 2 \times 10^{-3}\text{V} = 9.4\text{mV}$$

二、并联谐振

图 3-10-5 为具有电阻 R 和电感 L 与电容 C 组成的并联电路。

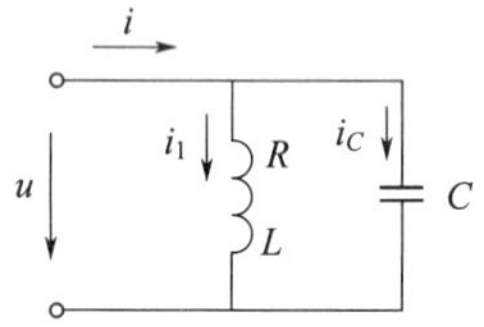

图 3-10-5　并联电路

电路的等效复阻抗为

$$Z = \frac{\dfrac{1}{j\omega C}(R + j\omega L)}{\dfrac{1}{j\omega C} + (R + j\omega L)} = \frac{R + j\omega L}{1 + j\omega RC - \omega^2 LC}$$

在实际应用中，通常线圈的电阻 R 是很小的，所以一般在谐振时，$\omega L \gg R$，则上式可写成：

$$Z \approx \frac{j\omega L}{1 + j\omega RC - \omega^2 LC} = \frac{1}{\dfrac{RC}{L} + j\left(\omega C - \dfrac{1}{\omega L}\right)} \tag{3-10-7}$$

并联电路发生谐振的条件是使式（3-10-7）中的虚部为零，即将电源频率 ω 调到 ω_0 时发生谐振，这时

则

或

$$\left. \begin{array}{c} \omega_0 C - \dfrac{1}{\omega_0 L} \approx 0 \\[3mm] \omega_0 \approx \dfrac{1}{\sqrt{LC}} \\[3mm] f_0 \approx \dfrac{1}{2\pi\sqrt{LC}} \end{array} \right\} \tag{3-10-8}$$

上式说明，并联谐振电路与串联谐振电路的谐振频率具有相同的计算公式。

并联谐振具有下列特征：

① 谐振时，电路的阻抗由式（3-10-7）可知为

$$|Z_0| = \frac{1}{\dfrac{RC}{L}} = \frac{L}{RC} \tag{3-10-9}$$

其值为最大。因此在电源电压 U 一定的情况下，电路中的电流 I 将在谐振时达到最小值，即

$$I = I_0 = \frac{U}{\dfrac{L}{RC}} = \frac{U}{|Z_0|}$$

阻抗与电流的谐振曲线如图 3-10-6 所示。

② 谐振时，电压与电流同相位，电路为纯电阻性。

③ 谐振时，各并联支路的电流为

$$I_C = U\omega_0 C$$

$$I_1 = \frac{U}{\sqrt{R^2 + (\omega_0 L)^2}} \approx \frac{U}{\omega_0 L}$$

而

$$|Z_0| = \frac{L}{RC} = \frac{\omega_0 L}{R\omega_0 C} \approx \frac{(\omega_0 L)^2}{R}$$

当 $\omega_0 L \gg R$ 时

$$\omega_0 L \approx \frac{1}{\omega_0 C} \ll \frac{(\omega_0 L)^2}{R}$$

则可得 $I_1 \approx I_C \gg I_0$，如图 3-10-7 所示。即支路电流大于电路总电流，所以并联谐振又称为电流谐振。

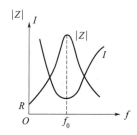

图 3-10-6 $|Z|$ 和 I 的谐振曲线

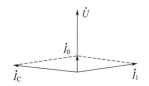

图 3-10-7 并联谐振时的相量图

通常，将 I_1 或 I_C 与 I_0 之比值称作品质因数，用 Q 表示：

$$Q = \frac{I_C}{I_0} = \frac{\omega_0 CU}{U\Big/\dfrac{L}{RC}} = \frac{\omega_0 L}{R} = \frac{1}{\omega_0 CR} \tag{3-10-10}$$

上式表明，Q 值愈大，消振电路的阻抗愈大，总电流愈小，阻抗谐振曲线愈尖锐，选择性愈好。在无线电工程和通信技术中常应用并联谐振获得高阻抗的特点来选择信号或消除干扰。

例 3.10.2 在图 3-10-5 所示的并联电路中，已知 $L = 0.05\text{mH}$，$C = 90\text{pF}$，$R = 10\Omega$，$I_0 = 0.2\text{mA}$，试求（1）谐振频率和品质因数各是多少？（2）谐振时的电路阻抗和两支路中的电流。

解 （1） $$f_0 = \frac{1}{2\pi\sqrt{LC}} = \frac{1}{2\pi\sqrt{0.05\times10^{-3}\times90\times10^{-12}}}\text{kHz} = 2374\text{kHz}$$

$$Q = \frac{\omega_0 L}{R} = \frac{2\pi f_0 L}{R} = \frac{2\pi \times 2374 \times 10^3 \times 0.05 \times 10^{-3}}{10} = 74.5$$

（2）谐振时的阻抗

$$|Z_0| = \frac{L}{RC} = \frac{0.05 \times 10^{-3}}{10 \times 90 \times 10^{-12}} \mathrm{k\Omega} = 55.6 \mathrm{k\Omega}$$

电感及电容支路的电流 I_1 及 I_C 为

$$I_1 = I_C = QI_0 = 14.9 \mathrm{mA}$$

▶ 第十一节

非正弦周期电路

 习题三

3.1　已知正弦电压 $u = 100\sqrt{2}\sin\left(100\pi t - \dfrac{\pi}{4}\right)$ V：

（1）画出波形图；

（2）求该正弦电压的幅值、角频率、频率、周期和初相位；

（3）该正弦电压与下列各正弦电流的相位关系如何？

$i_1 = 10\sqrt{2}\cos 100\pi t \mathrm{A}$；　　　　　　　　$i_2 = 100\sqrt{2}\sin 100\pi t \mathrm{A}$；

$i_3 = 20\sqrt{2}\sin\left(100\pi t - \dfrac{\pi}{3}\right)\mathrm{A}$；　　　　$i_4 = 4\sqrt{2}\sin\left(200\pi t + \dfrac{\pi}{4}\right)\mathrm{A}$。

3.2　设 $u = 200\sin\left(\omega t - \dfrac{\pi}{6}\right)$ V，试求在下列情况下电流的瞬时值：

（1）$f = 500\mathrm{Hz}$，$t = 0.25\mathrm{ms}$；　　　　（2）$\omega t = 2.5\pi\mathrm{rad}$；

（3）$t = \dfrac{3}{4}T$；　　　　　　　　　　　（4）$\omega t = 75°$。

3.3　已知一正弦电流的有效值为 6A，频率为 100Hz，初相位 $\varphi_i = 45°$，试写出其瞬时表达式，计算 $t = 0.5\mathrm{s}$ 时的电流值。

3.4　写出下列各正弦量的相量形式表达式：

（1）$u = 220\sqrt{2}\sin(100t - 30°)\mathrm{V}$；

（2）$u = 5\sin(100t + 45°)\mathrm{V}$；

（3）$i = 2\sin 5000t \mathrm{A}$；

（4）$i = 10\sqrt{2}\sin\left(250t - \dfrac{\pi}{6}\right)\mathrm{A}$。

3.5　已知 $\dot{I}_1 = 3 - \mathrm{j}4\mathrm{A}$，$\dot{I}_2 = -3 - \mathrm{j}4\mathrm{A}$，$\dot{I}_3 = 5\angle 36.1°\mathrm{A}$，$\dot{U} = 100\mathrm{e}^{\mathrm{j}30°}\mathrm{V}$。试分别用三角函

数式、正弦波及相量图表示它们。

3.6 对下列各正弦电流写出相量的极坐标式并画出相量图。

$$i_1 = 5\sqrt{2}\sin(\omega t - 150°)\text{A} \qquad\qquad i_2 = 10\sqrt{2}\cos(\omega t + 100°)\text{A}$$

$$i_3 = -7\sqrt{2}\sin(\omega t - 100°)\text{A} \qquad\qquad i_4 = -8\sqrt{2}\cos(\omega t - 10°)\text{A}$$

3.7 设电压 $\dot{U}_1 = 11 - \text{j}24\text{V}$，$\dot{U}_2 = 7.2 + \text{j}3.8\text{V}$，$\dot{U}_3 = 8.6\angle120°\text{V}$。求 $\dot{U} = \dot{U}_1 + \dot{U}_2 - \dot{U}_3$。

3.8 电压 u_C 如图 P3.8（a）中所示，施加于一个电容 $C = 500\mu\text{F}$ 上，如图 P3.8（b）所示。试求 $i(t)$，并绘出波形图。

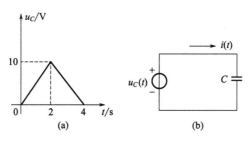

图 P3.8

3.9 如图 P3.9（a）所示电路，已知电感 $L = 100\text{mH}$，其电流如图 P3.9（b）所示。
（1）计算并绘出 $t \geqslant 0$ 时的电压 $u_L(t)$；
（2）求出 $t = 1\mu\text{s}$ 时的电感元件的功率和储能。

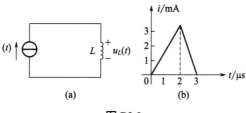

图 P3.9

3.10 在单一参数的正弦交流电路中，判断下列各式哪些是正确的？ 哪些是错误的？

$$i = \frac{u}{R}; \qquad i = \frac{u}{X_C}; \qquad i = \frac{u}{X_L}$$

$$I = \frac{U}{R}; \qquad I = \frac{U}{X_C}; \qquad I = \frac{U}{X_L}$$

$$\dot{I} = \frac{\dot{U}}{R}; \qquad \dot{I} = \frac{\dot{U}}{X_C}; \qquad \dot{I} = \frac{\dot{U}}{X_L}$$

3.11 电阻 R 接在 $u = \sqrt{2}\,U\sin\omega t$ 的交流电源上，如图 P3.11 所示，已知电压表的读数分别为 220V 和 20A，试计算 R 的阻值和消耗的功率。

3.12 如图 P3.12 所示电路，设 $u = 100\sqrt{2}\sin314t$ V，当 N_P 为（1）纯电阻 $R = 10\Omega$；（2）纯电感 $L = 10\text{mH}$；（3）纯电容 $C = 10\mu\text{F}$ 时，求输入电流 i，并画出其相量图。

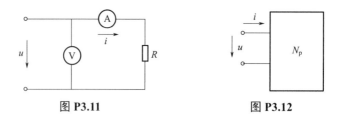

图 P3.11　　　　　　　　　　图 P3.12

3.13　把 $L = 51\text{mH}$ 的电感接在 $f = 50\text{Hz}$、$U = 220\text{V}$ 的交流电路中，要求：画出电路图，计算 X_L 和 I，绘出电压、电流的相量图。

3.14　有一个电感 $L = 318.5\text{mH}$ 的线圈，略去内阻不计，接在 $f = 50\text{Hz}$、$U = 220\text{V}$ 的交流电路中，试求：

（1）通过线圈的电流有效值，并写出电流的瞬时值表达式；

（2）电感线圈的瞬时功率、无功功率。

3.15　在 $C = 10\mu\text{F}$ 的电容器两端加上有效值 100V 的正弦电压，其频率为 50Hz，初相位 $\varphi_u = -60°$，试求：

（1）电流有效值 I_C 和瞬时值表达式；

（2）电容器的无功功率 Q_C。

（3）当频率为 100Hz 时，I_C 和 i 结果又是怎样？

3.16　在图 P3.16 所示的电路中，除电流表 A_0 和电压表 V_0 外，其余电流表和电压表的读数在图上都已标出（有效值），试求电流表 A_0 和电压表 V_0 的指示值。

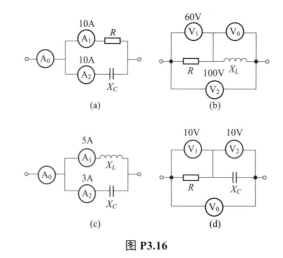

图 P3.16

3.17　一个电感线圈接在 $U = 120\text{V}$ 的直流电源上，电流为 20A。若接在 $f = 50\text{Hz}$，$U = 220\text{V}$ 交流电源上，则电流为 28.2A。求该线圈的电阻和电感。

3.18　已知电阻和电感串联的电路中，$R = 20\Omega$，$L = 0.1\text{H}$，$f = 50\text{Hz}$，$U = 220\text{V}$。求电流 I、电阻端电压 U_R 和电感的端电压 U_L，并画出相量图。

3.19　日光灯管与镇流器串联接到交流电压上，可看作 RL 串联电路。如已知某灯管的等效电阻 $R_1 = 280\Omega$，镇流器的电阻和电感分别为 $R_2 = 20\Omega$ 和 $L = 1.65\text{H}$，电源电压 $U = 220\text{V}$，电源频率为 50Hz。试求电路中的电流和灯管两端与镇流器上的电压。这两个电压加起来是否等于 220V？

3.20　有一 RC 串联电路，电源电压为 u，电阻和电容上的电压分别为 u_R 和 u_C，已知电路阻抗为 2kΩ，频率为 1kHz，并设 u 与 u_C 之间的相位差为 30°，试求 R 和 C，并说明在相位上 u_C 比 u 超前还是滞后？

3.21　由电阻为 120Ω、感抗为 100Ω 的电感性元件和一个容抗为 190Ω 的电容性元件组成串联电路，已知电流为 20mA，求电源电压和各元件两端的电压，绘出电流和各电压的相量图，并比较各部分电压的大小。

3.22　在 RL 串联电路中，已知 $u = 220\sqrt{2}\sin 314t\,(\text{V})$。试求：

（1）当 $R = 20Ω$，$L = 0.1\text{H}$ 时；

（2）当 $R = 4Ω$，$L = 17.2\text{mH}$ 时；

两种情况下电路的阻抗 $|Z|$，阻抗角 φ、$\dot{I}$、$\dot{U}_R$、$\dot{U}_L$ 以及功率 P。

3.23　一个 RC 串联电路，当输入电压 $U = 220\text{V}$ 时，$I = 2.5\text{A}$，已知电路的有功功率 $P = 325\text{W}$，$f = 50\text{Hz}$。试计算 R、C、U_R、U_C 和 S，并画出相量图。

3.24　在图 P3.24 中，电流表 A_1 和 A_2 的读数分别为 $I_1 = 6\text{A}$，$I_2 = 8\text{A}$。

（1）设 $Z_1 = R$，$Z_2 = -jX_C$，则电流表 A_0 的读数为多少？

（2）设 $Z_1 = jX_L$，问 Z_2 为何种参数才能使电流表 A_0 的读数最大？此读数为多少？

（3）设 $Z_1 = -jX_C$，问 Z_2 为何种参数才能使电流表 A_0 的读数最小？此读数为多少？

3.25　在图 P3.25 所示的电路中，已知电路中 $R_1 = 300Ω$，$R_2 = 40Ω$，电感 $L = 1.3\text{H}$。交流电压的有效值 $U = 220\text{V}$。当频率 $= 50\text{Hz}$ 时，分别求出电流 I、电压 U_1 和 U_2。画出电压的相量图。

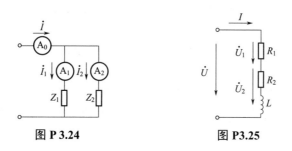

图 P 3.24　　　图 P 3.25

3.26　计算图 P3.26（a）中的电流 $\dot{I}$ 和电路上各阻抗元件上的电压 $\dot{U}_1$ 和 $\dot{U}_2$，并作相量图。计算图 P3.26（b）中各支路电流 $\dot{I}_1$ 和 $\dot{I}_2$ 及电压 $\dot{U}$ 并作相量图。

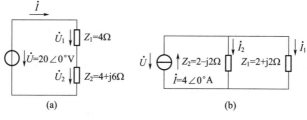

图 P 3.26

3.27　在图 P3.27 中，$I_1 = 10\text{A}$，$I_2 = 10\sqrt{2}\,\text{A}$，$U = 200\text{V}$，$R = 5Ω$，$R_2 = X_L$。试求 I、X_C、X_L 及 R_2？

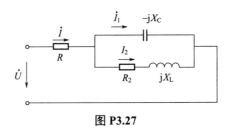

图 P3.27

3.28　在 RLC 串联电路中，已知 $R = 80\Omega$，$L = 1.5\text{H}$，$C = 150\mu\text{F}$，接在电源电压为 $u = 220\sqrt{2}\sin(100t + 60°)\text{V}$ 的交流电源上，求电路的阻抗、电路的有功功率、无功功率、视在功率和功率因数。

3.29　有一由 R、L、C 元件串联的交流电路，已知 $R = 10\Omega$，$L = \dfrac{1}{31.4}\text{H}$，$C = \dfrac{10^6}{3140}\mu\text{F}$。在电容元件的两端并联一短路开关 S。

（1）画出电路图。

（2）当电源电压为 220V 的直流电压时，试分别计算在短路开关闭合和断开两种情况下电路中的电流 I 及各元件上的电压 U_R、U_L、U_C。

（3）当电源电压为正弦电压 $u = 220\sqrt{2}\sin 314t$ V 时，试分别计算在上述两种情况下电流及各电压的有效值。并求出有功功率、无功功率、视在功率及功率因数。

3.30　已知一个线圈的内阻 $R = 16\Omega$，$L = 38.2\text{mH}$，与一个电容 $C = 188.4\mu\text{F}$ 的电容器串联，接在电源电压为 $u = 220\sqrt{2}\sin(314t + 60°)\text{V}$ 的交流电源上，试用相量法计算电路中的电流 i、线圈两端的电压 u_{RL} 和电容器的电压 u_C。并求出电路的有功功率、无功功率、视在功率和功率因数。

3.31　图 P3.31 所示的电路 $X_C = 11\Omega$，$R = 22\Omega$，$X_L = 22\Omega$，电源电压 $U = 220\text{V}$，试求电路中的总电流、功率因数、有功功率和视在功率。

3.32　在 RLC 并联电路中，如图 P3.32 所示，已知 $R = 10\Omega$，$L = 0.047\text{H}$，$C = 300\mu\text{F}$，电源电压 $U = 220\text{V}$，试求电路中的总电流、功率因数、有功功率、视在功率并作相量图。

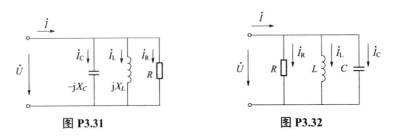

图 P3.31　　　　　　　　　　　　图 P3.32

3.33　有一感性负载，如图 P3.33 所示已知它的额定电压为 380V，$P = 15\text{kW}$，$\cos\varphi = 0.5$，$f = 50\text{Hz}$，并联电容将功率因数提高到 0.9，计算电容器的电容值。

3.34　今有 40W 的荧光灯一个，使用时灯管和镇流器（可近似地把镇流器看作纯电感）串联在电压为 220V，频率为 50Hz 的电源上。已知灯管工作时属于纯电阻负载，灯管两端的电压等于 110V，试求镇流器的感抗与电感。这时电路的功率因数等于多少？若将功率因数提高到 0.8，问应并联多大电容。

3.35　如图 P3.35 所示的日光灯电路，接于 220V、50Hz 交流电源上工作，测得灯管两端电压为 80V，电流为 0.375A，镇流器的功率为 4.2W。试求：

（1）灯管的电阻 R_L 及镇流器的内阻 r 和电感 L。

（2）灯管消耗的有功功率、电路消耗的总有功功率以及电路的功率因数。

（3）若使电路的功率因数提高到 0.9，需并联多大的电容器？

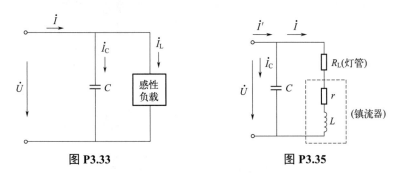

图 P3.33   图 P3.35

3.36 某收音机输入电路的电感为 0.3mH，可变电容器的调节范围为 25 ～ 360pF，试问能否满足收听波段 535kHz ～ 1605kHz 的要求。

3.37 在图 P3.37 所示的电路中，电源电压 $U = 12V$，$f = 465kHz$，调节电容 C 使电路达到谐振，此时测得谐振电流 $I_0 = 100mA$，电容端谐振电压 $U_{CO} = 200V$，试求参数 R、L、C 的值及电路的品质因数 Q。

3.38 线圈中电阻 $R = 10\Omega$，电感 $L = 10mH$，与电容器串联。当外加电源频率为 $f = 5kHz$ 时电流最大，求电容 C 等于多少？

3.39 电路分别由电感 $L = 640\mu H$、电阻 $R = 20\Omega$ 和电容 $C = 400pF$ 三个元件组成，如图 P3.39（a）与（b）所示。求两电路谐振时的谐振频率和谐振阻抗。

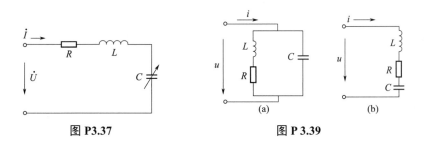

图 P3.37   图 P 3.39

3.40 在图 P3.40 所示的电路中，已知 $R = 80\Omega$，$C = 106\mu F$，$L = 63.7mH$，$\dot{U} = 150\angle 0°V$。求：

（1）$f = 50Hz$ 时的 $\dot{I}$ 和 $\dot{I}_C$、$\dot{I}_L$；

（2）f 为何值时，电流最小，这时的 $\dot{I}$ 和 $\dot{I}_C$、$\dot{I}_L$ 为多少？

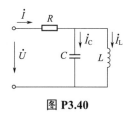

图 P3.40

第四章

三相交流电路

　　自从 19 世纪末世界上首次出现三相制以来，它几乎占据了电力系统的全部领域。三相制就是由三个幅值相等、频率相同、相位互差 120° 的电动势组成的供电体系，由这种电源供电的电路叫作三相交流电路。目前世界上电力系统所采用的供电方式，绝大多数是属于三相制电路。

　　三相交流电与单相交流电相比有很多优越性：在用电方面，三相电动机比单相电动机结构简单，价格便宜，性能好；在送电方面，采用三相制，在相同条件下比单相输电节省输电线的用铜量。实际上单相电源就是取三相交流电源的一相，因此三相交流电得到了广泛的应用。

▶ 第一节
三相交流电源

一、三相交流电动势的产生

　　三相交流电动势是由三相交流发电机产生的。图 4-1-1 是具有一对磁极的三相交流发电机的原理图。它的工作原理是以转动的磁场使三个静止的线圈产生感应电动势。发电机的转动部分叫转子，它的磁极由直流电励磁，产生沿空气隙按正弦规律分布的磁场。发电机的静止部分叫作定子。其内壁槽中放置几何尺寸、形状和匝数都相同的三个线圈 AX、BY、CZ，在空间三个线圈互隔 120°。A、B、C 分别为三个线圈的首端，X、Y、Z 是其末端。当转子由原动机带动，并以角速度 ω 沿顺时针方向匀速旋转时，则各绕组中的电动势必然频率相同、最大值相等。又由于三个线圈依次切割转子磁场的磁力线，因此出现电动势最大值的时间就不相同，即在相位上互差120°。电动势的参考方向规定为自绕组的末端指向始端，如以 A 相为参考可得出各相电动势的解析式：

$$\left.\begin{aligned}
e_A &= E_m \sin \omega t \\
e_B &= E_m \sin(\omega t - 120°) \\
e_C &= E_m \sin(\omega t - 240°) \\
&= E_m \sin(\omega t + 120°)
\end{aligned}\right\} \qquad (4\text{-}1\text{-}1)$$

这三个电动势的参考方向、波形图、相量图如图 4-1-2 所示。

三相交流电依次出现正的最大值的顺序称为相序。图 4-1-2 中相序为 $A \to B \to C$。

由上可见，三相电动势具有最大值（有效值）相等、频率相同、相位互差120°的特点，这种电动势称为三相对称电动势。

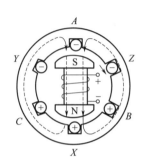
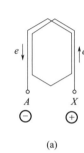
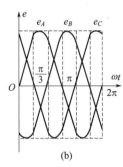
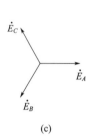

图 4-1-1　三相交流发电机的原理图　　　图 4-1-2　三相对称电动势的参考方向、波形图和相量图

二、三相四线制电源

发电机三相绕组的接法通常是将绕组的末端 X、Y、Z 连在一个公共点上，此点称为中点，用 N 表示。这种联结称为星形联结，从中点引出的导线称为中线或零线。从 A、B、C 三个始端引出的三条导线称为相线或端线，俗称火线。这种具有中线的三相供电方式称为三相四线制，如图 4-1-3 所示。如果不引出中线则称为三相三线制。

三相四线制电源可以提供两种电压，每根相线与中线间的电压称为相电压，其参考方向规定由绕组的首端指向中点，用符号 u_A、u_B、u_C 表示，其有效值用 U_A、U_B、U_C 或 U_P 表示。由于绕组内阻抗可以忽略不计，因此相电压和电动势的数值可以认为是相等的，即 $U_A = E_A$，$U_B = E_B$，$U_C = E_C$，且在相位上也互差120°，因此三个相电压也是对称的。

任意两根相线之间的电压称为线电压，线电压的参考方向由下标注明的顺序来表示，例如 u_{AB} 表示线电压的参考方向由 A 相指向 B 相，习惯上人们采用 u_{AB}、u_{BC}、u_{CA} 表示这三个线电压，其有效值用 U_{AB}、U_{BC}、U_{CA} 或 U_l 表示。

根据图 4-1-3 所示的电压参考方向及基尔霍夫电压定律，线电压与相电压之间的关系为

$$\left.\begin{aligned}
u_{AB} &= u_A - u_B \\
u_{BC} &= u_B - u_C \\
u_{CA} &= u_C - u_A
\end{aligned}\right\} \qquad (4\text{-}1\text{-}2)$$

用相量表示为

$$\left.\begin{array}{l} \dot{U}_{AB} = \dot{U}_A - \dot{U}_B \\ \dot{U}_{BC} = \dot{U}_B - \dot{U}_C \\ \dot{U}_{CA} = \dot{U}_C - \dot{U}_A \end{array}\right\} \qquad (4\text{-}1\text{-}3)$$

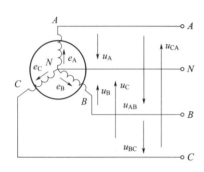

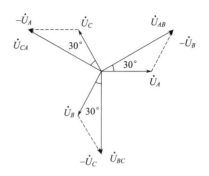

图 4-1-3　发电机的星形联结　　　　图 4-1-4　发电机星形联结时的相量图

由式（4-1-3）可作出各线电压相量图，如图 4-1-4 所示，由图可求出线电压与相电压之间的数值关系和相位关系。

$$\frac{U_{AB}}{2} = U_A \cos 30^\circ = \frac{\sqrt{3}}{2} U_A$$

即

$$U_{AB} = \sqrt{3} U_A$$

同理可得

$$U_{BC} = \sqrt{3} U_B$$

$$U_{CA} = \sqrt{3} U_C$$

一般可写作

$$U_l = \sqrt{3} U_P \qquad (4\text{-}1\text{-}4)$$

即三相四线制的线电压等于相电压的 $\sqrt{3}$ 倍，线电压在相位上超前其对应的相电压 30°，所以线电压也是对称的。以后凡提到三相电源的电压都是指电源的线电压，如我国工业低压配电中采用 380V 三相四线制电源就是指线电压为 380V 的电源。

第二节

对称负载的三相交流电路

在使用交流电的电气设备中，其中很多是需要三相电源才能工作的，例如三相交流电动机，它就属于三相负载。还有些负载是单相的（如白炽灯、日光灯等）。它们可以接在三相电源的任一相线与中线之间，也可以构成三相负载。

根据构成三相负载的各相负载的阻抗和阻抗角是否完全相同，可分为对称三相负载和不对称三相负载，各相负载的阻抗和阻抗角完全相等的叫对称三相负载，即 $|Z_a| = |Z_b| = |Z_c| = |Z|$ 和 $\varphi_a = \varphi_b = \varphi_c = \varphi$。三相电动机就是一种三相对称负载，而三相照明负载通常是不对称的三相负载。

在三相供电系统中，三相负载有两种基本接法，星形（Y）接法和三角形（△）接法。下面对两种不同的负载接法分别进行讨论。

一、三相对称负载的星形接法

1. 联结方法

无论是三相对称负载还是三相不对称负载，只要当各相负载的额定电压等于电源线电压的 $\frac{1}{\sqrt{3}}$ 倍时，三相负载均应作星形联结。对白炽灯等单相负载，只要一端接相线另一端接中线即构成了星形接法。对于三相对称负载，应将各相负载的一端联结成一点，接于三相电源的中线上，而每相负载的另一端分别接到三相电源的三根相线上，如图 4-2-1 所示。

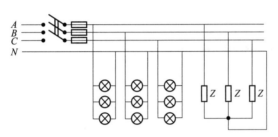

图 4-2-1　负载星形联结的示意图

2. 负载的电压与电流的计算

负载作星形联结并具有中线时，加在每相负载上的电压就是电源的相电压，流过每相负载的电流称为相电流，即 i_a、i_b、i_c，一般用 i_P 表示，其参考方向是根据各相电压的参考方向确定的。流过相线的电流称为线电流，即 i_A、i_B、i_C，一般用 i_l 表示，其参考方向规定从电源到负载。中线电流 i_N 其参考方向规定从负载中点到电源中点，如图 4-2-2 所示。

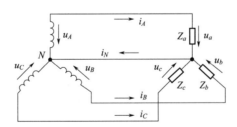

图 4-2-2　负载星形联结的三相四线制电路

三相对称负载以星形联结在三相对称电源上，其各相负载两端的电压也必然是对称的。即 $U_a = U_b = U_c = U_P$，所以各相负载电流也是对称的。即

$$I_a = I_b = I_c = I_P = \frac{U_P}{|Z|} \tag{4-2-1}$$

各相电流与其相电压之间的相位差是相等的。即

$$\varphi_a = \varphi_b = \varphi_c = \varphi = \arctan \frac{X}{R} \tag{4-2-2}$$

式中，R 为各相负载中的电阻；$X = X_L - X_C$ 为各相负载的电抗。由图 4-2-2 知，在星形联结的电路中各线电流等于各相电流，即

$$i_l = i_P$$

或

$$I_l = I_P \tag{4-2-3}$$

根据基尔霍夫电流定律，中线电流：

$$i_N = i_A + i_B + i_C \tag{4-2-4}$$

用相量表示为

$$\dot{I}_N = \dot{I}_A + \dot{I}_B + \dot{I}_C \tag{4-2-5}$$

由于各线电流等于各相电流，所以线电流也是对称的，由相量图可证明 $\dot{I}_N = \dot{I}_A + \dot{I}_B + \dot{I}_C = 0$。既然中线电流为零就可以去掉中线，三相对称负载作星形联结时，实际上采用了三相三线制供电，如图 4-2-3 所示。常用的三相电动机就只需要三根线供电。计算三相对称负载电路，只要先计算一相，其他两相将相位改变 120° 就可以了。

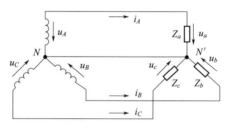

图 4-2-3　对称负载星形联结的三相三线制电路

例 4.2.1　一组星形接法的对称三相负载，每相电阻 $R = 6\Omega$，感抗 $X_L = 8\Omega$，接于线电压为 380V 的三相电源上，求负载的相电压、相电流和线电流。

解　每相负载两端的电压等于电源的相电压，即

$$U_P = \frac{U_l}{\sqrt{3}} = \frac{380}{\sqrt{3}}\,\text{V} = 220\text{V}$$

相电流

$$I_a = I_b = I_c = I_P = I_l = \frac{U_P}{|Z|} = \frac{220}{\sqrt{6^2 + 8^2}}\,\text{A} = 22\text{A}$$

例 4.2.2　上例中若三相电源各相电压 $u_A = 220\sqrt{2}\sin 314t\,\text{V}$，$u_B = 220\sqrt{2}\sin(314t - 120°)\text{V}$，$u_C = 220\sqrt{2}\sin(314t + 120°)\text{V}$，求解各相电流瞬时值的表示式。

解　各相电流与所对应相电压之间的相位差为

$$\varphi = \arctan \frac{X}{R} = \arctan \frac{X_L}{R} = \arctan \frac{8}{6} = 53.1°$$

因各相负载电流有效值已求出为 22A，负载为感性，于是可得各相电流瞬时值表示式：

$$i_a = 22\sqrt{2}\sin(314t - 53.1°)\text{A}$$

$$i_b = 22\sqrt{2}\sin(314t - 120° - 53.1°)\text{A}$$

$$= 22\sqrt{2}\sin(314t - 173.1°)\text{A}$$

$$i_c = 22\sqrt{2}\sin(314t + 120° - 53.1°)\text{A}$$

$$= 22\sqrt{2}\sin(314t + 66.9°)\text{A}$$

二、对称负载三角形联结的三相电路

1. 联结方法

无论是对称负载还是不对称负载，只要每相负载的额定电压等于电源的线电压，三相负载均应作三角形（△）联结。负载的三角形联结如图4-2-4所示。

2. 三角形负载的电压与电流的计算

负载以三角形联结时，各相负载两端的电压等于电源的线电压，而相电流和线电流是不相等的。各相电流和线电流的参考方向如图4-2-4所示。

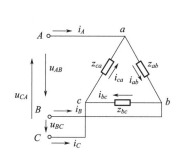

图 4-2-4 负载三角形联结的三相电路   图 4-2-5 对称负载三角形联结时电压与电流的相量图

在对称负载的情况下，各相负载的相电流是对称的，其有效值为

$$I_{ab} = I_{bc} = I_{ca} = I_P = \frac{U_P}{|Z|} \qquad (4\text{-}2\text{-}6)$$

各相负载的相电流与其两端电压之间的相位差为

$$\varphi_{ab} = \varphi_{bc} = \varphi_{ca} = \varphi = \arctan\frac{X}{R} \qquad (4\text{-}2\text{-}7)$$

根据基尔霍夫电流定律及图4-2-4所示电流的参考方向可得出各线电流为

$$\left.\begin{array}{l} i_A = i_{ab} - i_{ca} \\ i_B = i_{bc} - i_{ab} \\ i_C = i_{ca} - i_{bc} \end{array}\right\} \qquad (4\text{-}2\text{-}8)$$

用相量表示为

$$\left.\begin{array}{l} \dot{I}_A = \dot{I}_{ab} - \dot{I}_{ca} \\ \dot{I}_B = \dot{I}_{bc} - \dot{I}_{ab} \\ \dot{I}_C = \dot{I}_{ca} - \dot{I}_{bc} \end{array}\right\} \qquad (4\text{-}2\text{-}9)$$

其相量如图 4-2-5 所示，显然线电流也是对称的，由相量图得

$$\frac{1}{2}I_A = I_{ab}\cos 30°$$

即

$$I_A = \sqrt{3}I_{ab}$$

$$I_B = \sqrt{3}I_{bc}$$

$$I_C = \sqrt{3}I_{ca}$$

或一般地表示为

$$I_l = \sqrt{3}I_P \qquad\qquad (4\text{-}2\text{-}10)$$

即三相对称负载三角形接法时，线电流的有效值等于相电流有效值的 $\sqrt{3}$ 倍，在相位上各线电流滞后相应的相电流 30°。

例 4.2.3 某三相对称负载，各相负载的额定电压为 380V，每相电阻 $R = 3\Omega$，感抗 $X_L = 4\Omega$，三相电源的线电压为 380V，问三相负载应采用哪一种接法，并求出负载的相电流与线电流。

解 由于负载的额定电压等于电源线电压，故三相负载应采用三角形接法，各相电流为

$$I_{ab} = I_{bc} = I_{ca} = I_P = \frac{U_P}{|Z|}$$

$$= \frac{380}{\sqrt{3^2 + 4^2}} = \frac{380}{5}\text{A} = 76\text{A}$$

各线电流为

$$I_A = I_B = I_C = I_l = \sqrt{3}I_P = \sqrt{3} \times 76\text{A} = 131.6\text{A}$$

第三节
不对称负载的三相交流电路

从上一节的讨论中我们知道，对称三相电路的计算是比较简单的，只要先计算出一相的电流，其余两相就可根据对称关系求得。当三相负载不对称时，若是三相四线制电源，即有中线的情况，可按三个单相交流电路来分析。若是无中线，情况就比较复杂了，这里只讨论不对称负载星形联结有中线的情况。

一、负载的电压与电流的计算

虽然负载是不对称的，但由于有中线，所以各相负载两端的电压仍等于电源的相电压，各线电流仍等于各自的相电流，即

$$I_A = I_a = \frac{U_a}{|Z_a|}$$

$$I_B = I_b = \frac{U_b}{|Z_b|}$$

$$I_C = I_c = \frac{U_c}{|Z_c|}$$

各相电流与相电压的相位差为

$$\varphi_a = \arctan\frac{X_a}{R_a}$$

$$\varphi_b = \arctan\frac{X_b}{R_b}$$

$$\varphi_c = \arctan\frac{X_c}{R_c}$$

式中，R_a 和 X_a、R_b 和 X_b、R_c 和 X_c 为各相阻抗的电阻和电抗。由式（4-2-5）得中线电流为

$$\dot{I}_N = \dot{I}_A + \dot{I}_B + \dot{I}_C$$

由于三相负载不对称，所以中线电流不为零。

例 4.3.1 在图 4-3-1 中，电源线电压 $U_l = 380$V，各相负载的阻抗都等于 10Ω，试求中线电流 $\dot{I}_N$。

解 虽然各相负载的阻抗模相等，但由于各相负载的性质不同，也就是阻抗角不相等，所以此例是三相不对称负载。但由于有中线，所以各相负载两端的电压等于电源的相电压，即

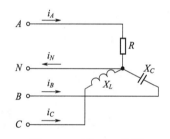

图 4-3-1 例 4.3.1 的图

$$U_P = \frac{U_l}{\sqrt{3}} = \frac{380}{\sqrt{3}}\text{V} = 220\text{V}$$

各线电流与其对应的各相电流相等，即

$$\dot{I}_A = \dot{I}_a = \frac{\dot{U}_a}{R} = \frac{220\angle 0°}{10}\text{A} = 22\angle 0°\text{A}$$

$$\dot{I}_B = \dot{I}_b = \frac{\dot{U}_b}{-\text{j}X_c} = \frac{220\angle -120°}{10\angle -90°}\text{A} = 22\angle -30°\text{A}$$

$$\dot{I}_C = \dot{I}_c = \frac{\dot{U}_c}{\text{j}X_L} = \frac{220\angle 120°}{10\angle 90°}\text{A} = 22\angle 30°\text{A}$$

中线电流为

$$\dot{I}_N = \dot{I}_A + \dot{I}_B + \dot{I}_C = 22\angle 0° + 22\angle -30° + 22\angle 30°\text{ A}$$

$$= 22 + 19.1 - \text{j}11 + 19.1 + \text{j}11\text{A} = 60.2\text{A}$$

二、中线的作用

由前面的分析我们看到虽然负载不对称，但由于有中线，所以构成了三个互不影响的单

相交流电路，若是没有中线会怎么样呢？为了说明问题，我们举一个特殊的例子，此例中忽略了灯丝的非线性影响，即认为灯泡的电阻是常量。

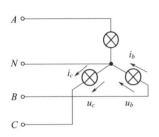

图 4-3-2　例 4.3.2 的图

例 4.3.2　有一组额定电压为 220V 的白炽灯照明负载，如图 4-3-2 所示，其各相的阻值分别为 $R_a = 10\Omega$、$R_b = 10\Omega$、$R_c = 30\Omega$，电源的线电压 $U_l = 380V$，求当 A 相断开，中线因故也断开时，各相负载两端的电压。

解　正常情况下，由于有中线，所以各相灯泡两端电压等于电源的相电压，其有效值为 220V，灯泡工作正常。但是当 A 相断开、中线也断开时，A 相灯泡两端电压为零，B 相和 C 相灯泡串联起来接于线电压 U_{BC} 上，这时 B 相灯泡承受的电压为

$$U_b = \frac{R_b}{R_b + R_c} \times U_{BC} = \frac{10}{10 + 30} \times 380V = 95V$$

C 相承受的电压为

$$U_c = \frac{R_c}{R_b + R_c} \times U_{BC} = \frac{30}{10 + 30} \times 380V = 285V$$

显然 C 相灯泡两端的电压已大大超过其额定电压，这是不允许的。由此我们看到不对称负载作星形联结时必须要有中线，**中线的作用在于能保证三相负载的相电压对称，使负载能正常工作，为此规定在中线上（指干线）不准装闸刀开关，也不准装熔断器。**

第四节
三相交流电路的功率

在三相交流电路中，无论负载是星形联结还是三角形联结，三相负载所消耗的功率 P 均为各相负载所消耗的有功功率之和，即

$$P = P_a + P_b + P_c \tag{4-4-1}$$

三相负载星形联结时，三相电路的总功率为

$$P = P_a + P_b + P_c$$
$$= U_a I_a \cos\varphi_a + U_b I_b \cos\varphi_b + U_c I_c \cos\varphi_c$$

当三相负载对称时，$U_a = U_b = U_c = U_p$，$I_a = I_b = I_c = I_p$，$\varphi_a = \varphi_b = \varphi_c = \varphi$，此时三相电路的总功率为

$$P = P_a + P_b + P_c = 3U_p I_p \cos\varphi \tag{4-4-2}$$

通常，在电路上测量线电流及线电压比较方便，根据 $I_l = I_p$，$U_l = \sqrt{3}U_p$，代入式（4.4.2）可得

$$P = 3U_p I_p \cos\varphi = 3\frac{U_l}{\sqrt{3}} I_l \cos\varphi = \sqrt{3}U_l I_l \cos\varphi \tag{4-4-3}$$

当三相对称负载为三角形接法时，各相负载两端的电压 $U_{ab} = U_{bc} = U_{ca} = U_p$，相电流 $I_{ab} =$

$I_{bc} = I_{ca} = I_p$，每相负载的功率因数角 $\varphi_{ab} = \varphi_{bc} = \varphi_{ca} = \varphi_p$，则三相电路总功率 $P = 3U_p I_p \cos\varphi$，因为 $I_l = \sqrt{3} I_p$，$U_l = U_p$，代入上式有：

$$P = 3U_l \times \frac{I_l}{\sqrt{3}} \cos\varphi = \sqrt{3} U_l I_l \cos\varphi$$

由此可见，无论负载是星形接法还是三角形接法，只要三相负载对称，则三相电路的有功功率即三相总功率，为

$$P = \sqrt{3} U_l I_l \cos\varphi$$

使用上式时应注意功率因数 $\cos\varphi$ 是指每相的功率因数，**即功率因数角 φ 是相电压和相电流之间的相位差，也就是每相负载的阻抗角**。

同理可推出对称三相电路的无功功率：

$$Q = \sqrt{3} U_l I_l \sin\varphi \tag{4-4-4}$$

由式（4-4-3）和式（4-4-4）可得三相对称电路的视在功率：

$$S = \sqrt{P^2 + Q^2} = \sqrt{3} U_l I_l \tag{4-4-5}$$

例 4.4.1　有一个三相对称负载。每相负载 $R = 6\Omega$，$X_L = 8\Omega$，电源电压 $U_l = 380\text{V}$，问：

（1）采用星形接法时，该负载的有功功率是多少？

（2）采用三角形接法接于同一电源上时，该负载的有功功率又是多少？

解　（1）星形接法时

$$U_P = \frac{U_l}{\sqrt{3}} = \frac{380}{\sqrt{3}}\text{V} = 220\text{V}$$

$$I_P = \frac{U_P}{|Z|} = \frac{220}{\sqrt{6^2 + 8^2}}\text{A} = 22\text{A}$$

$$\cos\varphi = \frac{R}{|Z|} = \frac{6}{\sqrt{6^2 + 8^2}} = 0.6$$

$$P_Y = \sqrt{3} U_l I_l \cos\varphi = \sqrt{3} \times 380 \times 22 \times 0.6\text{W} = 8688\text{W}$$

（2）三角形接法时

由于同一负载接在同一个电源上，所以负载的相电压等于电源的线电压，即

$$U_P = U_l = 380\text{V}$$

$$I_P = \frac{U_P}{|Z|} = \frac{380}{\sqrt{6^2 + 8^2}}\text{A} = 38\text{A}$$

$$I_l = \sqrt{3} I_P = \sqrt{3} \times 38\text{A} = 66\text{A}$$

$$P_\Delta = \sqrt{3} U_l I_l \cos\varphi = \sqrt{3} \times 380 \times 66 \times 0.6\text{W} = 26064\text{W}$$

比较（1）和（2）的结果：

$$\frac{P_\Delta}{P_Y} = \frac{26064}{8688} = 3$$

由此可见，在相同的线电压下，负载作三角形联结时的三相有功功率是同一负载作星形联结时的 3 倍。若上述负载的额定电压是 220V，接在线电压 $U_l = 380V$ 的电源上工作时，该负载应接成星形，若错误地接成了三角形，则由于功率增大了 3 倍，该负载上的电压和电流都将超过额定值，负载将会损坏。若上述负载的额定电压为 380V，接在线电压 $U_l = 380V$ 的电源上时，该负载应接成三角形，若错误地接成星形，则负载不能正常工作。

✏ 习题四

4.1 若已知星形联结三相电源相电压 $u_A = U_m \sin(\omega t + \varphi)$，试写出 $\dot{U}_B$、$\dot{U}_C$、$\dot{U}_{AB}$、$\dot{U}_{BC}$、$\dot{U}_{CA}$ 各电压相量。

4.2 一台三相电动机有三个绕组，每个绕组的额定电压是 220V。现有两种电源，一种是线电压为 380V，另一种是线电压为 220V。问在这两种电源下，三相电动机的绕组应如何联结。

4.3 在以下三相负载的联结形式电路中，若其中一相负载改变后，对其他两相有无影响？（1）星形负载有中线；（2）星形负载无中线；（3）三角形负载。

4.4 指出下列各结论中哪个正确？哪个错误？

（1）当负载做星形联结时，必须有中线。

（2）凡负载做三角形联结时，线电流必为相电流的 $\sqrt{3}$ 倍。

（3）当三相负载越接近对称时，中线电流就越小。

（4）负载做星形联结时，线电流必等于相电流。

（5）三相对称负载做星形或三角形联结时，其总有功功率为 $P = \sqrt{3}U_l I_l \cos\varphi$。所以说在同一电源下，其总有功功率是相等的。

4.5 有一三相对称负载，其每相负载的电阻 $R = 8\Omega$，感抗 $X_L = 6\Omega$，如果将负载联结成星形接于线电压 $U_l = 380V$ 的三相电源上，试求相电压、相电流及线电流。

4.6 有一星形联结的三相对称负载，接在对称的三相电源上，已知 $u_A = 220\sqrt{2}\sin(314t + 30°)V$，各相负载阻抗为 $Z = (40 + j30)\Omega$，求相电流 $\dot{I}_a$、$\dot{I}_b$、$\dot{I}_c$ 和 i_a、i_b、i_c。

4.7 有一电源为星形接法，而负载为三角形接法的对称三相电路，已知电源频率为 50Hz，相电压为 220V，负载的电阻为 6Ω，电感为 25.5mH，试求电路的相电流和线电流。

4.8 在图 P4.8 中，三相对称负载三角形联结。电路中的各电流表在正常情况下读数为 26A，电压表的读数为 380V，分别求下列情况下的负载电流和线电流。

（1）ab 间负载开路；

（2）相线 A 开路。

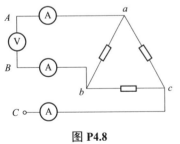

图 P4.8

4.9 有一三相四线制照明电路，相电压为 220V，已知 A、B、C 三相电灯分别为 34 盏、45 盏、56 盏白炽灯并联组成，每盏灯的功率都是 200W，求各端线上的电流及中线电流。

4.10 星形接法的对称三相负载，接在 $U_l = 380V$ 的三相电源上，已知负载消耗的总功率为 8.68kW，每相负载的功率因数为 0.6（电流滞后），试求：（1）每相负载的相电流和线电流。

（2）负载的电阻和感抗。

4.11 如上题已知条件，负载为三角形联结，试求：（1）负载的额定电压。（2）每相负载的相电流和线电流。（3）负载的电阻和感抗。

4.12 有一三相对称负载，试比较下列两种情况下负载中的电流、线路上的电流及负载所消耗的功率。

（1）联结成星形后接于 380V 的对称电源上。

（2）联结成三角形后接于 220V 的对称电源上。

4.13 有一三相异步电动机，其绕组连成三角形接于线电压 $U_l = 380V$ 的电源上，从电源所取用的功率 $P = 11.43kW$，功率因数 $\cos\varphi = 0.87$，试求电动机的相电流和电路的线电流。

4.14 有一三相异步电动机，其绕组联结成星形，接于线电压 $U_l = 380V$ 的电源上，从电源取用的功率 $P = 2.2kW$，线电流为 4.8A，求电动机每相绕组的功率因数及其所承受的电压。

4.15 某三相对称负载取用的功率为 5.5kW，今按三角形接法接在 $U_l = 380V$ 的线路上，设此时该负载取用的线电流为 19.5A，求此负载的相电流、功率因数和每相的阻抗值。

4.16 某三相对称负载，$R = 24\Omega$、$X_L = 18\Omega$，接于电源电压为 380V 的电源上，试求负载接成星形与三角形时的线电流、相电流和有功功率。

4.17 已知 380V/220V 三相四线制电网上接有一个三相电炉为三角形联结，其每相电阻 $R_1 = 38\Omega$。同时还在电网上接有若干白炽灯，电灯为星形联结，工作时每相总电阻 $R_2 = 10\Omega$。如图 P4.17 所示。求总的线电流和总的有功功率。

4.18 电路如图 P4.18 所示为对称三相四线制电路，已知三相电源线电压为 380V，供给两组对称的三相负载和一组单相负载。第一组三相负载为星形联结，每相阻抗 $Z_1 = 22\Omega$，经过阻抗 $Z_0 = 2\Omega$ 接到中线。第二组三相负载为三角形联结，每相阻抗为 $Z_2 = -j10\sqrt{3}\Omega$。单相负载 $R = 11\Omega$，接在 A 相和中线之间，求各线电流 $\dot{I}_A$、$\dot{I}_B$、$\dot{I}_C$ 和中线电流 $\dot{I}_N$。

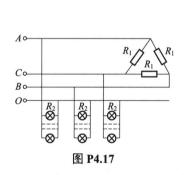

图 P4.17

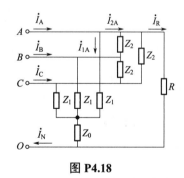

图 P4.18

4.19 星形联结的三相异步电动机，接入电源线电压为 380V 的电网中，当电动机满载运行时，额定输出功率 $P_O = 10kW$，效率 $\eta = 0.9$，线电流 $I_l = 20A$。但该电动机轻载运行时，输出功率 $P'_O = 2kW$，效率 $\eta' = 0.6$，线电流 $I'_l = 10.5A$。试求在满载和轻载两种情况下的功率因数。

4.20 有一星形联结的电感性对称负载，额定线电压 $U_l = 380V$，额定功率因数 $\cos\varphi = 0.6$，$f = 50Hz$，负载消耗的有功功率 $P = 6kW$。

（1）若利用一组星形联结的电容器与三相负载并联，使得每相电路的功率因数提高到 0.9，试求每相的电容值及其耐压值。

（2）若改用三角形联结的电容器，试求每相的电容值及其耐压值。

第五章

电路的过渡过程

在前面我们讨论的线性电路中，不论是直流电路还是交流电路，在电路的连接方式和参数值不变的条件下，只要电源输出信号的幅值、波形和频率恒定，各支路中的电流和各部分的电压也必将稳定在一定的数值上。这种状态称为电路的稳定状态，简称稳态。

在具有储能元件电容 C 和电感 L 的电路中，当电路的工作条件发生变化或电路的参数突然改变时，电路将从原来的稳定状态，经历一定的时间，变换到新的稳定状态，这一变换过程称为过渡过程，也称瞬变过程或暂态过程。处于变换过程的工作状态，称为过渡状态，简称暂态或瞬态。

暂态过程的产生是由于物质具有的能量不能跃变而造成的，电路中电压和电流的建立或量值的改变，必然伴随着电场能量和磁场能量的改变，而能量不能跃变。因此电路中电压和电流一般也只能渐变而不能突变，从而形成电路的过渡过程。

电路的过渡过程虽然为时短暂，但在实际工作中却是极为重要的。例如在电子技术中，利用电路的过渡过程来改善波形或产生特定的波形，从而实现自动控制技术。在高压、大电流的电路中，掌握瞬变规律，可以采取适当措施，防止电气设备上因出现过电压或过电流而造成不必要的损失。因此，研究暂态过程的目的就是：认识和掌握这种客观存在的物理现象的规律，在生产上既要充分利用暂态过程的特性，同时也必须预防它所产生的危害。

本章主要分析 RC 和 RL 一阶线性电路的过渡过程。通过本章的学习，可以使读者对线性电路中的过渡过程具有初步的理论基础。我们着重讨论以下两个问题：

① 过渡过程中电压和电流随时间而变化的规律。

② 影响过渡过程快慢的电路的时间常数。

► 第一节

换路定律及初始值的确定

电路工作条件发生变化，如电源的接通或切断，电路连接方法或参数值的突然变化等，是产生过渡过程的外部原因。我们把这些电路变换统称为换路。通常规定换路是瞬间完成的，我们把换路发生的时刻定为 $t = 0$，换路之前瞬间用"0^-"表示，换路之后瞬间用"0^+"表示。

当电路中含有储能元件 C 和 L 时，过渡过程的电压和电流的初始值将由电容 C 和电感 L 储存的初始能量来决定。"换路定律"可以用来确定过渡过程的初始值。

① 换路瞬间，电容上的电压 u_c 不能突变。C 的电场能：

$$W_C = \int_0^{u_c} Cu_c \mathrm{d}u_c = \frac{1}{2}Cu_c^2 \tag{5-1-1}$$

由于能量不能突变，因此电容 C 上的电压 u_c 不能突变。即

$$u_c(0^+) = u_c(0^-) \tag{5-1-2}$$

② 换路瞬间，电感线圈中的电流不能突变。L 的磁场能：

$$W_L = \int_0^{i_L} Li_L \mathrm{d}i_L = \frac{1}{2}Li_L^2 \tag{5-1-3}$$

由于能量不能突变，因此电感中电流 i_L 不能突变，即

$$i_L(0^+) = i_L(0^-) \tag{5-1-4}$$

利用换路定律，可以确定电路在换路后初始时刻电容上的电压和电感中的电流，从而确定电路各支路中电压和电流。这些电压值和电流值称为过渡过程的初始值，它是研究过渡过程必不可少的初始条件。

例 5.1.1 如图 5-1-1 所示的电路：$U = 12\mathrm{V}$，$R_1 = 4\Omega$，$R_2 = 8\Omega$，$R_3 = 2\Omega$。开关 S 闭合前电路已经达到稳定状态，求开关 S 闭合后电感电流、电容电压及各支路电流的初始值。

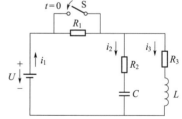

图 5-1-1 例 5.1.1 的图

解 电路在 S 闭合前的稳定状态下，电感 L 相当于短路，电容 C 相当于开路，因此各支路电流为

$$i_L(0^-) = i_3(0^-) = i_1(0^-)$$

$$= \frac{U}{R_1 + R_3} = \frac{12}{4+2}\mathrm{A} = 2\mathrm{A}$$

$$i_c(0^-) = i_2(0^-) = 0$$

电容支路与电感支路并联，所以电容的端电压：

$$u_c(0^-) = R_3 i_3(0^-) = 2 \times 2\mathrm{V} = 4\mathrm{V}$$

电路在 S 闭合时，电感电流不能突变，因而：

$$i_L(0^+) = i_L(0^-) = 2\mathrm{A}$$

$$i_3(0^+)= i_L(0^+)= 2A$$

由于电容的端电压不能突变，即

$$u_c(0^+)= u_c(0^-)= 4V$$

所以电容支路的电流：

$$i_2(0^+)= \frac{U-u_c(0^+)}{R_2}= \frac{12-4}{8}A = 1A$$

总电流：

$$i_1(0^+)= i_2(0^+)+ i_3(0^+)= 1 + 2A = 3A$$

必须指出：换路瞬间，电容上的电压不能突变，绝不意味着电容电流不能突变，因为电容电流并不取决于电容器上的电压，而是与电容器两端电压对时间的变化率成正比。基于这个道理，换路瞬间，电感电流不能突变，也绝不意味着电感的端电压不能突变。

第二节

RC 电路的响应

在电路中产生电流、电压的起因称为激励，而由于激励的作用在电路中引起的电流、电压称为响应。在 RC 电路中通常根据激励，通过求解电路的微分方程得出电路的响应，这里着重介绍用"三要素法"分析一阶电路的过渡过程。

一、RC 电路的零状态响应

RC 电路的零状态响应，是指换路前电容元件未储能量，即 $u_c(0^-)= 0$，仅由电源激励所产生的电路的响应，称为零状态响应。从物理意义上讲就是电容器的充电过程。

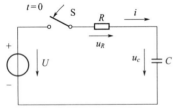

图 5-2-1　RC 充电电路

图 5-2-1 是 RC 串联电路，电容器上没有初始储能，在 $t = 0$ 时，将开关 S 合上，电路中直流电压对电容器充电，从而产生过渡过程。

根据基尔霍夫电压定律可得到 $t \geqslant 0$ 时电路中回路电压方程：

$$Ri + u_c = U$$

因为 C 的充电电流

$$i = \frac{\mathrm{d}q}{\mathrm{d}t}= \frac{\mathrm{d}(Cu_c)}{\mathrm{d}t}= C\frac{\mathrm{d}u_c}{\mathrm{d}t} \tag{5-2-1}$$

所以

$$RC\frac{\mathrm{d}u_c}{\mathrm{d}t}+ u_c = U \tag{5-2-2}$$

由数学可知，上式是一阶常系数非齐次线性微分方程，要想求出它的全解，只要求出它本身的特解 u_c' 和它对应的齐次方程

$$RC\frac{\mathrm{d}u_c}{\mathrm{d}t}+u_c=0$$

的通解 u_c''（又称为补函数），再取两者之和就可以了。

特解 u_c' 是满足式（5-2-2）的任何一个解，$t=\infty$ 时的稳态值是满足式（5-2-2）的，通常取电路的稳态值作为特解，所以 u_c' 又称为稳态分量，即

$$u_c'=u_c(\infty)$$

补函数 u_c'' 从数学中可知，是一个时间的指数函数，从电路中来看，它只是在过渡过程中出现，所以 u_c'' 称为暂态分量，即

$$u_c''=A\mathrm{e}^{pt}$$

式中，A 为积分常数；p 为特征方程式的根。代入对应齐次方程式并消去公因子 $A\mathrm{e}^{pt}$，得出该微分方程的特征方程：

$$RCp+1=0$$

其根为

$$p=-\frac{1}{RC}=-\frac{1}{\tau}$$

式中，$\tau=RC$ 具有时间的量纲（s），称为 RC 电路的时间常数。

由上所述，式（5-2-2）的全解为

$$u_c(t)=u_c'+u_c''=u_c(\infty)+A\mathrm{e}^{-\frac{t}{\tau}} \tag{5-2-3}$$

积分常数 A 需要用初始条件来确定，可由换路定律求得。在 $t=0^+$ 时，由式（5-2-3）可得

$$u_c(0^+)=u_c(\infty)+A$$

所以

$$A=u_c(0^+)-u_c(\infty)$$

将上式代入式 (5-2-3) 得

$$u_c(t)=u_c(\infty)+[u_c(0^+)-u_c(\infty)]\,\mathrm{e}^{-\frac{t}{\tau}} \tag{5-2-4}$$

从式（5-2-4）可以看出，只要知道 **u_c (0$^+$)，u_c (∞) 和 τ 三个要素**，就可以方便地得出全解 $u_c(t)$。这种利用"三要素"来求解一阶线性微分方程全解的方法，称为"三要素法"。它在分析 RC、RL 一阶电路的过渡过程时，方法简便且物理意义清楚。

下面用"三要素法"对图 5-2-1 所示的电路作具体分析，其稳态分量：

$$u_c'(t)=u_c(\infty)=U \tag{5-2-5}$$

它说明电容器 C 上充电电压的最终值等于外施电源电压值 U。

当电容器 C 上没有初始储能时，即

$$u_c(0^+)=u_c(0^-)=0 \tag{5-2-6}$$

对于该 RC 电路，时间常数为

$$\tau=RC \tag{5-2-7}$$

将式（5-2-5）、式（5-2-6）、式（5-2-7）代入式（5-2-4），得

$$u_c(t) = U - U\mathrm{e}^{-\frac{t}{RC}} = U(1 - \mathrm{e}^{-\frac{t}{RC}}) \qquad (5\text{-}2\text{-}8)$$

由上式可知，全解 $u_c(t)$ 是由稳态分量 U 和暂态分量（$U\mathrm{e}^{-\frac{t}{RC}}$）所组成。

根据式（5-2-1）和式（5-2-4），电容 C 的充电电流：

$$i(t) = C\frac{\mathrm{d}u_c(t)}{\mathrm{d}t} = \frac{u_c(\infty) - u_c(0^+)}{R}\mathrm{e}^{-\frac{t}{\tau}} = i(0^+)\mathrm{e}^{-\frac{t}{\tau}} \qquad (5\text{-}2\text{-}9)$$

式中，$i(0^+) = \dfrac{u_c(\infty) - u_c(0^+)}{R}$ 为 $t = 0^+$ 时的充电电流。

将式（5-2-5）、式（5-2-6）和式（5-2-7）代入式（5-2-9），得

$$i(t) = \frac{U}{R}\mathrm{e}^{-\frac{t}{RC}} \qquad (5\text{-}2\text{-}10)$$

从式（5-2-10）可知，电容 C 开始充电瞬间（$t = 0^+$），$i(0^+) = U/R$，电容 C 好像短路一样。当电容 C 充电结束时（$t = \infty$），$i(\infty) = 0$，电容 C 好像开路一样。

由式（5-2-10）也可得出电阻元件 R 上的电压

$$u_R = iR = U\mathrm{e}^{-\frac{t}{RC}} \qquad (5\text{-}2\text{-}11)$$

综上所述，电容在充电过程中，其端电压不能突变，过渡过程中电压和电流都按指数规律变化，所求 u_c、u_R 及 i 的随时间变化的曲线如图 5-2-2 所示。

RC 电路过渡过程进行的快慢是由时间常数 τ 决定的。而 $\tau = RC$，它是由电路的参数和结构决定的。时间常数 τ 值越大，则过渡过程的进行也就越慢。

时间常数 τ 的物理意义，可参照式（5-2-8）来作进一步说明，当 $t = \tau$ 时

$$u_c(t) = U(1 - \mathrm{e}^{-1}) = U(1 - 0.368) = 0.632U$$

当 t 等于（2~6）τ 时，所对应的 $u_c(t)$ 由表 5-2-1 列出。

表5-2-1　过渡过程

t	τ	2τ	3τ	4τ	5τ	6τ
$u_c(t)$	0.632U	0.865U	0.95U	0.982U	0.993U	0.998U

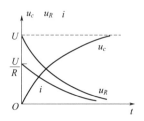

图 5-2-2　u_c、u_R 及 i 的变化曲线

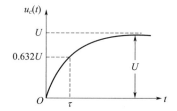

图 5-2-3　时间常数的意义

从表中可以看出：

① 物理意义上，时间常数 τ 的数值，就等于 u_c 从零增长到稳态值 U 的 63.2% 所需要的时间。如图 5-2-3 所示。

② 理论上，$t = \infty$ 时，u_c 才能增长到 U，而实际上 $t = (3 \sim 5)\tau$ 时，u_c 已接近稳态值，因此在工程计算中，可以认为过渡过程已基本结束。

③ 时间常数 τ 越大，过渡过程所需要的时间越长。

例 5.2.1 图 5-2-4 所示电路中，开关 S 闭合之前，电路已处于稳态，且 $u_c(0^-) = 0\text{V}$，在 $t = 0$ 时开关 S 闭合。求：

（1）电路的时间常数 τ；

（2）电容电压 $u_c(t)$；

（3）$t = 3\tau$ 时的 u_c 值。

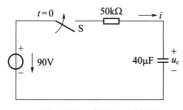
图 5-2-4　例 5.2.1 的图

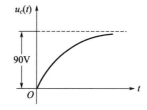
图 5-2-5　$u_c(t)$ 的波形图

解　（1）时间常数

$$\tau = RC = (50 \times 10^3) \times (40 \times 10^{-6})\text{s} = 2\text{s}$$

（2）电容电压 $u_c(t)$

$$u_c(0^+) = u_c(0^-) = 0\text{V}$$
$$u_c(\infty) = 90\text{V}$$

根据三要素法

$$u_c(t) = u_c(\infty) + \left[u_c(0^+) - u_c(\infty) \right] \text{e}^{-\frac{t}{\tau}}$$
$$= 90 + (0 - 90) \text{e}^{-\frac{t}{2}}$$
$$= 90(1 - \text{e}^{-\frac{t}{2}})\text{V}$$

上式中 t 的单位是秒 (s)。

（3）当 $t = 3\tau$ 时

由（2）可知

$$u_c(3\tau) = 90(1 - \text{e}^{-\frac{3\tau}{\tau}}) = 90(1 - \text{e}^{-3}) = 85.5\text{V}$$

$u_c(t)$ 的波形如图 5-2-5 所示。

例 5.2.2　在图 5-2-6（a）所示的电路中，$U = 10\text{V}$，$R_1 = 20\text{k}\Omega$，$R_2 = 20\text{k}\Omega$，$C = 1000\text{pF}$，$u_c(0^-) = 0$。试求 $t \geqslant 0$ 时的电压 u_c。

解　（1）第一种解法

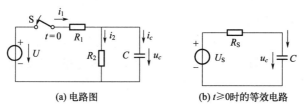
(a) 电路图　　　　　(b) $t \geqslant 0$时的等效电路

图 5-2-6　例 5.2.2 的图

应用支路电流法按换路后的电路列出方程：

$$\begin{cases} i_1 = i_c + i_2 = C\dfrac{\mathrm{d}u_c}{\mathrm{d}t} + i_2 \\[2mm] i_1 R_1 + u_c = U \\[2mm] u_c = i_2 R_2 \end{cases}$$

解之得

$$\left(\frac{R_1 R_2}{R_1 + R_2}C\right)\frac{\mathrm{d}u_c}{\mathrm{d}t} + u_c = \frac{R_2}{R_1 + R_2}U$$

其全解为

$$u_c = \frac{R_2 U}{R_1 + R_2}(1 - \mathrm{e}^{-\frac{t}{\tau}}) = 5(1 - \mathrm{e}^{-\frac{t}{10\times10^{-6}}})\mathrm{V} = 5(1 - \mathrm{e}^{10^5 t})\mathrm{V}$$

式中，$\tau = \dfrac{R_1 R_2}{R_1 + R_2}C = 10\times10^3 \times 1000 \times 10^{-12}\mathrm{s} = 10\times10^{-6}\mathrm{s}$。

（2）第二种解法

应用戴维宁定理将换路后的电路化为图 5-2-6（b）所示等效电路（$R_\mathrm{S}C$ 串联电路）。等效电源的电压源和内阻分别为

$$U_\mathrm{S} = \frac{R_2 U}{R_1 + R_2} = \frac{20\times10^3 \times 10}{(20 + 20)\times10^3}\mathrm{V} = 5\mathrm{V}$$

$$R_\mathrm{S} = \frac{R_1 R_2}{R_1 + R_2} = \frac{20\times20}{20 + 20}\mathrm{k\Omega} = 10\mathrm{k\Omega}$$

电路的时间常数为

$$\tau = R_\mathrm{S}C = 10\times10^3 \times 1000 \times 10^{-12}\mathrm{s} = 10\times10^{-6}\mathrm{s}$$

于是由式（5-2-8）得

$$u_c = U_S(1 - \mathrm{e}^{-\frac{t}{\tau}}) = 5(1 - \mathrm{e}^{-10^5 t})\mathrm{V}$$

由该例可知，对于较复杂的一阶电路，时间常数中的电阻 R 应为戴维宁或诺顿等效电路中的等效电阻 R_S。

二、RC 电路的零输入响应

电路在无输入信号的情况下，仅由电路元件的初始状态 $u_c(0^+)$ 所产生的电路的响应，称为零输入响应。从物理意义上讲就是电容的放电过程。

图 5-2-7 是一 RC 串联电路，换路前电路已处于稳定状态，电容器上已充有电压 U_0。在 $t = 0$ 时，开关 S 从位置 2 合到位置 1，使电路脱离电源，此时电容器 C 在初始储能的作用下，产生电压、电流的过渡过程，直到全部储能在电阻上消耗掉为止。

根据换路定律

$$u_c(0^+) = u_c(0^-) = U_0$$

电容器 C 放电结束时（$t = \infty$）

$$u_c(\infty) = 0$$

时间常数

$$\tau = RC$$

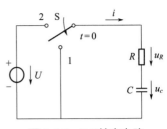

图 5-2-7　RC 放电电路

将 $u_c(0^+)$、$u_c(\infty)$ 和 τ 代入式（5-2-4），可得

$$u_c(t) = U_0\,\mathrm{e}^{-\frac{t}{\tau}} \tag{5-2-12}$$

按式（5-2-9）可知，放电电流

$$i(t) = \frac{0 - U_0}{R}\mathrm{e}^{-\frac{t}{\tau}} = -\frac{U_0}{R}\mathrm{e}^{-\frac{t}{\tau}} \tag{5-2-13}$$

式中，负号表示放电电流的实际方向与图示电流方向相反，即与充电电流相反。图 5-2-8 画出了 $u_c(t)$ 和 $i(t)$ 的波形图。它们都是随时间衰减的指数曲线。

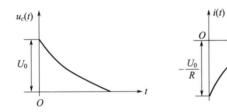

图 5-2-8　$u_c(t)$ 和 $i(t)$ 的波形图

例 5.2.3　图 5-2-7 所示电路，若 $C = 50\mu\mathrm{F}$，$R = 10\mathrm{k}\Omega$，电容器的初始电压为 $U_0 = 6\mathrm{V}$。试求：

（1）开始放电时的初始电流；

（2）电路的时间常数；

（3）电容上的电压衰减到 1.5V 所需要的时间。

解　（1）放电初始电流

$$i = -\frac{U_0}{R}\mathrm{e}^{-\frac{t}{\tau}}$$

所以，$t = 0$ 时

$$I_0 = -\frac{U_0}{R} = -\frac{6}{10 \times 10^3}\,\mathrm{mA} = -0.6\mathrm{mA}$$

（2）时间常数

$$\tau = RC = 10 \times 10^3 \times 50 \times 10^{-6}\,\mathrm{s} = 0.5\mathrm{s}$$

（3）根据式（5-2-12），则

$$u_c(t) = U_0\,\mathrm{e}^{-\frac{t}{\tau}}$$

代入数值

$$1.5 = 6\,\mathrm{e}^{-\frac{t}{0.5}}$$

即
$$e^{-2t} = 0.25 \qquad t = 0.69\text{s}$$

例 5.2.4 电路如图 5-2-9 所示，开关 S 闭合前电路已处于稳态。在 $t = 0$ 时，将开关闭合，试求 $t \geqslant 0$ 时电压 u_c 和电流 i_c、i_1 及 i_2。

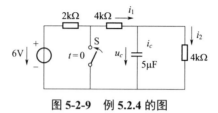

图 5-2-9 例 5.2.4 的图

解 在 $t = 0^-$ 时
$$u_c(0^-) = \frac{4 \times 10^3}{(2+4+4) \times 10^3} \times 6\text{V} = 2.4\text{V}$$

在 $t \geqslant 0$ 时，6V 电压源与 2kΩ 电阻串联的支路被开关短路，对右边电路不起作用。这时电容器经两条支路放电，时间常数为
$$\tau = \frac{4 \times 10^3 \times 4 \times 10^3}{4 \times 10^3 + 4 \times 10^3} \times 5 \times 10^{-6}\text{s} = 2 \times 10^3 \times 5 \times 10^{-6}\text{s} = 10 \times 10^{-3}\text{s}$$

由式（5-2-12）可得
$$u_c(t) = 2.4\text{e}^{-\frac{t}{10 \times 10^{-3}}}\text{V} = 2.4\text{e}^{-10^2 t}\text{V}$$

并由此得出
$$i_c(t) = C\frac{\mathrm{d}u_c}{\mathrm{d}t} = 5 \times 10^{-6} \times 2.4 \times (-10^2)\,\text{e}^{10^2 t}\text{mA} = -1.2\text{e}^{-10^2 t}\,\text{mA}$$

$$i_2(t) = \frac{u_c(t)}{4 \times 10^3} = 0.6\text{e}^{-10^2 t}\text{mA}$$

$$i_1(t) = i_2(t) + i_c(t) = -0.6\text{e}^{-10^2 t}\text{mA}$$

三、RC 电路的全响应

RC 电路的全响应，是指电源激励和电容器的初始状态 $u_c(0^+)$ 均不为零时电路的响应，也就是零状态响应和零输入响应两者的叠加，即

$$\text{全响应} = \text{零输入响应} + \text{零状态响应}$$

图 5-2-10 电路中的电容器 C 具有初始储能，即在直流电压接通前已充有电压
$$u_c(0^-) = U_0$$

$t = 0$ 时，开关 S 与直流电压接通，若外施电压 U 大于电容器 C 的初始电压 U_0 时，电容器 C 进一步充电。在充电开始瞬间 $(t = 0^+)$ 时
$$u_c(0^+) = u_c(0^-) = U_0$$

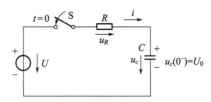

图 5-2-10　*RC* 电路的全响应

充电结束时（$t = \infty$）

$$u_c(\infty) = U$$

时间常数

$$\tau = RC$$

将 $u_c(0^+)$，$u_c(\infty)$ 和 τ 代入式 (5-2-4)，得

$$u_c(t) = U + (U_0 - U)\, \mathrm{e}^{-t/\tau} \tag{5-2-14}$$

该式即为前面分析的零状态响应与零输入响应的代数和，读者可自行验证。

由式 (5-2-9) 可知电容器充电电流

$$i(t) = \frac{U - U_0}{R} \mathrm{e}^{-t/\tau} \tag{5-2-15}$$

图 5-2-11 为过渡过程电压、电流的波形图。

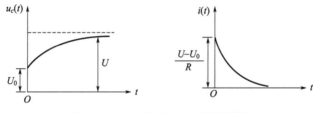

图 5-2-11　$u_c(t)$ 和 $i(t)$ 的波形图

　　例 5.2.5　图 5-2-12 所示的电路中，开关 S 长期合在位置 1，如在 $t = 0$ 时，把它合到位置 2，求电容器上的电压 u_c。已知 $R_1 = 3\mathrm{k}\Omega$，$R_2 = 6\mathrm{k}\Omega$，$C = 5\mu\mathrm{F}$，电源 $U_1 = 3\mathrm{V}$，$U_2 = 9\mathrm{V}$。

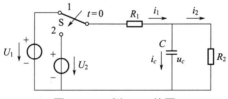

图 5-2-12　例 5.2.5 的图

　　解　在 $t = 0^-$ 时

$$u_c(0^-) = \frac{R_2 U_1}{R_1 + R_2} = \frac{6 \times 10^3 \times 3}{(3 + 6) \times 10^3}\mathrm{V} = 2\mathrm{V}$$

换路瞬间

$$u_c(0^+) = u_c(0^-) = 2\mathrm{V}$$

S 合到位置 2 后，电容器继续充电，充电结束时（$t = \infty$）

$$u_c(\infty) = \frac{R_2 U_2}{R_1 + R_2} = \frac{6 \times 10^3 \times 9}{(3+6) \times 10^3} \text{V} = 6\text{V}$$

时间常数 $\tau = RC$ 中的 R 是动态元件两端看进去的等效电阻，因而电容器两端等效电阻可用戴维宁定理求得。

$$R_S = \frac{R_1 R_2}{R_1 + R_2} = \frac{3 \times 6}{3+6} \text{k}\Omega = 2\text{k}\Omega$$

$$\tau = R_S C = 2 \times 10^3 \times 5 \times 10^{-6}\text{s} = 0.01\text{s}$$

换路后，电容两端的电压

$$\begin{aligned} u_c(t) &= U + (U_0 - U)\,\text{e}^{-t/\tau} \\ &= 6 + (2-6)\,\text{e}^{-t/0.01}\text{V} \\ &= 6 - 4\,\text{e}^{-100t}\text{V} \end{aligned}$$

▶ 第三节

RL 电路的响应

在电子技术和自动控制系统中，*RL* 串联电路也是一种常用的电路，这种电路与 *RC* 串联电路同属一阶电路。

一、*RL* 电路的零状态响应

图 5-3-1 是一 *RL* 串联电路，在 $t = 0$ 时将开关 S 合上，电路即与一恒定电压为 U 的电压源接通而产生过渡过程。

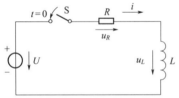

图 **5-3-1**　*RL* 电路与恒定电压接通

在换路前电感元件未储有能量，$i(0^+) = i(0^-) = 0$，即电路处于零状态，根据基尔霍夫电压定律，列出 $t \geqslant 0$ 时的电路的微分方程

$$U = Ri + u_L \qquad (5\text{-}3\text{-}1)$$

因为电感上的电压

$$u_L = L \times \frac{\text{d}i}{\text{d}t}$$

所以

$$U = Ri + L \times \frac{\text{d}i}{\text{d}t}$$

或

$$\frac{L}{R} \times \frac{\text{d}i}{\text{d}t} + i = \frac{U}{R} \qquad (5\text{-}3\text{-}2)$$

上式的全解有两个部分：特解 i' 和补函数 i''。特解 i' 就是稳态分量

$$i' = i(\infty) = \frac{U}{R}$$

它的补函数

$$i'' = A e^{pt}$$

式中，A 为积分常数，p 为特征方程的根。

对应的齐次微分方程的特征方程是

$$\frac{L}{R} \times p + 1 = 0$$

所以

$$p = -\frac{1}{L/R} = -\frac{1}{\tau}$$

式中，$\tau = L/R$ 具有时间的量纲秒（s），称为 RL 电路的时间常数。

式（5-3-2）的全解为

$$i(t) = i' + i'' = i(\infty) + A e^{-t/\tau} \tag{5-3-3}$$

积分常数 A 可由换路定律求得。在 $t = 0^+$ 瞬间，由式 (5-3-3) 得

$$i(0^+) = i(\infty) + A$$

积分常数

$$A = i(0^+) - i(\infty)$$

式（5-3-3）可写成

$$i(t) = i(\infty) + [i(0^+) - i(\infty)] e^{-t/\tau} \tag{5-3-4}$$

电感 L 上的电压

$$u_L(t) = L \times \frac{di(t)}{dt} = R[i(\infty) - i(0^+)] e^{-t/\tau}$$

$$= u_L(0^+) e^{-t/\tau} \tag{5-3-5}$$

式中，$u_L(0^+) = R[i(\infty) - i(0^+)]$ 为 $t = 0^+$ 瞬间的电感电压。

对于图 5-3-1 的 RL 电路，由于电感 L 没有初始储能，即

$$i(0^+) = i(0^-) = 0$$

而其稳态分量决定于外加信号电压 U，即

$$i(\infty) = \frac{U}{R}$$

将 $i(\infty)$，$i(0^+)$，$\tau = L/R$ 代入式 (5-3-4) 和式 (5-3-5) 得

$$i(t) = \frac{U}{R}(1 - e^{-t/\tau}) \tag{5-3-6}$$

$$u_L(t) = U e^{-t/\tau} \tag{5-3-7}$$

则

$$u_R = iR = U(1 - e^{-t/\tau}) \tag{5-3-8}$$

图 5-3-2 是 $u_L(t)$、$i(t)$ 的波形图。可以看出，RL 电路的过渡过程也是按指数规律变化的。其过渡过程进行的快慢也是由时间常数 τ 决定的。在稳态时，电感元件相当于短路，其上电压

为零，所以电阻元件上的电压就等于电源电压。

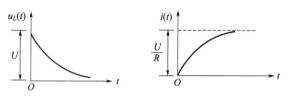

图 5-3-2　$u_L(t)$ 和 $i(t)$ 的波形图

二、RL 电路的零输入响应

图 5-3-3 为 RL 串联电路，开关 S 在断开位置，电感 L 中通有电流 I_0，即

$$i(0^-) = I_0 = \frac{U}{R_1 + R_2}$$

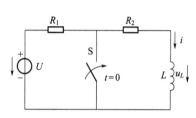

图 5-3-3　RL 电路的零输入响应

这时电感 L 中有了初始储能。

当 $t = 0$ 时，开关 S 合上，电路在电感初始储能的作用下产生电压和电流的过渡过程，直到全部储能被电阻耗尽，电流便等于零，即 $i(\infty) = 0$。

根据换路定律，电感中的电流不能突变，即

$$i(0^+) = i(0^-) = I_0$$

将电流的三要素 $i(0^+) = i(0^-) = I_0$、$i(\infty) = 0$、$\tau = L/R_2$ 代入式（5-3-4）得

$$i(t) = 0 + (I_0 - 0)\ \mathrm{e}^{-\frac{t}{L/R_2}} = I_0\ \mathrm{e}^{-\frac{t}{L/R_2}} \tag{5-3-9}$$

按式（5-3-5）得

$$u_L(t) = -R_2 I_0\ \mathrm{e}^{-t/\tau} \tag{5-3-10}$$

图 5-3-4 画出了 $u_L(t)$、$i(t)$ 的波形图。

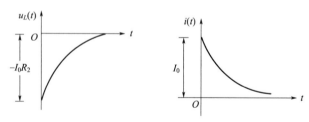

图 5-3-4　$u_L(t)$ 和 $i(t)$ 的波形图

三、RL 电路的全响应

与前面讨论的 RC 电路相类似，过渡过程可以用"三要素法"或"全响应 = 零状态响应 + 零输入响应"的方法进行分析。下面举例说明。

例 5.3.1　图 5-3-5 所示的电路在 $t = 0$ 时开关闭合，闭合前电路处于稳态。求：

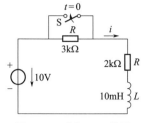

图 5-3-5 例 5.3.1 的图

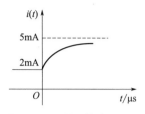

图 5-3-6 $i(t)$ 的波形图

（1）开关闭合后的全响应；

（2）开关闭合后 $t = 5\mu s$ 时的电流值；

（3）绘出 $i(t)$ 的波形图。

解 （1）采用三要素法求解全响应电流

$$i(0^+) = i(0^-) = \frac{10}{(3+2) \times 10^3} mA = 2mA$$

$$\tau = L / R = \frac{10 \times 10^{-3}}{2 \times 10^3} \mu s = 5\mu s$$

$$i(\infty) = \frac{10}{2 \times 10^3} A = 5mA$$

将 $i(0^+)$、$i(\infty)$ 和 τ 代入式 (5-3-4) 得

$$i(t) = 5 + (2-5) e^{-t/5}$$
$$= 5 - 3e^{-0.2t} mA$$

式中，t 的单位为微秒 (μs)。

另一种解法，可分别求零输入响应和零状态响应，然后叠加，即

$$i(t) = 零输入响应 + 零状态响应$$
$$= 5(1 - e^{-t/\tau}) + 2 e^{-t/\tau} = 5 - 3 e^{-t/\tau}$$
$$= 5 - 3e^{-0.2t} mA$$

式中，t 的单位为微秒（μs）。

（2）$t = 5\mu s$ 时

$$i(5) = 5 - 3e^{-1} = 5 - 3 \times 0.368mA = 3.9mA$$

（3）波形如图 5-3-6 所示

▶ 第四节

RC 微分电路和积分电路

本节所讲的微分电路与积分电路是指电容元件充放电的 *RC* 电路，与 *RC* 电路的全响应所讲的电路不同，这里讲述的是矩形脉冲激励，并且可以选取不同的电路的时间常数使输出电压波形与输入电压波形之间存在近似微分或积分的关系。

一、微分电路

在图 5-4-1 的 RC 电路中，激励 u_i 为一矩形脉冲波，它的幅值为 U，宽度为 t_p，周期为 T，如图 5-4-2（a）所示。

由图 5-4-1 可见，输出电压 u_o 从电阻 R 两端取出，即 $u_o = u_R$。电路中的时间常数 τ 很小，使得 $\tau \ll t_p$［ 实际上只要 $\tau < \left(\dfrac{1}{5} \sim \dfrac{1}{10}\right) t_p$ 即可 ］。

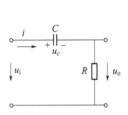

图 5-4-1　RC 微分电路　　　　图 5-4-2　微分电路波形图

现在来分析这种电路的工作情况。当 $t = 0$ 时，RC 电路输入矩形波电压，由于 τ 很小，电容迅速充电至 U 值。当 $t_p < t < T$ 时，$u_i = 0$，相当于 RC 电路的零输入响应，电容器开始放电。同样，由于 τ 很小，放电过程很快就结束，u_c 下降至零。当 $t = T$ 时，电容器又被迅速充电……如此反复循环，使电容器两端形成如图 5-4-2（b）所示电压波形。

根据基尔霍夫电压定律

$$u_i = u_c + u_R = u_c + u_o$$

所以

$$u_o = u_i - u_c$$

则 u_o 的波形为周期性正、负尖脉冲。如图 5-4-2（c）所示。

从上述分析可知，由于 $\tau \ll t_p$，电容充电和放电都很快，整个充放电的过渡过程时间很短，u_o 只是在充电和放电开始的极短时间出现，使得激励信号几乎全部降落在电容器上，即

$$u_i = u_o + u_c \approx u_c$$

所以输出电压

$$u_o = Ri = RC \times \frac{du_c}{dt} \approx RC \times \frac{du_i}{dt} \tag{5-4-1}$$

上式表明，输出电压 u_o 与输入电压 u_i 间成近似微分关系，因此，这种电路称为微分电路。在电子技术中，常用于将矩形脉冲信号变换成尖脉冲信号。

由上述可知，RC 微分电路必须具有两个条件：

① $\tau \ll t_p$（一般 $\tau < 0.2 t_p$）；

② 电路从电阻两端输出。

二、积分电路

微分电路和积分电路是矛盾的两个方面。虽然它们都是 RC 串联电路，但是，当条件不同时，所得结果也就相反。如果将微分电路必须具有的条件变为：

① $\tau \gg t_p$；

② 电路从电容器两端输出。

这样，电路就转化为积分电路了，如图 5-4-3 所示。

电路的激励如图 5-4-4（a）所示。由于 $u_o = u_c$ 前面已分析过电容电压 u_c 随时间变化的规律，这里不再重复。u_o 的波形如图 5-4-4（b）所示。由于时间常数 τ 较大，$\tau \gg t_p$，因此，u_o 上升（充电）、下降（放电）只是指数曲线中起始部分的一小段，因此可以认为近似于一条直线，输出波形呈锯齿波形状。

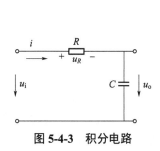

图 5-4-3 积分电路

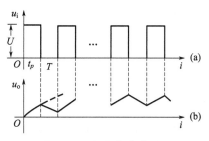

图 5-4-4 积分电路波形图

在积分电路中，由于 $\tau \gg t_p$，电容充电放电都很慢，所以 u_c 很小，激励几乎全部降落在电阻上，即

$$u_i = u_R + u_o \approx u_R = Ri$$

因为

$$i = \frac{u_R}{R} \approx \frac{u_i}{R}$$

所以输出电压

$$u_o = u_c = \frac{1}{C}\int i \mathrm{d}t \approx \frac{1}{RC}\int u_i \mathrm{d}t \qquad (5\text{-}4\text{-}2)$$

上式说明，电路的输出电压 u_o 近似地与输入电压 u_i 成积分关系，故称为积分电路。在电子技术中常用此将矩形脉冲信号变换为三角波信号。

 习题五

5.1 什么叫激励？什么叫响应？

5.2 什么是换路定律？

5.3 什么叫零输入响应？什么叫零状态响应？什么叫全响应？

5.4 在一阶电路中，R 一定，而电容 C 或电感 L 越大，换路时的暂态过程进行的越快还是越慢？

5.5 什么是一阶 RC 电路的三要素？怎样用三要素法分析一阶 RC 电路？

5.6   什么是 RC 微分电路和积分电路？

5.7   电路如图 P5.7 所示，已知 $U_S = 20V$，$R = 10\Omega$，$u_C(0^-) = 0$ 及 $i_L(0^-) = 0$。当开关 S 于 $t = 0$ 时闭合后，试求：

（1）在 $t = 0^+$ 时，$i(0^+)$、$i_L(0^+)$、$i_C(0^+)$ 及 $u_C(0^+)$ 的数值。

（2）在 $t \rightarrow \infty$ 时，$i(\infty)$、$i_L(\infty)$、$i_C(\infty)$ 及 $u_C(\infty)$ 的数值。

5.8   电路如图 P5.8 所示，开关 S 闭合前电路已处于稳态，电容 C 中无储能，已知 $U_S = 20V$，$R_1 = R_2 = 5\Omega$，$I_S = 10A$，试确定 S 闭合后电压 u_C、u_L 和电流 i_1、i_C、i_L 的初始值和稳态值。

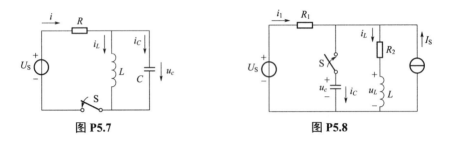

图 P5.7   图 P5.8

5.9   电路如图 P5.9 所示，已知电源电压为直流 24V，$R = 2k\Omega$，$C = 50\mu F$，在零状态下将电路与电源接通，试求：（1）最大充电电流；（2）电路的时间常数；（3）电容上的电压响应 $u_c(t)$ 和电流响应 $i(t)$；（4）电路接通 30ms 后的 u_c 和 i 的数值；（5）画出 $u_c(t)$ 和 $i(t)$ 的波形图。

5.10   电路如图 P5.10 所示，试写出 $t = 0$ 时，开关 S 接通后，电容两端输出电压 $u_o(t)$ 和电流 $i(t)$ 的表示式，并画出其波形图。

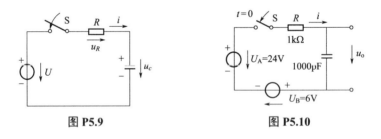

图 P5.9   图 P5.10

5.11   在图 P5.11 所示的电路中，开关 S 未接通前，$u_o(0^-) = 0V$，当 $t = 0$ 时，开关接通，试求：（1）写出 $u_o(t)$ 的表示式并画出其波形图；（2）$u_o(t)$ 上升到 3.6V 所需的时间。

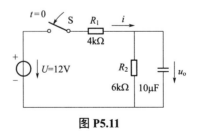

图 P5.11

5.12   如果题 5.11 中 RC 电路达到稳定状态后，又将开关 S 断开，试写出 $u_o(t)$ 的表示式并画出其波形图。

5.13　电路如图 P5.13 所示,开关 S 未断开前电路已达到稳定状态,试求 $t = 0$ 时,开关 S 断开后,电容两端电压 $u_C(t)$ 和通过电阻 R_3 的电流 $i_3(t)$ 的表示式,并画出其波形图。

5.14　电路如图 P5.14 所示,设开关 S 原来在中间位置 3 ,电容器没有初始储能。在 $t = 0$ 时,开关 S 接到位置 1,经过一个时间常数 τ 后开关 S 又突然换接到位置 2,试求电容器两端电压 $u_C(t)$ 的表示式并画出其波形图。

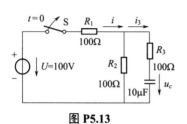

图 P5.13

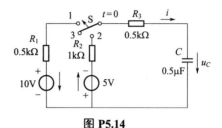

图 P5.14

5.15　在图 P5.15 所示电路中,设电容器没有初始储能,$u_C(0^-) = 0V$ 。当 $t = 0$ 时,开关 S 断开,而又在 $t = 4\mu s$ 时接通的情况下,试求输出电压 $u_o(t)$ 的表达式,并画出其波形图。

5.16　电路如图 P5.16 所示,已知 $U_{S1} = U_{S2} = 20V$,$R_1 = 40k\Omega$,$R_2 = 20k\Omega$,$C = 5\mu F$,在 $t<0$ 时开关处于位置 1,$u_C(0^-) = 0V$。当 $t = 0$ 时,开关 S 与 2 接通。经过 0.2s 以后开关 S 又与 3 接通。试求:

(1)$t \geqslant 0$ 时的 $u_C(t)$;

(2)在 $t > 0.2s$ 后,电容电压 $u_C(t)$ 变为 $-12.64V$ 所需的时间;

(3)画出电压 $u_C(t)$ 的波形图。

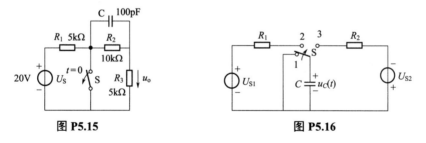

图 P5.15　　　　　　　　　图 P5.16

5.17　在图 P5.17 所示电路中。已知 $R_1 = 10\Omega$,$R_2 = 20\Omega$,$R_3 = 10\Omega$,$U_S = 10V$,$L = 1H$,电路原已稳定。求开关 S 换接后的电流 $i_L(t)$ 和电压 $u_L(t)$。

5.18　在图 P5.18 所示电路中。开关 S 原与 1 接通,电路已达稳态。当 $t = 0$ 时,开关 S 与 2 接通,求开关 S 换接后的电流 $i_L(t)$ 和电压 $u_L(t)$。已知 $R_1 = R_2 = R_3 = 10\Omega$,$U_S = 10V$,$L = 1H$。

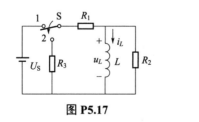

图 P5.17

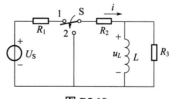

图 P5.18

5.19　在图 P5.19 所示电路中。已知 $R_1 = R_2 = 2k\Omega$,$U_S = 8V$,$L = 0.2H$,电路原已稳定。

求开关 S 在 $t = 0$ 时闭合后的电流 $i_L(t)$，并画出 $i_L(t)$ 的波形图。

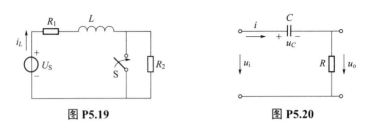

图 P5.19　　　　　　　　　　图 P5.20

5.20　在图 P5.20 所示电路中。$R = 2\text{k}\Omega$，$C = 1000\text{pF}$。输入信号电压 u_i 单个矩形脉冲，其幅值 $U = 6\text{V}$，脉冲宽度 $t_p = 50\mu\text{s}$，试分析并画出输出电压 u_o 的波形。设电容原先未储能。

5.21　电路如图 P5.21（a）所示，如输入一个图 P5.21（b）所示的矩形脉冲信号 $u_i(t)$，试画出输出电压 $u_o(t)$ 的波形图，并说明电路的作用。

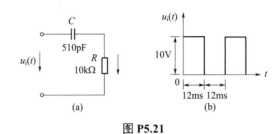

图 P5.21

5.22　电路如图 P5.22（a）所示，且 $i_L(0^-) = 0$，输入电压 u_i 如图 P5.22（b）所示，试绘出 $i_L(t)$ 和 $u_L(t)$ 的波形图。

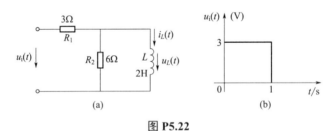

图 P5.22

5.23　RL 电路如图 P5.23（a）所示，如输入图 P5.23（b）所示的方波脉冲信号 $u_i(t)$，试画出输出电压 $u_o(t)$ 的波形图。

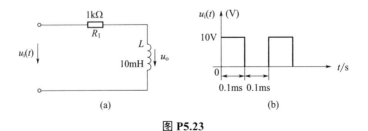

图 P5.23

第六章

安全用电

第七章

半导体器件

常用的半导体器件有半导体二极管、三极管、场效应晶体管及集成电路等。半导体器件是构成各种电子电路最基本的元器件。学习电子技术，必须首先了解和掌握半导体器件的基本结构、工作原理、特性和参数。本章主要介绍二极管、三极管和场效应晶体管的特性及使用方法。

第一节
半导体基本知识

第二节
半导体二极管

一、基本结构

在 PN 结两端各接上一条电极引出线，再将 PN 结封装在管壳里就构成半导体二极管，亦称晶体二极管。P 区一侧引出的电极称为阳极，N 区一侧引出的电极称为阴极。图 7-2-1 画出了常用半导体二极管结构示意图。

二极管按其结构不同可分为点接触型和面接触型两类。点接触型的二极管，PN 结结面积小，结电容小，只能通过较小的电流，一般适用于高频或小功率电路。面接触型二极管，PN

结结面积大，允许通过的电流大，但结电容大，可用于低频电路或大电流整流电路。

按材料不同，二极管可分为硅管和锗管。

按用途不同，二极管又可分为普通管、整流管、稳压管和开关管等。

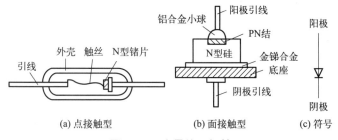

图 7-2-1　半导体二极管

二、伏安特性

图 7-2-2 是二极管的伏安特性，即二极管两端的电压和流过二极管电流的关系曲线。由图可见，它有正向特性和反向特性两部分。

（1）正向特性

当二极管承受的正向电压很低时，外电场不足以克服内电场对多数载流子扩散运动的阻力，故正向电流 I_F 很小，几乎为零。这一段所对应的电压称为死区电压或阈值电压。通常，硅二极管的死区电压约为 0.5V，锗二极管的死区电压约 0.2V。当正向电压大于死区电压后，PN 结的内电场被大大削弱，正向电流迅速增大，而正向电阻变得很小。二极管充分导通后，其特性曲线很陡，二极管两端电压几乎恒定，该电压称为二极管的正向导通电压 U_F。硅二极管的 U_F 约为 0.7V，锗二极管的 U_F 约为 0.3V。

（2）反向特性

二极管两端加反向电压时，外电场方向和内电场方向一致，只有少数载流子的漂移运动，形成很小的反向漏电流。由于少数载流子数目很少，在相当大的反向电压范围内，反向电流几乎恒定，故称为反向饱和电流 I_R。正常情况下，硅二极管的 I_R 在几微安以下，锗二极管的 I_R 较大，一般在几十至几百微安。

图 7-2-2　二极管的伏安特性

（3）反向击穿特性

当反向电压增大到一定值时，反向电流急剧增大，这一现象称为反向击穿，所对应的电压称为反向击穿电压。二极管发生反向击穿时，反向电流突然增大，如不加以限制，将会造成二极管永久性的损坏，二极管会失去单向导电的特性。因此，二极管工作时，所加反向电压值应小于其反向击穿电压。

在实际工作中，为使问题简化，在电源电压远远大于二极管导通时的正向电压降时，可将二极管看成理想元件，即加正向电压时，二极管导通，正向电压降和正向电阻等于零，二极管相当于短路。加反向电压时，二极管截止，反向电流等于零，反向电阻等于无穷大，二极管相当于开路。

三、主要参数

二极管的参数是正确选择和使用二极管的依据。二极管的参数很多，主要参数如下。

1. 最大正向平均电流 I_{FM}

最大正向平均电流又称最大整流电流，是指二极管长期工作时，允许通过的最大正向电流的平均值。在实际工作中，管子通过的电流不允许超过该数值，否则，二极管将因 PN 结过热而损坏。

2. 最高反向工作电压 U_{DRM}

U_{DRM} 是指二极管不被击穿所允许施加的最大反向电压。一般为反向击穿电压的 $\frac{1}{2}$ 或 $\frac{2}{3}$。

3. 最大反向电流 I_{RM}

I_{RM} 是指在室温下，二极管承受最高反向工作电压时的反向漏电流。其值越小，二极管的单向导电性越好。当温度升高时，反向电流会显著增加。

二极管的应用范围很广，利用它的单向导电性可组成整流、检波、限幅、钳位等电路。在脉冲和数字电路中，常用作开关元件。

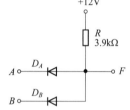

图 7-2-3　例 7.2.1 的电路

例 7.2.1　已知电路如图 7-2-3 所示，D_A 和 D_B 为硅二极管，若 $U_A = 3V$，$U_B = 0V$ 时，求输出端 F 的电压值 U_F。

解　当两个二极管的阳极连在一起时，阴极电位低的二极管先导通。图中 D_A 和 D_B 的阳极通过 R 接在 +12V 的电源上，输入端电压 $U_A > U_B$，所以 D_B 抢先导通，由于硅管的正向压降为 0.7V，所以 $U_F = U_B + 0.7 = 0.7V$。D_B 导通后，使得 D_A 承受反向电压而截止。在这里 D_B 起钳位作用，把输出端的电位钳制在 0.7V。D_A 起隔离作用，隔断了 U_A 对 U_F 的影响。

例 7.2.2　电路如图 7-2-4（a）所示，已知电源电压 $U_S = 5V$，输入信号 $u_i = 10\sin\omega t\,V$，试画出输出电压 u_o 的波形。

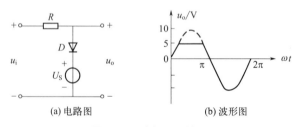

(a) 电路图　　　　　　(b) 波形图

图 7-2-4　例 7.2.2 的图

解　分析该题可把握两点。其一，二极管可视为理想元件，正向电阻为零，正向导通时的正向压降可忽略不计，反向电阻为无穷大，反向截止时相当于开路，反向漏电流可忽略不计。其二，确定二极管导通、截止的时刻。该题中，直流电源 U_S 对二极管施加反向电压，只有 $u_i > U_S$ 时二极管导通，相当于短路，输出电压 $u_o = U_S = 5V$。而 $u_i < U_S$ 时，二极管截止，相当于开路，输出电压 $u_o = u_i$，即与输入波形相同。输出电压 u_o 的波形如图 7-2-4（b）所示。

第三节

特殊二极管

一、稳压二极管

稳压二极管（稳压管）是一种特殊的面接触型半导体硅二极管，其特性曲线和符号如图 7-3-1 所示。

稳压管的伏安特性与普通二极管相似。但反向击穿电压小，反向击穿区的伏安特性十分陡峭。在反向击穿状态下，反向电流在很大范围变化时，稳压管两端电压变化很小，让稳压管工作在反向击穿状态，就能起稳压作用，这时稳压管两端的电压 U_Z 称为稳定电压。与稳压管稳压范围所对应的电流为 $I_{Zmin} \sim I_{Zmax}$，如果工作电流小于 I_{Zmin}，则电压不能稳定，若工作电流大于 I_{Zmax}，稳压管将因过热而损坏。

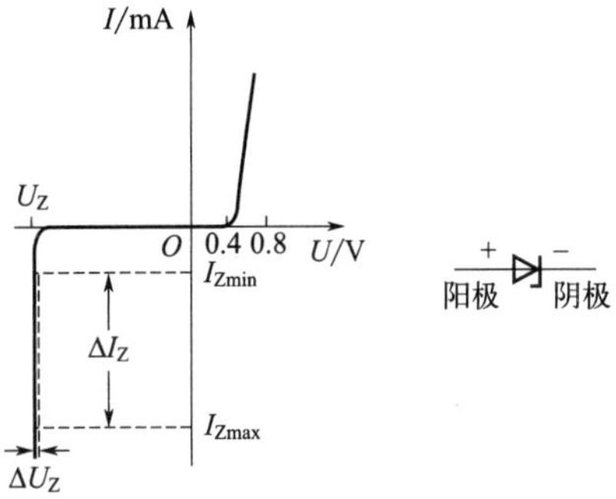

稳压二极管的主要参数：

1. 稳定电压 U_Z

稳定电压是指稳压管反向击穿后的稳定工作电压值。

2. 稳定电流 I_Z

稳定电流 I_Z 是指稳压管正常稳压时的一个参考电流值。稳压管的工作电流 $\geqslant I_Z$，才能保证稳压管有较好的稳压性能。

3. 动态电阻 r_Z

在稳压范围内，稳压管两端电压的变化量 ΔU_Z 与对应的电流变化量 ΔI_Z 之比称为动态电阻，即

$$r_Z = \frac{\Delta U_Z}{\Delta I_Z} \tag{7-3-1}$$

稳压管的动态电阻越小，其稳压性能越好。

4. 电压温度系数 α_U

环境温度每变化 1℃，稳定电压 U_Z 的相对变化量，称为电压温度系数，即

$$\alpha_U = \frac{\Delta U_Z}{U_Z \Delta T} \times 100\%/℃ \tag{7-3-2}$$

电压温度系数越小，温度稳定性越好。通常，稳定电压低于 6V 的稳压二极管，α_U 是负值，高于 6V 的稳压二极管，α_U 是正值。稳定电压 6V 左右的稳压二极管，电压温度系数接近于零。

(a) 伏安特性曲线　　(b) 符号

图 7-3-1　稳压二极管

二、发光二极管

发光二极管通常是用砷化镓、磷化镓等制成的一种新型器件。它具有工作电压低、耗电少、响应速度快、抗冲击、耐振动、性能好以及轻而小的特点，被广泛应用于单个显示电路

或做成七段矩阵式显示器。而在数字电路中，常用作逻辑显示器。发光二极管的外形和符号如图 7-3-2 所示。

发光二极管也是由一个 PN 结组成的，并具有单向导电性能。当给发光二极管加上正向电压后，PN 结的空间电荷势垒降低，载流子的扩散运动大于漂移运动，致使 P 区的空穴注入 N 区，N 区的电子注入 P 区，双方注入的电子和空穴相遇后就会产生复合。电子和空穴复合时，就会释放出能量，对于发光二极管来说，复合时释放的能量大部分以发光的形式出现。

目前的发光管可以发出从红外到可见波段的光，它的电特性与一般二极管类似。常用的有 2EF 等系列。发光二极管的开启电压为 0.9 ~ 1.1V，正向工作电压为 1.5 ~ 3V，工作电流为几至十几毫安，反向击穿电压一般小于 10V。

三、光电二极管

光电二极管又称光敏二极管，它在反向电压作用下工作。当无光照时，和普通二极管一样，其反向电流很小，称为暗电流。当有光照时，产生的反向电流称为光电流。照度 E 越强，光电流也越大。常用的光电二极管有 2AU、2CU 等系列。

光电流很小，一般只有几十微安，应用时必须放大。光电二极管的伏安特性和符号如图 7-3-3 所示。

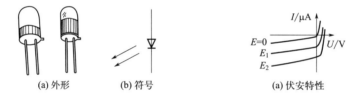

| (a) 外形 | (b) 符号 | (a) 伏安特性 | (b) 符号 |

图 7-3-2 发光二极管外形及其符号　　**图 7-3-3 光电二极管的伏安特性和符号**

▶ 第四节

半导体三极管

半导体三极管亦称晶体三极管，通常简称为晶体管或三极管。

一、基本结构

晶体三极管是放大电路的核心元件。晶体管的出现，给电子技术的应用开辟了更宽广的道路。常见的几种晶体管的外形如图 7-4-1 所示。

图 7-4-1 常见晶体三极管的外形

三极管的基本结构是由两个 PN 结构成的。按 PN 结组合方式的不同，三极管可分为 NPN 型和 PNP 型两种，其结构示意图和符号如图 7-4-2 所示。

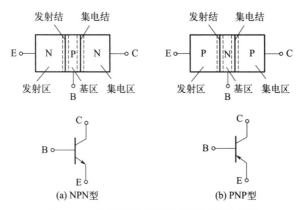

(a) NPN型　　　(b) PNP型

图 7-4-2　三极管的结构示意图及图形符号

三极管有三个导电区，即发射区、集电区和基区。发射区掺杂浓度较高，其作用是发射载流子。集电区掺杂浓度低于发射区，其作用是收集载流子。基区掺杂浓度很低，且比发射区、集电区薄得多，起控制载流子的作用。发射区与基区之间形成的 PN 结称为发射结，集电区与基区之间形成的 PN 结称为集电结。从相应的三个区引出的电极分别称为发射极 E、集电极 C 和基极 B。

根据半导体材料不同，三极管有硅管和锗管之分。目前我国生产的硅管大多为 NPN 型，锗管大多为 PNP 型。由于硅三极管的温度特性较好，应用也较多，因此，下面以 NPN 型三极管为例进行原理分析。对于 PNP 型三极管，其工作原理与 NPN 型三极管相似，不同之处仅在于使用时工作电源的极性相反而已。

二、电流放大作用

三极管的主要特点是具有电流放大功能。

在图 7-4-3 所示的实验电路中，电源 U_{BB} 使发射结承受正向偏置电压，电源 U_{CC} 大于 U_{BB}，使集电结承受反向偏置电压。当改变基极电阻 R_B 时，不仅基极电流 I_B 发生变化，集电极电流 I_C 和发射极电流 I_E 也随着有较大的变化。实验测得的数据如表 7-4-1 所示。

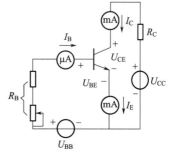

图 7-4-3　三极管电流放大实验电路

表7-4-1　三极管电流分配表

I_B / mA	0	0.02	0.04	0.06	0.08	0.10
I_C / mA	<0.001	1.18	2.35	3.54	4.72	5.90
I_E / mA	<0.001	1.20	2.39	3.60	4.80	6.00

由表中数据可得知 I_B、I_C、I_E 有如下关系：

（1）三个极的电流始终符合基尔霍夫定律，即

$$I_E = I_C + I_B \qquad\qquad (7\text{-}4\text{-}1)$$

且 I_B 与 I_E、I_C 相比小得多，因而 $I_E \approx I_C$。

（2）I_B 增大时，I_C 按比例相应增大。从表 7-4-1 中第三列和第四列的数据可以得到证明：

$$\frac{I_{C3}}{I_{B3}} = \frac{2.35}{0.04} = 58.75$$

$$\frac{I_{C4}}{I_{B4}} = \frac{3.54}{0.06} = 59$$

（3）基极电流较小的变化量 ΔI_B，可以引起集电极电流较大的变化量 ΔI_C，两者变化量在一定范围内保持比例关系，即

$$\beta = \frac{\Delta I_C}{\Delta I_B} \qquad\qquad (7\text{-}4\text{-}2)$$

β 称为三极管的电流放大系数，它反映了 I_B 对 I_C 的控制能力，我们把这种控制能力称作三极管的电流放大作用。

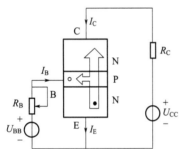

图 7-4-4　三极管内部载流子运动规律

三极管各极电流的分配和它的电流放大作用，是由内部载流子的运动规律决定的。由图 7-4-4 可知，电源 U_{BB} 使发射结正偏，发射区内的多数载流子不断越过发射结注入到基区，从而形成电子电流，外电路就是发射极电流 I_E。由于基区很薄，空穴浓度又很低，注入基区的电子大部分扩散到集电结附近，只有少数电子与基区的空穴复合。电源 U_{BB} 从基区抽走电子来补充空穴，从而形成了基极电流 I_B。电源 U_{CC} 使集电结反偏，保证了结电场对注入到基区电子的加速作用，使电子越过集电结，被集电极收集而形成集电极电流 I_C。

综上所述，三极管起到放大作用所必须具备的外部条件是：发射结正向偏置，集电结反向偏置。而电流的分配关系则由三极管内部结构所决定。

三、三极管的特性曲线

三极管的特性曲线反映了三极管各极电压与电流之间的关系，是分析三极管有关电路的重要依据。最常用的是共发射极接法时的输入特性曲线和输出特性曲线。特性曲线可用晶体管图示仪直观地显示出来，也可用实验电路进行测绘。

1. 输入特性曲线

输入特性曲线是当集电极与发射极之间的电压 U_{CE} 保持不变时，基极电流与基、射极间电压之间的关系，即

$$I_B = f(U_{BE})\big|_{U_{CE}=常数}$$

其特性曲线如图 7-4-5 所示。

当 $U_{CE} \geq 1V$ 时，三极管处于放大状态，基极电流的变化主要受 U_{BE} 的控制，而 U_{CE} 对 I_B 的影响则很小，所以，$U_{CE} \geq 1V$ 以后的输入特性基本上是重合的。

三极管的输入特性和二极管的伏安特性相似，也有一段死区，硅管的死区电压约为 0.5V，

锗管的死区电压约为 0.2V。当发射结外加电压大于死区电压时，三极管才完全进入放大状态。在正常工作情况下，硅管发射结的正向压降约为 0.7V，锗管发射结的正向压降约为 0.3V。

2. 输出特性曲线

输出特性是指当基极电流 I_B 为常数时，集电极电流 I_C 同集、射极电压 U_{CE} 的关系曲线，即

$$I_C = f(U_{CE})|_{I_B = 常数}$$

根据 I_B 的取值不同，可得出不同的特性曲线，所以，三极管的输出特性是一簇曲线，如图 7-4-6 所示。对应于三极管三种工作状态，可将输出特性分为三个区，即截止区、放大区和饱和区。

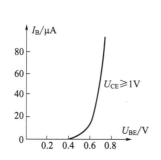

图 7-4-5 三极管输入特性曲线

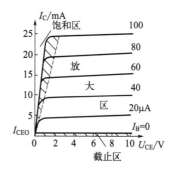

图 7-4-6 三极管的输出特性曲线

（1）截止区

$I_B = 0$ 的曲线下面的区域为截止区。在此区域内，$I_C = I_{CEO} \approx 0$，集电极与发射极间呈现高阻状态，相当于一个断开的开关。为了使三极管可靠截止，通常给发射结加上反向偏置电压，所以，**三极管处于截止状态的工作条件是发射结、集电结均处于反向偏置**。

（2）放大区

输出特性曲线近于水平且间距较均匀的部分称为放大区。在放大区，I_C 的变化仅取决于 I_B 的变化，而与 U_{CE} 的变化几乎无关，呈现恒流特性，即 $I_C = \beta I_B$。**三极管处于放大状态时，发射结处于正向偏置，集电结**处于反向偏置。

（3）饱和区

特性曲线上升段拐点连接线阴影区域称为饱和区。这一区域包括了所有各个 I_B 值下的输出特性曲线的起始部分。由图 7-4-3 所示的实验电路可知，三极管集、射极电压 $U_{CE} = U_{CC} - I_C R_C$，或 $I_C = \dfrac{U_{CC} - U_{CE}}{R_C}$。当 U_{CE} 很小时，$I_C \approx \dfrac{U_{CC}}{R_C}$，此后即使 I_B 再增大，I_C 也不再增大，即 I_C 不再受 I_B 的控制，三极管进入饱和状态。

三极管处于饱和时的集电极电流称为饱和电流，用 I_{CS} 表示，饱和时集射极电压称为饱和压降，用 U_{CES} 表示。U_{CES} 很小，硅管约为 0.3V，锗管约为 0.1V，一般认为 $U_{CES} \approx 0$，集电极、发射极间相当于一个接通的开关。

三极管饱和的条件是发射结、集电结均正向偏置。

放大区、截止区和饱和区都是三极管的正常工作区。三极管作放大使用时，工作在放大区。三极管作开关使用时，工作在饱和区和截止区。

四、主要参数

1. 电流放大系数 β

三极管的电流放大系数有静态电流放大系数和动态电流放大系数。

三极管接成共发射极电路，当输入信号为零时，集电极电流 I_C 与基极电流 I_B 的比值，称为静态（直流）电流放大系数，即

$$\overline{\beta} = \frac{I_C}{I_B} \qquad (7\text{-}4\text{-}3)$$

当输入信号不为零时，在保持 U_{CE} 不变的情况下，集电极电流的变化量 ΔI_C 与基极电流的变化量 ΔI_B 的比值，称为动态（交流）电流放大系数，即

$$\beta = \frac{\Delta I_C}{\Delta I_B}\bigg|_{U_{CE}=\text{常数}} \qquad (7\text{-}4\text{-}4)$$

$\overline{\beta}$ 与 β 具有不同的含义，但在输出特性的线性区，两者数值较为接近，一般不作严格区分。常用的小功率三极管，β 值约在 $30 \sim 200$ 之间，大功率管的 β 值较小。β 值太小时，三极管的放大能力差，β 值太大时，三极管的热稳定性能差，通常以 100 左右为宜。

2. 穿透电流 I_{CEO}

当基极开路，集电结处于反向偏置，发射结处于正向偏置的条件下，集电极与发射极之间的反向漏电流，称为穿透电流，用 I_{CEO} 表示。I_{CEO} 受温度影响很大，当温度上升时，I_{CEO} 增加得很快。选用三极管时，I_{CEO} 应尽可能小些。

3. 集电极最大允许电流 I_{CM}

集电极电流 I_C 超过一定值时，三极管的 β 值下降。当 β 值下降到正常值的三分之二时所对应的集电极电流，称为集电极最大允许电流 I_{CM}。

4. 集电极最大允许耗散功率 P_{CM}

集电极电流通过集电结时，产生的功率损耗使集电结温度升高，当结温超过一定数值后，将导致三极管性能变坏，甚至烧毁。为使三极管的结温不超过允许值，规定了集电极最大允许耗散功率 P_{CM}。P_{CM} 与 I_C 和 U_{CE} 的关系为

$$P_{CM} = I_C U_{CE} \qquad (7\text{-}4\text{-}5)$$

根据上式，可在输出特性曲线上做出一条 P_{CM} 曲线，如图7-4-7所示。曲线右侧区域为过损耗区，曲线左侧的区域为安全工作区。

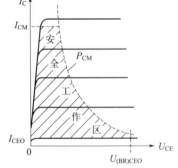

图7-4-7　功率曲线

5. 反向击穿电压 $U_{(BR)CEO}$

基极开路时，集电极与发射极之间的最大允许电压称为反向击穿电压 $U_{(BR)CEO}$。实际值超过此值将会导致三极管的击穿而损坏。

三极管还有其他参数，使用时，可根据需要查阅器件手册。

五、复合三极管

复合三极管是把两个三极管的管脚适当地连起来使之等效为一个三极管，典型结构如图7-4-8（a）和（b）所示。

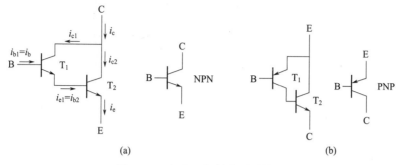

(a)

图 7-4-8　复合三极管典型结构图

从图 7-4-8 中可以看出，复合管的导电类型取决于前一个三极管 T_1 的导电类型。另外，复合管的电流放大系数 β 近似地等于两个管子电流放大系数的乘积。

$$\beta = \frac{i_c}{i_b} = \frac{i_c}{i_{b1}} \approx \beta_1 \beta_2$$

复合晶体管亦称达林顿管（Darlington transistor）。达林顿管具有很高的放大系数，β 值可达几千，甚至几十万。利用它不仅能构成高增益放大器，还能提高驱动能力，获得大电流输出，构成达林顿功率开关管。在光电耦合器中，也有用达林顿管作接收管的。

达林顿管大致分两类：一类是普通型，内部无保护电路，中小功率（2W 以下）的达林顿管大多属于此类；另一类带保护电路，大功率达林顿管均属此类。

第五节
场效应晶体管

 习题七

7.1　在图 P7.1 所示的各电路中，$u_i = 10\sin\omega t\,\mathrm{V}$，$U_S = 6\mathrm{V}$，二极管的正向压降可忽略不计，试分别画出输出电压 u_o 的波形。

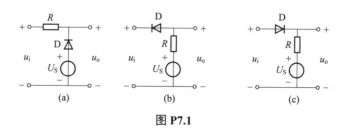

图 P7.1

7.2　图 P7.2（a）中的 R 和 C 构成微分电路，当输入电压如（b）图所示时，试画出输出电压 u_o 的波形。

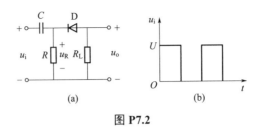

图 P7.2

7.3 电路如图 P7.3 所示，已知 $u_i = 6\sin\omega t$ V，$U_1 = U_2 = 3$V，二极管的正向压降为 0.7V，试画出输出电压 u_o 的波形。

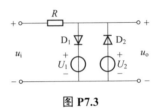

图 P7.3

7.4 在图 P7.4 所示电路中，设二极管为理想二极管，$u_i = 220\sqrt{2}\sin\omega t$V，两个照明灯均为 220V，40W。（1）画出 u_{o1} 和 u_{o2} 波形。（2）哪盏灯亮些，为什么？

7.5 电路如图 P7.5 所示，稳压管 D_Z 的稳定电压为 $U_Z = 6$V，输入电压 $u_i = 12\sin\omega t$ V，若二极管 D 为理想元件，试画出输出电压 u_o 的波形。

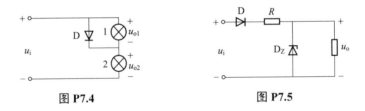

图 P7.4   图 P7.5

7.6 电路如图 P7.6（a）所示，设 D_1、D_2 均为理想元件，已知输入电压 $u_i = 150\sin\omega t$V 如图 P7.6（b）所示，试画出电压 u_o 的波形。

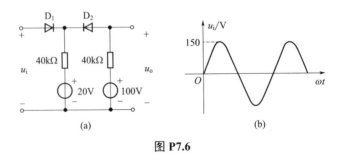

图 P7.6

7.7 电路如图 P7.7 所示，试分析当 $u_i = 3$V 时，哪些二极管导通？当 $u_i = 0$V 时，哪些二极管导通？（写出分析过程并设二极管正向压降为 0.7V）。

7.8 电路如图 P7.8 所示，设二极管 D_1、D_2 为理想元件，试计算电路中电流 I_1、I_2 的值。

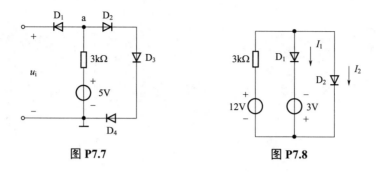

图 P7.7   图 P7.8

7.9 有一NPN型三极管，测得集电极和发射极电流分别为 2.26mA 和 2.29mA，试求基极电流 I_B 和三极管的静态电流放大系数。

7.10 有一三极管，测得三个管脚的电位分别为 6V、2.8V 和 2.15V，试判别管型和电极。

7.11 电路如图 P7.11 所示，已知 $V_{CC} = 5V$，$R_C = 2k\Omega$，$R_B = 100k\Omega$，$\beta = 30$，试分析下列两种情况下：（1）$u_i = 0V$；（2）$u_i = 5V$。三极管为何种工作状态，F 点的电位是多少？

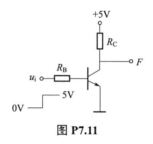

图 P7.11

第八章

基本放大电路

基本放大电路是模拟电路部分最基本的内容，任何一个放大系统，都是由基本的单元电路所组成的。本章首先介绍了单管放大电路的电路结构、工作原理、性能指标和分析计算方法，然后对常用的、典型的单元电路的特点逐一进行分析，为学习后面的内容奠定基础。

第一节
三极管放大电路的组成及工作原理

一、单管放大电路的组成

由三极管构成的共发射极放大电路如图 8-1-1（a）所示。输入信号由基极和发射极之间输入，输出信号由集电极和发射极之间输出，发射极是电路的公共端，故称为共发射极放大电路。电路中各个元件的作用如下：

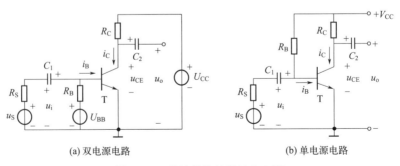

(a) 双电源电路　　　　　　　　　(b) 单电源电路

图 8-1-1　单管共发射极放大电路

1. 三极管 T

电流放大元件，是放大电路的核心。

2. 集电极电源 U_{CC}

U_{CC} 为集电结提供反向偏置电压，保证三极管工作在放大状态。同时，U_{CC} 又是放大电路的能量来源，以便放大电路将直流电能转换为输出信号的交流电能。U_{CC} 一般为几伏到十几伏。

3. 集电极负载电阻 R_C

R_C 的主要作用是将集电极电流的变化转换为电压的变化输出，实现放大电路的电压放大作用。如果不接 R_C，三极管集电极的电位恒等于直流电源的电压 U_{CC}，因此，输出端就不会有变化的电压信号输出。

4. 电源 U_{BB} 和偏置电阻 R_B

它们的作用是使发射结正向偏置，并提供大小适当的基极电流 I_B，使三极管有一个合适的工作点。R_B 的数值一般为几十千欧到几百千欧。

5. 耦合电容 C_1 和 C_2

C_1、C_2 的作用在于传输交流信号而隔断直流信号。当 C_1、C_2 的电容量足够大时，对交流信号呈现的容抗很小，在电容上的交流压降可忽略不计，对交流信号可视作短路。C_1、C_2 的电容值一般为几微法到几十微法，通常采用极性电容。耦合电容的另一作用是隔断放大电路与信号源及负载之间的直流通路，避免信号源、负载受到直流电源的影响。

图 8-1-1（a）采用两个电源供电，既不经济，又不方便。实用电路中，用电源 U_{CC} 代替 U_{BB}，只要 R_B 选取合适的数值，仍可保证三极管有合适的静态工作点。另外，电路中的 U_{CC} 通常用电位 V_{CC} 表示，电路可改画成图 8-1-1（b）的形式。在此电路中，当 R_B 一经确定，电流 I_B 就是一个固定值，所以将这种电路称为固定偏置电路。

二、放大电路的工作原理

我们用图 8-1-2 所示的电路来说明放大电路的工作原理。当输入端信号 $u_i = 0$ 时，放大电路的工作状态称为静态。在直流电源电压的作用下，形成静态基极电流 I_B、集电极电流 I_C、发射极电流 I_E，以及基、射极间电压 U_{BE} 和集、射极间电压 U_{CE}。其波形如图 8-1-2 中各波形的虚线所示。

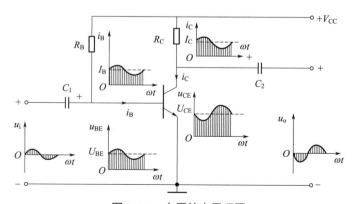

图 8-1-2　电压放大原理图

当输入端加上输入信号时，放大电路的工作状态称为动态。u_i 通过 C_1 加到三极管的基极，使基、射极间电压在静态值 U_{BE} 的基础上按 u_i 的规律变化。这时的基、射极电压包含两个分量，一个是直流分量 U_{BE}，一个是交流分量 u_{be}，若忽略耦合电容上的电压损失，则 $u_{be} = u_i$。此时 $u_{BE} = U_{BE} + u_{be}$。u_{BE} 的变化，引起基极电流 i_B 作相应变化，i_C 亦随 i_B 变化。i_C 的变化量在集电极负载电阻 R_C 上产生压降，集、射极间电压 $u_{CE} = V_{CC} - i_C R_C$，当 i_C 增加时，则 u_{CE} 减小，u_{CE} 的变化与 i_C 的变化相反。需要指出的是，i_B、i_C、u_{CE} 也都是由直流分量和交流分量叠加而成的。当 u_{CE} 的直流分量被 C_2 隔离，交流分量通过 C_2 输出时，在放大电路的输出端便产生了交流输出电压 u_o。若忽略 C_2 上的交流电压降，则 $u_o = u_{ce} = -i_C R_C$，即 u_o 与 u_i 在相位上相差 $180°$。只要 R_C 足够大，u_o 的幅值比 u_i 的幅值大得多，从而实现了电压放大的目的。各电流、电压的波形如图 8-1-2 所示。

第二节

放大电路的静态分析

　　静态分析就是确定电路中三极管各电极的直流电压和直流电流，这些数值在三极管的输入特性和输出特性上所对应的工作点，称为静态工作点。因此，静态分析就是确定放大电路的静态工作点。静态分析的主要方法是估算法和图解法。

一、估算法

　　估算法是利用放大电路的直流通路计算各静态值。在图 8-1-1（b）中，由于电容 C_1、C_2

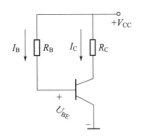

图 8-2-1　放大电路的直流通路

具有隔直流的作用，所以，放大电路的直流通路如图 8-2-1 所示。根据直流通路，可求出各静态值。

　　基极电流

$$I_B = \frac{V_{CC} - U_{BE}}{R_B} \tag{8-2-1}$$

式中，U_{BE} 是三极管基、射极间电压，硅管约为 $0.7V$。

当 $V_{CC} \gg U_{BE}$ 时，式（8 -2-1）可近似为

$$I_B = V_{CC} / R_B \tag{8-2-2}$$

　　集电极电流

$$I_C = \beta I_B \tag{8-2-3}$$

　　集、射极间电压

$$U_{CE} = V_{CC} - I_C R_C \tag{8-2-4}$$

　　由上可见，放大电路的静态工作点既与三极管的特性有关，又与放大电路的结构有关。当电源电压 V_{CC} 和直流负载电阻 R_C 选定后，静态工作点便由 I_B 所决定。通常用调节偏置电阻 R_B 的办法调节各静态值，使放大电路获得一个合适的静态工作点。

　　例 8.2.1　用估算法求图 8-1-1（b）所示电路的静态工作点，电路中 $V_{CC} = 12V$，$R_C = 3k\Omega$，$R_B = 300k\Omega$，$\beta = 50$。

　　解　由式（8-2-1）～式（8-2-4）可求得各静态值如下：

$$I_B = \frac{V_{CC}}{R_B} = \frac{12}{300 \times 10^3} A = 40\mu A$$

$$I_C = \beta I_B = 50 \times 40 \times 10^{-6} A = 2mA$$

$$U_{CE} = V_{CC} - R_C I_C = 12 - 3 \times 10^3 \times 2 \times 10^{-3} = 6V$$

二、图解法

图解法就是在三极管的输出特性上，通过作图的方法求解静态工作点。在图 8-1-1（b）所示电路中，三极管的输出特性曲线如图 8-2-2 所示，其他参数同例 8.2.1，图解步骤如下。

① 用估算法求出基极电流 I_B，$I_B = 40\mu A$。

② 在输出特性曲线上找到 I_B 的对应曲线。

③ 作出直流负载线：由式（8-2-4）可得出，$I_C = \frac{V_{CC}}{R_C} - \frac{U_{CE}}{R_C}$，

它是过（V_{CC}/R_C，V_{CC}）两点的直线方程。根据电路参数可知 $V_{CC} = 12V$，$V_{CC}/R_C = 4mA$。过两点所作直线见图 8-2-2 所示。

由于该直线的斜率为 $-\frac{1}{R_C}$，只与集电极负载电阻 R_C 有关，故称为直流负载线。

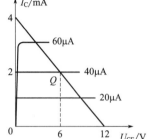

图 8-2-2　用图解法确定静态工作点

④ 确定静态工作点 Q：由上述分析可以看出，三极管的 I_C 和 U_{CE} 既要满足 $I_B = 40\mu A$ 的输出特性，又要满足直流负载线，因此，三极管必然工作在它们的交点 Q，Q 点的各静态值可由坐标查出，由图可知：$I_C = 2mA$，$U_{CE} = 6V$，与例 8.2.1 所求解的数值一致。

第三节

放大电路的动态分析

动态分析就是分析在输入信号不为零时，电路中各种变化量的变动情况和相互关系。分析方法主要有小信号模型法和图解法。

一、图解分析法

动态工作的放大电路，有输出端带负载和不带负载两种情况。下面我们以图 8-3-1（a）所示带负载的放大电路为例，说明图解法的分析步骤。

① 根据静态图解分析方法，求出静态工作点 Q（I_B、I_C、U_{CE}），见图 8-3-2（a）所示。

② 根据 u_i 的变化，在输入特性曲线上确定 i_B 的变化范围。

设输入信号 u_i 为一正弦电压，它叠加在输入端直流偏置电压 U_{BE} 上，即

$$u_{BE} = U_{BE} + u_i \tag{8-3-1}$$

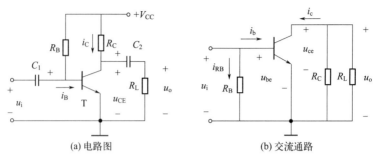

(a) 电路图　　　　　　　　(b) 交流通路

图 8-3-1　带负载的放大电路

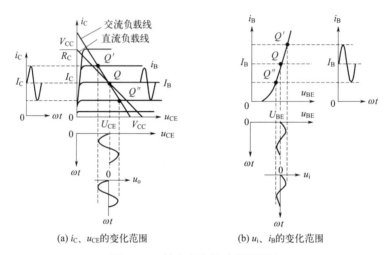

(a) i_C、u_{CE} 的变化范围　　　　(b) u_i、i_B 的变化范围

图 8-3-2　放大电路的动态图解法

当 u_i 按正弦规律变化时，基极电流 i_B 也作相应的变化，其变化范围是，工作点 Q 在输入特性曲线的线性段 Q' 和 Q'' 之间移动，如图 8-3-2（b）所示。基极电流 i_B 也是由直流分量 I_B 和交流分量 i_b 叠加而成，即

$$i_B = I_B + i_b \tag{8-3-2}$$

③ 作交流负载线：在图 8-3-1（a）所示的电路中，如果对耦合电容 C_1、C_2 的容量取得足够大，则交流容抗可以忽略不计。直流电源 V_{CC} 的内阻很小，在其内阻上的交流压降也可以忽略不计。也就是说，电容 C_1、C_2 和直流电源 V_{CC} 对交流分量都相当于短路。所以电路的交流通路如图 8-3-1（b）所示。

由交流通路可以看出，对交流信号的负载，不再是电阻 R_C，而是负载电阻 R_L 与 R_C 的并联，其等效电阻 R'_L 为

$$R'_L = R_C /\!/ R_L = \frac{R_C R_L}{R_C + R_L} \tag{8-3-3}$$

由交流负载电阻 R'_L，所决定的负载线称为交流负载线。

当输入信号 u_i 过零点的瞬间，电路相当于工作在静态，所以交流负载线必然过静态工作点。因此，过静态工作点作斜率为 $-\dfrac{1}{R'_L}$ 的直线即为交流负载线。由于 $R'_L < R_C$，交流负载线要比直流负载线更陡一些，见图 8-3-2（a）所示。

④ 根据输出特性和交流负载线，确定 i_C、u_{CE} 的变化范围。

由图 8-3-2（a）可以看出，工作点随 i_B 的变化在交流负载线 Q' 和 Q'' 之间移动，则

$$i_C = I_C + i_c \tag{8-3-4}$$

式中，i_c 是按正弦规律变化的交流分量。

i_C 的变化必然使 u_{CE} 随之变化，即

$$u_{CE} = U_{CE} + u_{ce} \tag{8-3-5}$$

式中，u_{ce} 是按正弦规律变化的交流分量，其相位与输入信号 u_i 相反。

⑤ 计算电路的电压放大倍数：

$$|A_u| = \frac{U_{om}}{U_{im}} = \frac{U_{cem}}{U_{im}} \tag{8-3-6}$$

式中，U_{om}、U_{cem} 和 U_{im} 是 u_o、u_{ce} 和 u_i 波形的幅值。

由图解法可知，当负载电阻 R_L 减小时，R_L' 也减小，交流负载线则越陡，u_{CE} 的变化范围减小，即 U_{cem} 减小，电压放大倍数则下降。

放大电路不带负载电阻 R_L 时，交流负载线与直流负载线重合，其分析步骤与上述相同，这里不再重述，读者可自行分析。

图解分析方法除直观、形象地表示了输出信号与输入信号的对应关系外，还使我们清楚地看到，各信号的交流分量都是以静态工作点为基点发生变化的。如果静态工作点 Q 设置得不合适，则信号的变化范围可能超越三极管特性曲线的线性区，使输出信号的波形发生畸变，即产生了失真。

静态工作点选择过低的情况如图 8-3-3（a）所示。当 u_i 为负半周时，三极管工作在截止区，集电极电流几乎为零，使输出波形产生截止失真。消除这种失真的方法是减小偏置电阻 R_B，将 I_B 增大，使静态工作点上移。

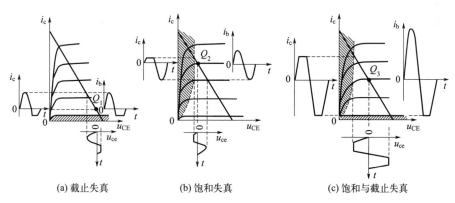

(a) 截止失真   (b) 饱和失真   (c) 饱和与截止失真

图 8-3-3 非线性失真图解分析

静态工作点选择过高的情况如图 8-3-3（b）所示。当 u_i 为正半周时，放大电路进入饱和区工作，使输出波形产生饱和失真。消除饱和失真的方法是适当增大偏置电阻 R_B，将 I_B 减小，使静态工作点 Q 下移。

放大电路的静态工作点确定后，若输入信号的幅值过大，输出信号将相继产生饱和与截止失真，如图 8-3-3（c）所示。因此，限制输入信号 u_i 的大小，也是避免非线性失真的一个途径。

为防止失真，当输入信号电压较大时，应将静态工作点设在交流负载线的中部。对于小信号放大电路，静态工作点可适当选低一些，以减小功耗。

二、小信号模型分析法

由图解分析法已知，当放大电路的静态工作点选择合适，输入信号幅值较小时，三极管静态工作点附近的特性曲线非常接近线性。因此，可以把非线性器件三极管用线性的小信号模型电路替代，从而把三极管放大电路当作线性电路分析，这就是小信号模型分析法。该方法是分析小信号放大电路的主要方法。

1. 三极管的小信号模型电路

三极管作共发射极连接时，基极与发射极为输入端，集电极与发射极为输出端，如图 8-3-4（a）所示。当输入信号很小时，三极管输入特性在静态工作点 Q 附近的一段可认为是线性的，如图 8-3-4（b）所示。若 U_{CE} 为常数，则 ΔU_{BE} 与 ΔI_B 之比为

$$r_{be} = \frac{\Delta U_{BE}}{\Delta I_B}\bigg|_{U_{CE}=常数} = \frac{u_{be}}{i_b}\bigg|_{U_{CE}=常数} \tag{8-3-7}$$

r_{be} 称为三极管的输入电阻。实际上是静态工作点 Q 处的动态电阻。在小信号情况下，r_{be} 近似为常数。可由它确定 u_{be} 与 i_b 之间的关系。因此三极管的输入端可用 r_{be} 来等效代替。

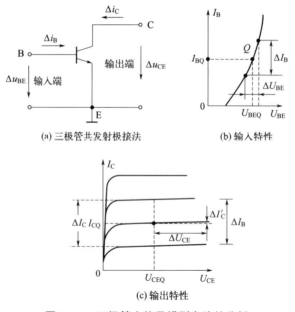

(a) 三极管共发射极接法　　(b) 输入特性

(c) 输出特性

图 8-3-4　三极管小信号模型电路的分析

常温下低频小功率三极管的输入电阻可用下式计算：

$$r_{be} = 300 + (1+\beta) \times \frac{26(\text{mV})}{I_E(\text{mA})} \tag{8-3-8}$$

式中，I_E 为静态工作点的发射极电流；r_{be} 的数值一般在几百欧到几千欧。

三极管工作在放大区时，其输出特性是一簇近似平行于横轴的直线，如图 8-3-4（c）所

示。可以认为集电极电流的变化 ΔI_C 只取决于基极电流的变化 ΔI_B ，而与集、射极间电压 u_{CE} 几乎无关，即 $\Delta I_C = \beta \Delta I_B$ 。因此三极管的输出端可用一个等效的受控电流源 $\beta \Delta I_B$ 来表示。

综上所述，工作在交流小信号条件下的三极管，其动态特性可用图 8-3-5 所示的小信号模型电路来表示。当输入信号为正弦量时，电路中的所有电流、电压均可用相量表示。

2. 放大电路动态指标的分析

将图 8-3-1 所示放大电路交流通路中的三极管用小信号模型电路代替，便得到放大电路的小信号模型电路，如图 8-3-6 所示。然后可用线性电路的分析方法分析其动态指标。

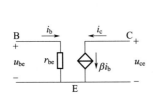

图 8-3-5　三极管的小信号模型电路

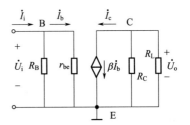

图 8-3-6　放大电路的小信号模型电路

（1）电压放大倍数 A_u

电压放大倍数是衡量放大电路对输入信号放大能力的主要指标，用 A_u 表示。

$$A_u = \frac{\dot{U}_o}{\dot{U}_i} \tag{8-3-9}$$

由图 8-3-6 可知，输入电压

$$\dot{U}_i = \dot{I}_b r_{be}$$

输出电压

$$\dot{U}_o = -\dot{I}_C (R_C /\!/ R_L) = -\dot{I}_C R_L' = -\beta \dot{I}_b R_L'$$

电压放大倍数则为

$$A_u = \frac{\dot{U}_o}{\dot{U}_i} = \frac{-\beta \dot{I}_b R_L'}{\dot{I}_b r_{be}} = -\beta \times \frac{R_L'}{r_{be}} \tag{8-3-10}$$

式中，负号表示输出电压 $\dot{U}_o$ 与输入电压 $\dot{U}_i$ 相位相反。

若放大电路输出端开路（未接 R_L）时，则

$$A_u = -\beta \times \frac{R_C}{r_{be}} \tag{8-3-11}$$

可见输出端开路时的电压放大倍数，大于输出端接有负载时的电压放大倍数。

（2）输入电阻 r_i

放大电路对信号源而言，可等效为一个负载电阻，这个等效电阻称为放大电路的输入电阻。它等于输入电压与输入电流之比。由图 8-3-6 可知：

$$r_i = \frac{\dot{U}_i}{\dot{I}_i} = R_B /\!/ r_{be} \tag{8-3-12}$$

一般情况下，$R_B \gg r_{be}$ ，所以

$$r_i \approx r_{be} \qquad (8\text{-}3\text{-}13)$$

即 r_i 在数值上接近 r_{be}，但 r_i、r_{be} 的概念是有区别的，r_{be} 是三极管的输入电阻，r_i 则为放大电路的输入电阻。通常要求放大电路的输入电阻要足够大，以减小放大电路对信号电压的衰减。

（3）输出电阻 r_o

放大电路对负载而言，相当于一个电压源，其内阻定义为放大电路的输出电阻。在已知电路结构的条件下，可用求有源二端网络等效电阻的办法计算放大电路的输出电阻。也可用实验测量的方法求出。

图 8-3-6 所示电路，其输出电阻为

$$r_o = R_C \qquad (8\text{-}3\text{-}14)$$

对于一个放大电路来说，通常要求输出电阻 r_o 越小越好，以便能够带动较大的负载。

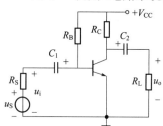

图 8-3-7　例 8.3.1 的电路图

例 8.3.1　电路如图 8-3-7 所示，已知 $R_B = 300\text{k}\Omega$，$R_C = 2\text{k}\Omega$，$R_L = 6\text{k}\Omega$，$\beta = 50$，$V_{CC} = 12\text{V}$，试求：

（1）放大电路不接负载电阻 R_L 时的电压放大倍数；

（2）放大电路接有负载电阻 R_L 时的电压放大倍数；

（3）输入电阻 r_i 和输出电阻 r_o。

解　为求电压放大倍数，首先求出 r_{be}。

$$I_B = \frac{V_{CC} - U_{BE}}{R_B} \approx \frac{V_{CC}}{R_B} = \frac{12}{300 \times 10^3}\text{A} = 40\mu\text{A}$$

$$I_E = (1 + \beta)I_B = (1 + 50) \times 40 \times 10^{-3}\text{mA} = 2.04\text{mA}$$

$$r_{be} = 300 + (1 + \beta)26 / I_E$$
$$= 300 + (1 + 50)26 / 2.04 = 950\Omega = 0.95\text{k}\Omega$$

（1）不接 R_L 时

$$A_u = -\beta \times \frac{R_C}{r_{be}} = -50 \times \frac{2}{0.95} = -105.26$$

（2）接有负载 R_L 时

$$A_u = -\beta \times \frac{R_L'}{r_{be}} = -50 \times \frac{2//6}{0.95} = -78.95$$

（3）输入电阻

$$r_i = R_B // r_{be} \approx r_{be} = 0.95\text{k}\Omega$$

输出电阻

$$r_o \approx R_C = 2\text{k}\Omega$$

例 8.3.2　在例 8.3.1 的电路中，信号源内阻 $R_S = 0.5\text{k}\Omega$，求接有 R_L 时输出电压对电压 $\dot{U}_S$ 的电压放大倍数 A_{us}。

解　在信号源内阻的影响下，放大电路实际有效输入电压 $\dot{U}_i$ 为

$$\dot{U}_i = \frac{r_i}{R_S + r_i} \times \dot{U}_S$$

所以

$$A_{us} = \frac{\dot{U}_o}{\dot{U}_S} = \frac{\dot{U}_o}{\dot{U}_i} \times \frac{\dot{U}_i}{\dot{U}_S}$$

$$= A_u \times \frac{r_i}{R_S + r_i} = -\beta \times \frac{R_L'}{r_{be}} \times \frac{r_i}{R_S + r_i}$$

$$= -78.95 \times \frac{0.95}{0.5 + 0.95} = -51.73$$

第四节
静态工作点的稳定

放大电路的静态工作点对其放大性能有着重大影响。工作点不合适，容易产生非线性失真。选择合适的静态工作点并使之保持稳定，是保证放大电路正常工作的重要条件。

一、温度对静态工作点的影响

引起静态工作点不稳定的因素很多，其中最主要的因素是三极管的参数随温度变化而使静态工作点产生漂移。例如，温度升高，三极管的穿透电流 I_{CEO} 增大，电流放大系数 β 增大，发射结正向压降 U_{BE} 减小等。所有这些影响都导致集电极电流 I_C 随温度升高而增大。但基极电流 I_B 受温度影响较小，可以认为基本不变。因此，使输出特性曲线上移，静态工作点由 Q 点移到 Q' 点，如图 8-4-1 所示。当工作点变动较大时，便引起非线性失真。

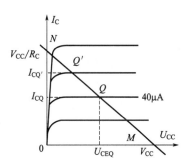

图 8-4-1 温度对静态工作点的影响

二、工作点稳定的放大电路

为稳定静态工作点，须对偏置电路加以改进。图 8-4-2（a）是常用的、能使工作点稳定的放大电路。

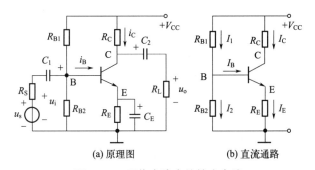

(a) 原理图　　　　(b) 直流通路

图 8-4-2 工作点稳定的放大电路

图 8-4-2（b）是放大电路的直流通路。R_{B1}、R_{B2} 构成偏置电路，若 R_{B1}、R_{B2} 取值适当，使得 $I_2 \gg I_B$，则 $I_1 \approx I_2$，基极电位：

$$V_B = \frac{R_{B2}}{R_{B1} + R_{B2}} \times V_{CC} \qquad (8\text{-}4\text{-}1)$$

V_B 仅由 R_{B1}、R_{B2} 对 V_{CC} 的分压所决定，而与三极管的参数无关，不受温度影响。

接入射极电阻 R_E 后，三极管基射极间电压

$$U_{BE} = V_B - V_E = V_B - I_E R_E \qquad (8\text{-}4\text{-}2)$$

当 V_B、R_E 一定，且 $V_B \gg U_{BE}$ 时，则

$$I_C \approx I_E = \frac{V_B - U_{BC}}{R_E} \approx \frac{V_B}{R_E} \qquad (8\text{-}4\text{-}3)$$

也可认为 I_C 不受温度影响。

当温度发生变化，假如温度升高时，I_C 和 I_E 将会增大，射极电位 V_E 随之升高，因基极电位不变，所以 U_{BE} 减小，基极电流 I_B 减小，被 I_B 所控制的 I_C 亦减小。从而抑制了温度变化对 I_C 的影响，达到了稳定静态工作点的目的。其物理过程为

温度升高 → $I_C\uparrow$ → $I_E\uparrow$ → $V_E\uparrow$ → $U_{BE}\downarrow$ → $I_B\downarrow$ → $I_C\downarrow$

在上述过程中，R_E 越大，对 I_C 的抑制能力越强，效果越好。但是，发射极电流的交流分量流过 R_E 时，也会产生交流压降，使 u_{be} 减小，导致放大电路的电压放大倍数减小。为此在 R_E 两端并联电容 C_E，只要 C_E 的容量足够大，对交流分量的影响可视为短路，消除 R_E 对交流信号的影响。C_E 被称为交流旁路电容，其容量一般为几十微法到几百微法。

在上述分析中，为使静态工作点稳定，必须满足 $I_C \gg I_B$ 和 $V_B \gg U_{BE}$ 的条件。但是 I_2 不能太大，否则 R_{B1}、R_{B2} 就要取得较小，这不仅会使电路静态损耗增大，而且会造成放大电路的输入电阻 r_i 下降。同样 V_B 亦不能太高，否则会减小放大电路输出电压的变化范围。一般可选取 $I_2 = (5 \sim 10)I_B$，$V_B = (5 \sim 10)U_{BE}$。

例 8.4.1 已知图 8-4-2（a）所示电路中，$R_{B1} = 39k\Omega$，$R_{B2} = 20k\Omega$，$R_C = 2.5k\Omega$，$R_E = 2k\Omega$，$R_L = 5.1k\Omega$，$V_{CC} = 12V$，三极管的 $\beta = 40$，$r_{be} = 0.9k\Omega$。估算静态工作点并计算电压放大倍数 A_u、输入电阻 r_i 和输出电阻 r_o。

解 （1）静态工作点

$$V_B = \frac{R_{B2}}{R_{B1} + R_{B2}} \times V_{CC} = \frac{20}{39 + 20} \times 12V = 4.1V$$

$$I_E = \frac{V_B - U_{BC}}{R_E} = \frac{4.1 - 0.7}{2 \times 10^3} A = 1.7mA \approx I_C$$

$$I_B = \frac{I_C}{\beta} = \frac{1.7 \times 10^{-3}}{40} A = 42.5 \times 10^{-6} A = 42.5\mu A$$

$$U_{CE} = V_{CC} - I_C(R_C + R_E) = 12 - 1.7 \times 10^{-3} \times (2.5 + 2) \times 10^3 V = 4.35V$$

（2）电压放大倍数

放大电路的小信号模型电路如图 8-4-3 所示。

$$A_u = -\beta \times \frac{R'_L}{r_{be}} = -40 \times \frac{2.5 /\!/ 5.1}{0.9} = -74.6$$

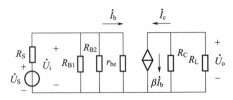

图 8-4-3　图 8-4-2（a）的小信号模型电路

（3）输入电阻 r_i 和输出电阻 r_o

$$r_i = R_{B1} \,/\!/\, R_{B2} \,/\!/\, r_{be} \approx r_{be} = 0.9k\Omega$$

$$r_o = R_C = 2.5k\Omega$$

例 8.4.2　把图 8-4-2（a）中的 R_E 分为 R_F 和 R_E 两部分，电路如图 8-4-4（a）所示。其中 $R_F = 0.5k\Omega$，$R_E = 1.5k\Omega$，其他参数与例 8.4.1 相同。试计算电压放大倍数，输入电阻和输出电阻。

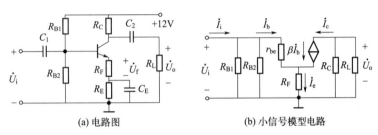

(a) 电路图　　　　　　　　　　(b) 小信号模型电路

图 8-4-4　例 8.4.2 的电路图

解　由图 8-4-4（a）可看出，R_E 被电容 C_E 旁路，R_F 对直流、交流都有影响。所以小信号模型电路如图 8-4-4（b）所示。

（1）电压放大倍数

$$\dot{U}_i = \dot{I}_b r_{be} + \dot{I}_e R_F = \dot{I}_b r_{be} + (1+\beta)\dot{I}_b R_F$$

$$= \dot{I}_b [r_{be} + (1+\beta)R_F]$$

$$\dot{U}_o = -\dot{I}_C (R_C \,/\!/\, R_L) = -\beta \dot{I}_b R'_L$$

$$A_u = \frac{\dot{U}_o}{\dot{U}_i} = \frac{-\beta \dot{I}_b R'_L}{\dot{I}_b [r_{be} + (1+\beta)R_F]} = \frac{-\beta R'_L}{r_{be} + (1+\beta)R_F}$$

$$= -40 \times \frac{2.5 \,/\!/\, 5.1}{0.9 + 41 \times 0.5} = -3.1$$

（2）输入电阻和输出电阻

设

$$r'_i = \frac{\dot{U}_i}{\dot{I}_b} = r_{be} + (1+\beta)R_F$$

则

$$r_i = R_{B1} \,/\!/\, R_{B2} \,/\!/\, r'_i = R_{B1} \,/\!/\, R_{B2} \,/\!/\, [r_{be} + (1+\beta)R_F]$$

$$= 39 \,/\!/\, 20 \,/\!/\, [0.9 + 41 \times 0.5]k\Omega = 8.2k\Omega$$

同上例比较，$r_o = 2.5k\Omega$，R_F 的存在导致电压放大倍数有所降低，但输入电阻有较大的提高，这在实际应用中是非常有益的。

第五节

射极输出器

射极输出器的电路如图 8-5-1 所示。三极管的集电极接在电源 V_{CC} 上，发射极接有负载电阻 R_L，输出电压 u_o 由发射极取出，故称为射极输出器。

一、静态分析

射极输出器的直流通路如图 8-5-2 所示。由图可得

$$V_{CC} = I_B R_B + U_{BE} + I_E R_E$$
$$= I_B R_B + U_{BE} + (1+\beta) I_B R_E$$

$$I_B = \frac{V_{CC} - U_{BE}}{R_B + (1+\beta)R_E} \approx \frac{V_{CC}}{R_B + (1+\beta)R_E} \tag{8-5-1}$$

$$I_C = \beta I_B \tag{8-5-2}$$

$$U_{CE} = V_{CC} - I_E R_E = V_{CC} - (1+\beta) I_B R_E \tag{8-5-3}$$

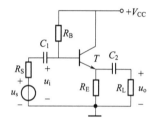

图 8-5-1 射极输出器

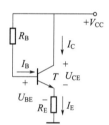

图 8-5-2 射极输出器的直流通路

二、动态分析

图 8-5-3 是射极输出器的小信号模型电路。

该电路输入、输出回路的公共端点是集电极，因此，又称作共集电极电路。

1. 电压放大倍数

$$\dot{U}_o = \dot{I}_e (R_E /\!/ R_L) = (1+\beta)\dot{I}_b R_L'$$

$$\dot{U}_i = \dot{I}_b r_{be} + \dot{I}_e R_L' = \dot{I}_b r_{be} + (1+\beta)\dot{I}_b R_L'$$

$$= \dot{I}_b [r_{be} + (1+\beta)R_L']$$

电压放大倍数

$$A_u = \frac{\dot{U}_o}{\dot{U}_i} = \frac{(1+\beta)\dot{I}_b R_L'}{\dot{I}_b [r_{be} + (1+\beta)R_L']} = \frac{(1+\beta)R_L'}{r_{be} + (1+\beta)R_L'} \tag{8-5-4}$$

一般情况下 $r_{be} \ll (1+\beta) R_L'$，因此 A_u 近似等于 1，但恒小于 1，即

$$\dot{U}_o = A_u \dot{U}_i \approx \dot{U}_i \tag{8-5-5}$$

上式说明，射极输出器的输出电压与输入电压的大小近似相等，且相位相同，输出电压跟随输入电压的变化而变化，故又称作射极跟随器。

2. 输入电阻

设

$$r_i' = \frac{\dot{U}_i}{\dot{I}_b} = \frac{\dot{I}_b[r_{be} + (1+\beta)R_L']}{\dot{I}_b} = r_{be} + (1+\beta)R_L'$$

则

$$r_i = R_B \mathbin{/\mkern-5mu/} r_i' = R_B \mathbin{/\mkern-5mu/} [r_{be} + (1+\beta)R_L'] \tag{8-5-6}$$

通常 R_L' 为几千欧，β 为几十，r_i 可达几十甚至几百千欧，比共发射极电路的输入电阻 $r_i \approx r_{be}$ 要大得多。

3. 输出电阻

输出电阻的计算方法是，将图 8-5-3 电路中的信号源 u_s 短接，断开负载电阻 R_L，在输出端外加电压 u，流入电流 i，如图 8-5-4 所示。

设

$$r_o' = \frac{\dot{U}}{\dot{I}} = \frac{-\dot{I}_b(r_{be} + R_S')}{-(\dot{I}_b + \beta \dot{I}_b)}$$

$$= \frac{r_{be} + R_S'}{1+\beta} \tag{8-5-7}$$

式中，$R_S' = R_S \mathbin{/\mkern-5mu/} R_B$。

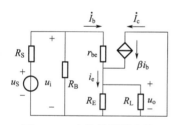

图 8-5-3 小信号模型电路

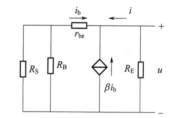

图 8-5-4 计算输出电阻的电路

则

$$r_o = r_o' \mathbin{/\mkern-5mu/} R_E = \frac{r_{be} + R_S'}{1+\beta} \mathbin{/\mkern-5mu/} R_E \tag{8-5-8}$$

通常情况下，$(r_{be} + R_S')$ 较小且 $\beta \gg 1$，故 $\dfrac{r_{be} + R_S'}{1+\beta} \ll R_E$，则

$$r_o \approx \frac{r_{be} + R_S'}{1+\beta} \tag{8-5-9}$$

射极输出器的输出电阻远远小于共射极电路的输出电阻，一般为几十到几百欧姆。

射极输出器的输入电阻高，可用作多级放大器的输入级，以减轻信号源的负担，提高放大器的输入电压。射极输出器的输出电阻低，可用作多级放大器的输出级，以减小负载变化对输出电压的影响。射极输出器也常用作中间隔离级。

例 8.5.1 在图 8-5-1 的电路中，$V_{CC} = 12V$，$R_B = 200k\Omega$，$R_E = 2k\Omega$，$R_L = 2k\Omega$，$R_S = 1k\Omega$，三极管的 $\beta = 50$。求静态工作点、电压放大倍数、输入电阻和输出电阻。

解 （1）静态工作点

$$I_B = \frac{V_{CC} - U_{BE}}{R_B + (1+\beta)R_E} = \frac{12 - 0.7}{[200 + (1+50)\times 2]\times 10^3}\text{A} = 37.4\mu\text{A}$$

$$I_C = \beta I_B = 50 \times 37.4 \times 10^{-6}\text{A} = 1.87\text{mA}$$

$$U_{CE} = V_{CC} - I_E R_E = V_{CC} - (1+\beta)I_B R_E$$

$$= 12 - (1+50) \times 37.4 \times 10^{-6} \times 2 \times 10^3\text{V} = 8.2\text{V}$$

（2）电压放大倍数

$$r_{be} = 300 + (1+\beta)26 / I_E$$

$$= 300 + (1+50) \times \frac{26}{(1+50)\times 37.4 \times 10^{-3}}\Omega = 995\Omega$$

$$R'_L = R_E /\!/ R_L = 2 /\!/ 2\text{k}\Omega = 1\text{k}\Omega$$

$$A_u = \frac{(1+\beta)R'_L}{r_{be} + (1+\beta)R'_L} = \frac{(1+50)\times 1}{0.995 + (1+50)\times 1} = 0.98$$

（3）输入电阻和输出电阻

$$r_i = R_B /\!/ [r_{be} + (1+\beta)R'_L] = 200 /\!/ [0.995 + (1+50)\times 1]\text{k}\Omega = 41.27\text{k}\Omega$$

$$r_o = \frac{r_{be} + R'_S}{1+\beta} = \frac{995 + (200/\!/1)\times 10^3}{1+50}\Omega = 39\Omega$$

▶ **第六节**

场效应管放大电路

▶ **第七节**

多级放大电路

▶ **第八节**

功率放大电路

▶ **第九节**

差分放大电路

第十节

集成运算放大器

第十一节

负反馈放大器

 习题八

第九章

集成运算放大器的应用

集成运算放大器具有可靠性高、使用方便、放大性能好（如极高的放大倍数、较宽的通频带、很低的零漂等）的特点，广泛应用在信号的放大、运算、处理等各个方面。本章重点介绍集成运算放大器在信号的运算（如加、减、积分、微分等）、信号的处理（如滤波、比较、调制、保持等）、信号的放大（如测量放大器）以及波形产生（如正弦波）等方面的应用。

第一节

基本运算电路

集成运算放大器引入适当的反馈，可以使输出和输入之间具有某种特定的函数关系，即实现特定的模拟运算，如加、减、积分、微分等，构成了模拟运算电路或称运算放大器。运算电路在自动控制、检测技术等方面得到广泛应用。

常见的基本运算电路有比例运算、加法、减法、微积分和乘法运算电路等。

一、比例运算电路

所谓比例运算就是输出电压 u_o 与输入电压 u_i 之间具有线性比例关系，即 $u_o = k u_i$。当比例系数 $k > 1$ 时，即为放大电路。

1. 反相输入比例运算电路

如图 9-1-1 所示为反相输入比例运算电路。图中，输入信号 u_i 经过外接电阻 R_1 接到集成运放的反相端，反馈电阻 R_F 接在输出端和反相输入端之间，构成电压并联负反馈，使集成运放工作在线性区。同相端接平衡电阻 R_2，主要是使同相端与反相端外接电阻相等，即

$R_2 = R_1 /\!/ R_F$，以保证运放处于平衡对称的工作状态，从而消除输入偏置电流及温漂的影响。

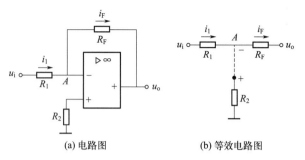

(a) 电路图　　　　　　　(b) 等效电路图

图 9-1-1　反相输入比例运算电路

图 9-1-1（a）可等效为 图 9-1-1（b），根据 $i_+ = i_- \approx 0$，（认为输入端为"虚断"），根据 $u_- = u_+$，因为 $u_+ \approx 0$，所以 $u_A = u_- = u_+ = 0$（称为"虚地"），从而得出：

$$i_1 = i_F$$

又因为

$$i_1 = \frac{u_i}{R_1} \qquad i_F = \frac{0 - u_o}{R_F} = -\frac{u_o}{R_F}$$

所以

$$\frac{u_i}{R_1} = -\frac{u_o}{R_F}$$

即

$$A_{uf} = \frac{u_o}{u_i} = -\frac{R_F}{R_1} \tag{9-1-1}$$

或

$$u_o = -\frac{R_F}{R_1} u_i$$

输出电压与输入电压成比例关系，且相位相反。此外，由于反相端和同相端的对地电压都接近于零，所以集成运放输入端的共模输入电压极小，这是反相输入电路的特点。

当 $R_1 = R_F = R$ 时

$$u_o = -\frac{R_F}{R_1} u_i = -u_i \qquad 即 A_{uf} = -1 \tag{9-1-2}$$

输入电压与输出电压大小相等，相位相反，称为反相器。

反相输入比例运算电路由于是电压负反馈，因而工作稳定，输出电阻小，有较强的带负载能力。

2. 同相输入比例运算电路

在图 9-1-2（a）中，输入信号 u_i 经过外接电阻 R_2 接到集成运放的同相端，反馈电阻接到反相端，构成电压串联负反馈。

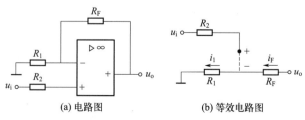

(a) 电路图　　　　　　　(b) 等效电路图

图 9-1-2　同相输入比例运算电路

根据 $u_+ \approx u_-$（认为运算放大器的两个输入端之间是"虚短"），$i_+ \approx i_- \approx 0$，则同相输入比例运算电路可等效为图9-1-2（b）所示。

由图9-1-2可得

$$u_+ = u_i, \qquad u_i \approx u_- = u_o \times \frac{R_1}{R_1 + R_F}$$

所以

$$A_{uf} = \frac{u_o}{u_i} = 1 + \frac{R_F}{R_1} \tag{9-1-3}$$

或

$$u_o = \left(1 + \frac{R_F}{R_1}\right) u_i \tag{9-1-4}$$

即 u_o 与 u_i 为同相比例运算关系。其特点是集成运放的两输入端电位等于输入电压，存在较高的共模输入电压。

当 $R_F = 0$ 或 $R_1 \to \infty$ 时，$u_o = \left(1 + \dfrac{R_F}{R_1}\right) u_i = u_i$，即输出电压与输入电压大小相等，相位相同，该电路称为电压跟随器。

同相输入比例运算电路属于串联电压负反馈，具有工作稳定、输入电阻高、输出电阻低、带负载能力强等特点。基于这点，电压跟随器得到广泛应用。

例9.1.1 在图9-1-3电路中，$R_1 = 50\text{k}\Omega$，$R_F = 100\text{k}\Omega$，已知 $u_i = 1\text{V}$，求输出电压 u_o，并说明输入级的作用。

解 输入级为电压跟随器，由于是串联电压负反馈，因而具有极高的输入电阻，起到减轻信号源负担的作用。且 $u_{o1} = u_i = 1\text{V}$，作为第二级的输入。第二级为反相输入比例运算电路。

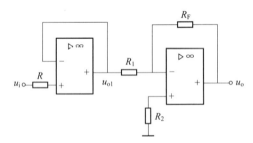

图 9-1-3　例 9.1.1 的图

$$u_o = -\frac{R_F}{R_1} \times u_{o1} = -\frac{100}{50} \times 1\text{V} = -2\text{V}$$

二、加法运算电路

如果在反相输入端增加若干输入电路，则构成反相加法运算电路，如图9-1-4所示。

图9-1-4中 A 点为虚地，则

$$i_1 = \frac{u_{i1}}{R_1} \qquad i_2 = \frac{u_{i2}}{R_2}$$

即

$$i_F = i_1 + i_2$$

$$u_o = -i_F R_F = -(i_1 + i_2) R_F$$

$$= -\left(\frac{R_\mathrm{F}}{R_1} \times u_{\mathrm{i}1} + \frac{R_\mathrm{F}}{R_2} \times u_{\mathrm{i}2} \right) \tag{9-1-5}$$

当 $R_1 = R_2 = R_\mathrm{F}$ 时，

$$u_\mathrm{o} = -(u_{\mathrm{i}1} + u_{\mathrm{i}2}) \tag{9-1-6}$$

为两个输入信号之和的负值。此运算可推广到多个信号。

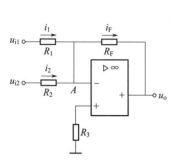

图 9-1-4　加法运算电路

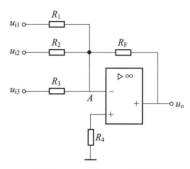

图 9-1-5　例 9.1.2 的图

例 9.1.2　图 9-1-5 电路中，$R_\mathrm{F} = 100\mathrm{k}\Omega$，$R_1 = 50\mathrm{k}\Omega$，$R_2 = 25\mathrm{k}\Omega$，$R_3 = 200\mathrm{k}\Omega$，已知 $u_{\mathrm{i}1} = 2\mathrm{V}$，$u_{\mathrm{i}2} = 1\mathrm{V}$，$u_{\mathrm{i}3} = -4\mathrm{V}$，求输出电压 u_o。

解　根据式（9-1-5）可写出

$$u_\mathrm{o} = -\left(\frac{R_\mathrm{F}}{R_1} \times u_{\mathrm{i}1} + \frac{R_\mathrm{F}}{R_2} \times u_{\mathrm{i}2} + \frac{R_\mathrm{F}}{R_3} \times u_{\mathrm{i}3} \right)$$

$$= -\left[\frac{100}{50} \times 2 + \frac{100}{25} \times 1 + \frac{100}{200} \times (-4) \right]\mathrm{V} = -6\mathrm{V}$$

三、减法运算电路

如果在两个输入端都有信号输入，则为差动输入。差动输入在测量和控制系统中应用很多。其运算电路如图 9-1-6 所示。

由叠加原理可以得到输出电压与输入电压的关系如下所述。

$u_{\mathrm{i}1}$ 单独作用时，为反相输入比例运算：

$$u_{\mathrm{o}1} = -\frac{R_\mathrm{F}}{R_1} u_{\mathrm{i}1}$$

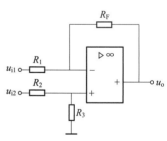

图 9-1-6　减法运算电路

$u_{\mathrm{i}2}$ 单独作用时，为同相输入比例运算：

$$u_{\mathrm{o}2} = \left(1 + \frac{R_\mathrm{F}}{R_1} \right) \times \frac{R_3}{R_2 + R_3} u_{\mathrm{i}2}$$

$u_{\mathrm{i}1}$、$u_{\mathrm{i}2}$ 共同作用时

$$u_\mathrm{o} = u_{\mathrm{o}1} + u_{\mathrm{o}2}$$

$$= -\left(\frac{R_\mathrm{F}}{R_1} u_{\mathrm{i}1} - \frac{R_1 + R_\mathrm{F}}{R_1} \times \frac{R_3}{R_2 + R_3} u_{\mathrm{i}2} \right) \tag{9-1-7}$$

当 $R_3 = \infty$（断开）时，

$$u_o = -\frac{R_F}{R_1}u_{i1} + \left(1 + \frac{R_F}{R_1}\right)u_{i2} \qquad (9\text{-}1\text{-}8)$$

当 $R_1 = R_2 = R_3 = R_F$ 时，由式（9-1-7）可写出：

$$u_o = -(u_{i1} - u_{i2}) \qquad (9\text{-}1\text{-}9)$$

输出等于两个输入信号之差。

例 9.1.3　在图 9-1-7 电路中，已知 $u_{i1} = 2V$，$u_{i2} = 1V$，求输出电压 u_o。

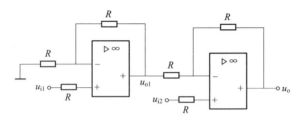

图 9-1-7　例 9.1.3 的图

解　根据式（9-1-5）和式（9-1-6）可写出：

$$u_{o1} = \left(1 + \frac{R}{R}\right)u_{i1} = 2u_{i1}$$

$$u_o = -\frac{R}{R}u_{o1} + \left(1 + \frac{R}{R}\right)u_{i2} = -2u_{i1} + 2u_{i2} = -2(u_{i1} - u_{i2}) = -2V$$

四、积分运算电路

与反相比例运算电路比较，用电容 C 代替 R_F 作为反馈元件，就成为积分运算电路，如图 9-1-8 所示。

图中 A 点为虚地，所以

$$i_i = \frac{u_i}{R_1} \qquad i_F = -C \times \frac{du_o}{dt}$$

因　　　　$i_i = i_F$　即　$\dfrac{u_i}{R_1} = -C \times \dfrac{du_o}{dt}$

则　　　　$$u_o = -\frac{1}{R_1C}\int u_i dt \qquad (9\text{-}1\text{-}10)$$

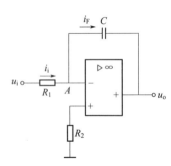

图 9-1-8　积分运算电路

输出电压与输入电压对时间的积分成正比。

若 u_i 为恒定电压 U，则输出电压

$$u_o = -\frac{U}{R_1C} \times t \qquad (9\text{-}1\text{-}11)$$

与时间 t 成正比，波形如图 9-1-9 所示［设 $u_o(0) = 0V$］，最大输出电压可达 $\pm U_{oM}$。

例 9.1.4　在图 9-1-8 积分电路中，如果 $R_1 = 5k\Omega$，$C = 1\mu F$，写出此时输出电压 u_o 与 u_i 的关系式。当 $u_i = -0.5V$ 时，

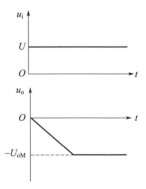

图 9-1-9　积分电路的阶跃响应

求 u_o 由起始值 0 到达 +5V 所需要的时间。

解 由式（9-1-10）可得

$$u_o = -\frac{1}{R_1 C}\int u_i dt = -\frac{1}{5\times 10^3 \times 1\times 10^{-6}}\int u_i dt = -200\int u_i dt$$

当 $u_i = -0.5V$ 时，由式（9-1-11）得

$$u_o = -\frac{U}{R_1 C}\times t = -\frac{-0.5}{5\times 10^3 \times 1\times 10^{-6}}\times t = 100t$$

当 $u_o = 0$ 时，$t_1 = 0$。

当 $u_o = +5V$ 时，$t_2 = 0.05s$。

所以 u_o 从 0 到达 +5V 所需要的时间为

$$t = t_2 - t_1 = 0.05 - 0s = 0.05s。$$

五、微分运算电路

微分运算是积分运算的逆运算，只需将反相输入端的电阻和反馈电容调换位置，就成为微分运算电路，如图 9-1-10 所示，图中 A 点为虚地，即 $V_A = 0$。

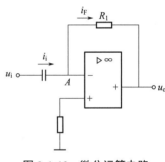

图 9-1-10 微分运算电路

则

$$i_1 = C\times \frac{du_i}{dt}, \quad 即 \quad i_F = -\frac{u_o}{R_1}$$

则

$$u_o = -R_1 C\times \frac{du_i}{dt} \tag{9-1-12}$$

输出电压与输入电压对时间的微分成正比。

第二节

测量放大器

在许多工业应用中，经常要对一些物理量如温度、压力、流量等进行测量和控制。在这些情况下，通常先利用传感器将它们转换为电信号（电压或电流），这些电信号一般是很微弱的，需要进行放大和处理。另外由于传感器所处的工作环境一般都比较恶劣，经常受到强大干扰源的干扰，因而在传感器上会产生干扰信号，并和转换得到的电信号叠加在一起。此外，转换得到的电信号往往需要通过屏蔽电缆进行远距离传输，在屏蔽电缆的外层屏蔽上也不可避免地会接收到一些干扰信号如图 9-2-1 所示。这些干扰信号对后面连接的放大器系统，一般构成共模信号输入。由于它们相对于有用的电信号往往比较强大，一般的放大器对它们不足以进行有效的抑制，只有采用专用的测量放大器（或称仪用放大器）才能有效地消除这些干扰信号的影响。

典型的测量放大器由三个集成运算放大器构成，电路如图 9-2-2 所示。输入级是两个完全对称的同相放大器，因而具有很高的输入电阻，输出级为差分放大器，由于通常选取 $R_3 = R_4$，故具有跟随特性，且输出电阻很小。u_i 为有效的输入信号，u_C 为共模信号，即前述干扰信号。

A_1、A_2、A_3 可视为理想运算放大器，故

$$u_{1-} = u_{1+} = u_i + u_C$$

$$u_{2-} = u_{2+} = u_C$$

$$i = \frac{u_{1-} - u_{2-}}{R} = \frac{u_i}{R}$$

$$i_1 = i_2 = i$$

$$u_{o1} = i_1 R_1 + u_{1-} = \frac{R_1}{R} \times u_i + u_i + u_C$$

$$u_{o2} = -i_2 R_2 + u_{2-} = -\frac{R_2}{R} \times u_i + u_C$$

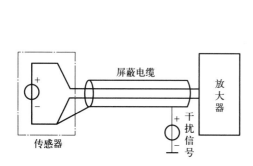

图 9-2-1　测量信号的传输

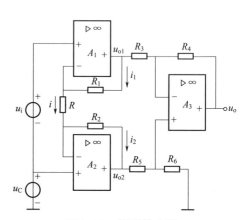

图 9-2-2　测量放大器

由差分放大器得到测量放大器的输出电压

$$u_o = -\frac{R_4}{R_3} \times u_{o1} + \frac{R_3 + R_4}{R_3} \times \frac{R_6}{R_5 + R_6} \times u_{o2} \qquad (9\text{-}2\text{-}1)$$

严格匹配电阻使

$$R_3 = R_4 = R_5 = R_6$$

则

$$u_o = -u_{o1} + u_{o2}$$

将 u_{o1}、u_{o2} 代入整理得

$$u_o = -\left(1 + \frac{R_1 + R_2}{R}\right) u_i \qquad (9\text{-}2\text{-}2)$$

与共模信号 u_C 无关，这表明图 9-2-2 测量放大器具有很强的共模抑制能力。

通常选取 $R_1 = R_2$ 为定值，改变电阻 R 即可方便地调整测量放大器的放大倍数。

集成运算放大器的选取，尤其是电阻 R_1、R_4、R_5、R_6 的匹配情况会直接影响测量放大器的共模抑制能力。在实际应用中，往往由于运放及电阻的选配不能满足要求，从而导致测量放大器的性能明显降低。集成测量放大器因易于实现集成运算放大器及电阻的良好匹配，故具有优异的性能。常用的集成测量放大器有 AD522、AD624 等。

信号处理电路

一、滤波电路

所谓滤波，就是保留信号中所需频段的成分，抑制其他频段信号的过程。

根据电路中是否含有有源元件，可将滤波电路分为有源滤波和无源滤波。

根据输出信号中所保留的频率段的不同，可将滤波分为低通滤波、高通滤波、带通滤波、带阻滤波等四类。被保留的频率段称为"通带"，被抑制的频率段称为"阻带"。A_u 为各频率的增益，A_{um} 为通带的最大增益。

滤波电路的理想特性：

① 通带范围内信号无衰减地通过，阻带范围内无信号输出；

② 通带与阻带之间的过渡带为零。

1. 无源滤波电路

无源滤波电路如图 9-3-1 所示。图 9-3-1（a）电路中，电容 C 上的电压为输出电压，对输入信号中的高频信号，电容的容抗 X_C 很小，则输出电压中的高频信号幅值很小，受到抑制，为低通滤波电路。在图 9-3-1（b）中，电阻 R 上的电压为输出电压，由于高频时容抗很小，则高频信号能顺利通过，而低频信号被抑制，为高通滤波电路。

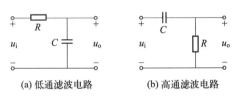

(a) 低通滤波电路　　　　(b) 高通滤波电路

图 9-3-1　无源滤波电路

无源滤波电路结构简单，但有以下缺点：

① 由于电阻 R 及电容 C 上有信号压降，使输出信号幅值下降；

② 带负载能力差，当负载变化时，输出信号的幅值将随之改变，滤波特性也随之变化；

③ 过渡带较宽，幅频特性不理想。

2. 有源滤波电路

为了克服无源滤波电路的缺点，可将 RC 无源滤波电路接到集成运放的同相输入端。因为集成运放为有源元件，所以称这种电路为有源滤波电路。

（1）有源低通滤波电路

图 9-3-2（a）为同相输入一阶有源低通滤波电路，由无源一阶低通滤波电路和同相输入比例运算电路组成，因同相比例运算电路输入电阻极高，输入电流为零，所以频率特性为

$$A_u(\mathrm{j}\omega) = \frac{\dot{U}_o}{\dot{U}_i} = \frac{\dot{U}_o}{\dot{U}_+} \times \frac{\dot{U}_+}{\dot{U}_i}$$

其中 $\dfrac{\dot{U}_o}{\dot{U}_+} = 1 + \dfrac{R_F}{R_1} = A_{um}$ 为通频带放大倍数。

$$\frac{\dot{U}_+}{\dot{U}_i} = \frac{\dfrac{1}{j\omega C}}{R + \dfrac{1}{j\omega C}} = \frac{1}{1 + j\omega RC}$$

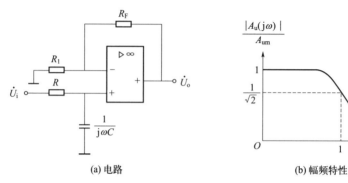

(a) 电路　　　　　　　(b) 幅频特性

图 **9-3-2**　一阶有源低通滤波电路

设 $\omega_c = \dfrac{1}{RC}$ 称为截止角频率，则

$$\frac{\dot{U}_+}{\dot{U}_i} = \frac{1}{1 + j\dfrac{\omega}{\omega_c}}$$

幅频特性

$$\left| A_u(j\omega) \right| = \frac{A_{um}}{\sqrt{1 + \left(\dfrac{\omega}{\omega_c} \right)^2}} \qquad (9\text{-}3\text{-}1)$$

为一低通特性，如图 9-3-2（b）所示，表明 $0 \sim \omega_c$ 段频率的信号 $u_+ \approx u_i$，而频率大于 ω_c 的信号被阻止，其 $u_o \approx 0$。

一阶有源低通滤波电路的幅频特性与理想特性相差较大，衰减速度为 $-20\text{dB}/10$ 倍频，滤波效果不够理想，采用二阶或高阶有源滤波电路可明显改善滤波效果，如图 9-3-3（b）所示。二阶有源滤波电路可以用两个一阶有源滤波电路级联实现，也可以用二级 RC 低通电路串联后接入集成运算放大器，如图 9-3-3（a）所示。

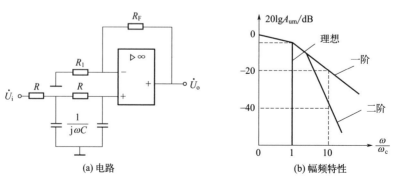

(a) 电路　　　　　　　(b) 幅频特性

图 **9-3-3**　二阶有源低通滤波电路

（2）有源高通滤波电路

将图 9-3-2（a）中的电阻 R 和电容 C 对调，就成为一阶有源高通滤波电路，如图 9-3-4（a）所示。

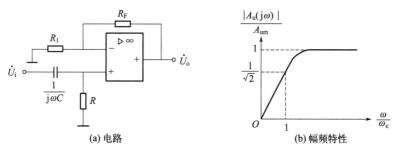

(a) 电路　　　　　　　　　(b) 幅频特性

图 9-3-4　有源高通滤波电路

幅频特性

$$A_u(j\omega) = \frac{\dot{U}_o}{\dot{U}_i} = A_{um}\frac{1}{1-j\dfrac{1}{\left(\dfrac{\omega}{\omega_c}\right)}} \tag{9-3-2}$$

式中，通频带增益 $A_{um} = 1 + \dfrac{R_F}{R_1}$；截止频率 $\omega_c = \dfrac{1}{RC}$。

设 $\omega_c = \dfrac{1}{RC}$ 称为截止角频率，则

幅频特性

$$|A_u(j\omega)| = A_{um}\frac{1}{\sqrt{1+\left(\dfrac{1}{\dfrac{\omega}{\omega_c}}\right)^2}} \tag{9-3-3}$$

为一高通特性，如图 9-3-4（b）所示，频率大于 ω_c 的信号可以通过，而在 $0 \sim \omega_c$ 段频率的信号被阻止。

（3）带通滤波电路

将低通滤波电路和高通滤波电路串联，并使低通滤波电路的截止频率大于高通滤波电路的截止频率，则构成有源带通滤波电路。其结构图和幅频特性如图 9-3-5 所示。图中 ω_H 为上限频率，ω_L 为下限频率，通频带 $BW = \omega_H - \omega_L$，频率在通频带范围内的信号可以通过，通频带以外的信号被阻断。

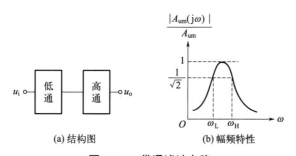

(a) 结构图　　　　　　　　　(b) 幅频特性

图 9-3-5　带通滤波电路

（4）带阻滤波电路

将低通滤波电路和高通滤波电路并联，并使高通滤波电路的截止频率大于低通滤波电路的截止频率，则构成有源带阻滤波电路。其结构图和幅频特性如图 9-3-6 所示。 频率位于 ω_L 和 ω_H 之间的信号被阻止而不能通过，其他频率的信号可以通过。

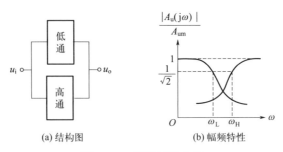

(a) 结构图　　　　　　(b) 幅频特性

图 9-3-6　带阻滤波电路

二、采样保持电路

当输入信号变化较快时，要求输出信号能快速而准确地跟随输入信号的变化进行间隔采样。在两次采样之间保持上一次采样结束时的状态。图 9-3-7 是它的简单电路和输入输出信号波形。

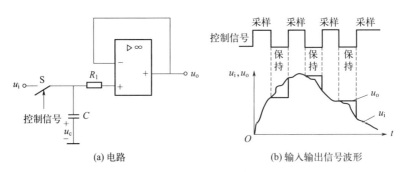

(a) 电路　　　　　　　　(b) 输入输出信号波形

图 9-3-7　采样保持电路

图 9-3-7 中 S 是一模拟开关，一般由场效应管构成。当控制信号为高电平时，开关闭合（即场效应管导通），电路处于采样周期。这时 u_i 对存储电容 C 充电，$u_o = u_C = u_i$，即输出电压跟随输入电压的变化（运算放大器接成跟随器）。当控制电压变为低电平时，开关断开（即场效应管截止），电路处于保持周期。因为电容无放电电路，故 $u_o = u_C$。将采样到的数值保持一定时间，在数字电路、计算机及程序控制等装置中都得到应用。

三、电压比较器

电压比较器的作用是用来比较输入电压和参考电压，图 9-3-8（a）是其中的一种。

U_R 是参考电压，加在同相输入端，输入电压 u_i 加在反相输入端。运算放大器工作于开环状态，由于开环电压放大倍数很高，即使输入端有一个非常微小的差值信号，也会使输出电压饱和。因此，用作比较器时，运算放大器工作在饱和区，即非线性区。当 $u_i < U_R$ 时，$u_o = +U_{oM}$，当 $u_i > U_R$ 时，$u_o = -U_{oM}$，图 9-3-8（b）是电压比较器的传输特性。可见，在比较器的输入端进行模拟信号大小的比较，在输出端则以高电平或低电平（即为数字信号"1"或"0"）来反映比较结果。

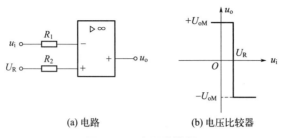

(a) 电路 　　(b) 电压比较器

图 9-3-8 　电压比较器

当 $U_R = 0$ 时，即输入电压和零电平比较，称为过零比较器，其电路和传输特性如图 9-3-9 所示。当 u_i 为正弦波电压时，则 u_o 为矩形波电压，如图 9-3-10 所示。

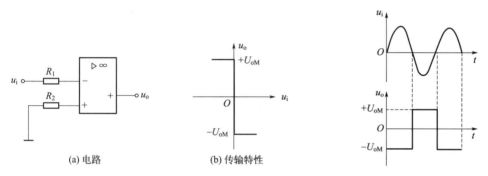

(a) 电路 　　(b) 传输特性

图 9-3-9 　过零比较器 　　　　图 9-3-10 　过零比较器将正弦波电压变换为矩形波

有时为了将输出电压限制在某一定值，以便和接在输出端的数字电路的电平相匹配，可在比较器的输出端与地之间跨接一个双向稳压管 D_Z（稳压管的稳定电压为 U_Z），作双向限幅用，电路和传输特性如图 9-3-11 所示。输入电压 u_i 与零电平比较，输出电压 u_o 被限制在 $+U_Z$ 或 $-U_Z$。

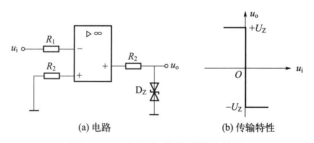

(a) 电路 　　(b) 传输特性

图 9-3-11 　加限幅器的过零比较器

第四节

正弦波振荡器

振荡器是一种将直流电能转变为交流电能的能量转换器，它无需外界输入信号就能自行产生各种频率的交流电压，所以称为自激振荡器。正弦波振荡器是产生正弦交流电的自激振荡器。

振荡器有非常广泛的应用，尤其是正弦波振荡器，在测量仪器、自控系统、广播通信设备及工业生产（如高频热加工）等方面都有广泛的应用，是一种基本的电子电路。

一、反馈放大器自激振荡的条件

为了使反馈放大器转化为振荡器，电路必须满足一定的条件。

反馈放大器产生自激振荡的条件，可以用图 9-4-1 反馈放大器的框图来说明：在无输入信号（$x_i = 0$）时，电路中的噪扰电压（如元件的热噪声、电路参数波动引起的电压、电流的变化、电源接通时引起的瞬变过程等）使放大器产生瞬间输出 x_o'，经反馈网络反馈到输入端，得到瞬间输入 x_i'，再经基本放大器放大，又在输出端产生新的输出信号 x_o'。如此反复，一般在负反馈情况下，输出 x_o' 会逐渐减小，直到消失；但在正反馈（如图 9-4-1 极性所示）情况下，

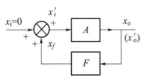

图 9-4-1　产生自激振荡的条件

x_o' 会很快增大，最后由于饱和等原因输出稳定在 x_o，并靠反馈永久保持下去。

由以上分析可知，产生自激振荡必须满足：

$$\dot{x}_f = F\dot{x}_o \qquad (9\text{-}4\text{-}1)$$

$$\dot{x}_o = A\dot{x}_i'$$

而

$$\dot{x}_f = \dot{x}_i' \qquad (9\text{-}4\text{-}2)$$

代入上式，得

$$AF = 1 \qquad (9\text{-}4\text{-}3)$$

上式可分别写为

$$|AF| = 1 \qquad (9\text{-}4\text{-}4)$$

$$\varphi_A + \varphi_F = 2n\pi \ (n \ \text{为整数}) \qquad (9\text{-}4\text{-}5)$$

式（9-4-4）和式（9-4-5）表明了反馈放大器产生自激振荡的两个基本条件：

① 环路放大倍数的模为 1，称为幅值条件。

② 环路总相移为 2π 的整倍数，称为相位条件。

相位条件中的"环路总相移"为基本放大器和反馈网络中的相移之和，当等于 2π 的整数倍时形成正反馈，因而满足相位条件。

幅值条件表明：反馈放大器要产生自激振荡，还必须有足够的反馈量。事实上，由于电路中的干扰电压通常都很弱小，只有使环路放大倍数的模 $|FA|$ 大于 1，才能经过反复的反馈放大，使幅值迅速增大而建立起稳定的振荡。随着振幅的逐渐增大，放大器进入非线性区，使放大器的放大倍数 A 逐渐减小，最后满足 $|FA| = 1$，振幅趋于稳定。

二、正弦波振荡器的构成

一个振荡器要建立振荡，必须满足自激振荡的两个基本条件。当振荡幅度逐渐增大，最后达到稳态，电路需要有稳幅环节使放大器的放大倍数下降，满足 $|FA| = 1$ 的幅值条件。所

以，根据上述条件，正弦振荡器由四部分组成：

　　① 放大器：对交流信号起放大作用。

　　② 选频网络：选择出某一频率的信号产生谐振，并有最大幅度的输出。

　　③ 反馈网络：引入正反馈，并与放大器共同满足振荡条件。

　　④ 稳幅环节：利用电路元件的非线性特性和负反馈网络，限制输出幅度增大，达到稳幅目的。

　　根据选频网络组成元件的不同，正弦振荡器通常分为 RC 振荡器、LC 振荡器和石英晶体振荡器。

三、RC 振荡器

　　选频网络由 R、C 元件构成的正弦波振荡器称为 RC 振荡器。图 9-4-2 所示电路为文氏电桥振荡器，主要由两部分组成：其一为带有串联电压负反馈的放大器，闭环电压放大倍数 $A_{uf} = 1 + \dfrac{R_F}{R_1}$ ；其二为具有选频作用的 RC 反馈网络。

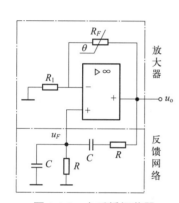

图 9-4-2　文氏桥振荡器

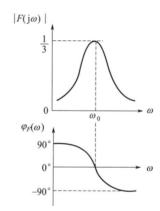

图 9-4-3　反馈网络的频率特性

　　图 9-4-3 示出反馈网络的频率特性，当频率

$$\omega_0 = \frac{1}{RC} \tag{9-4-6}$$

时，反馈网络的反馈系数为

$$F(j\omega) = \frac{\dot{U}_f}{\dot{U}_o} = \frac{1}{3} \angle 0° \tag{9-4-7}$$

即相位移 $\varphi_F = 0°$，因放大器的相位移 $\varphi_A = 0°$（同相输入），所以环路总相移 $\varphi_F + \varphi_A = 0°$，满足相位条件。反馈系数的模 $|F(j\omega)| = \dfrac{1}{3}$ ，所以，只要放大器的闭环电压放大倍数 $A_{uf} = 3$，即可满足 $|FA| = 1$ 的幅值条件。从而在频率 ω_0 下建立起正弦振荡。

　　为了顺利起振，应使 $|FA| > 1$，即 $A_{uf} > 3$。在图 9-4-2 中接入一个非线性元件——具有负温度系数的热敏电阻 R_F，且 $R_F > 2R$，以便顺利起振。当振荡器的输出幅值增大时，流过 R_F 的电流增加，产生较多的热量，使其阻值减小，负反馈作用增强，使放大器的放大倍数 A_{uf} 减小，从而限制了振幅的增长。直至 $|FA| = 1$，使振荡器的输出幅值趋于稳定。这种振荡

器，由于放大器始终工作在线性区，输出波形的非线性失真较小。

利用双联同轴可变电容器，同时调节选频网络的两个电容，或者用双联同轴电位器，同时调节选频网络的两个电阻，都可方便地调节振荡频率。

文氏电桥振荡器频率调节方便，波形失真小，是应用最广泛的 RC 振荡器。

例 9.4.1 电路如图 9-4-4 所示，已知 $R = 1\text{k}\Omega$，$C = 0.1\mu\text{F}$，$R_1 = 10\text{k}\Omega$。求 R_f 为多大时才能起振，振荡频率 $f_0 = ?$

解 根据起振条件 $AF > 1$，因为 $F = 1/3$，所以 $A = 3$。

根据

$$A = 1 + \frac{R_f}{R_1} > 3$$

得

$$R_f > 2R_1 = 20\text{k}\Omega$$

振荡频率

$$f = \frac{1}{2\pi RC} = 1592\text{Hz}$$

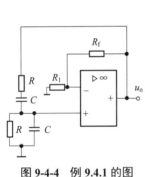

图 9-4-4   例 9.4.1 的图

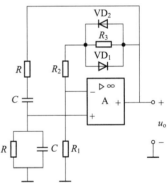

图 9-4-5   例 9.4.2 的图

例 9.4.2 电路如图 9-4-5 所示为 RC 桥式正弦波振荡电路，已知 A 为 μA741 运算放大器，$R = 10\text{k}\Omega$，$C = 0.001\mu\text{F}$，$R_1 = 5.1\text{k}\Omega$，$R_2 = 9.1\text{k}\Omega$，$R_3 = 2.7\text{k}\Omega$，其最大输出电压为 $\pm 14\text{V}$。

（1）图中用二极管 VD_1、VD_2 作为自动稳幅元件，试分析它的稳幅原理；

（2）设电路已产生稳幅正弦波振荡，当输出电压达到正弦波峰值时，二极管的正向电压降约为 0.6 V，试估算输出电压的峰值 $\pm U_{oM}$；

（3）计算该正弦波振荡电路产生的正弦波频率。

解 （1）稳幅原理图中 VD_1、VD_2 的作用是：当 u_o 幅值很小时，二极管 VD_1、VD_2 的 $i_{VD} \approx 0$，它们接近于开路，由 VD_1、VD_2 和 R_3 组成的并联支路的等效电阻近似为 $2.7\text{k}\Omega$，$A_u = (R_1 + R_2 + R_3)/R_1 \approx 3.3 > 3$，有利于起振。反之，当输出电压 u_o 的幅值增大时，若 $u_o \rightarrow + U_{oM}$ 时 VD_2 导通，若 $u_o \rightarrow -U_{oM}$ 时 VD_1 导通，导通后由 VD_1、VD_2 组成的并联支路的等效电阻减小，A_u 随之下降，幅值趋于稳定。

（2）电路输出正弦波电压峰值的估算

因为二极管导通时为 0.6 V 的电压降，由稳幅时 $A_u = (R_1 + R_2 + R_3')/R_1 = 3$，可求出对应输

出正弦波 U_{oM} 点相应的 VD_1、VD_2 和 R_3 组成的并联的等效电阻 R_3' 近似为 $1.1k\Omega$，流过该并联支路 R_3' 的电流和流过 R_1、R_2 为同一电流，所以有

$$\frac{0.6}{1.1} = \frac{U_{oM}}{1.1+5.1+9.1}$$

即

$$U_{oM} = 0.6 \times \frac{1.1+5.1+9.1}{1.1}V = 8.35V$$

（3）产生的正弦信号的频率

$$f = \frac{1}{2\pi RC} = \frac{1}{2 \times 3.14 \times 10 \times 10^3 \times 0.001 \times 10^{-6}}kHz = 15.92kHz$$

四、变压器反馈式 LC 振荡器

反馈网络采用变压器，利用变压器的一次绕组与电容并联组成振荡回路作选频网络，代替晶体管集电极电阻 R_C，从变压器的二次绕组引回反馈电压并将其加到放大电路的输入端，电路如图 9-4-6 所示。

变压器反馈式 LC 振荡电路的特点是振荡频率调节方便，容易实现阻抗匹配和达到起振要求，输出波形一般，频率稳定度不高，产生正弦波信号的频率为几千赫至几十兆赫，一般适用于要求不高的设备。

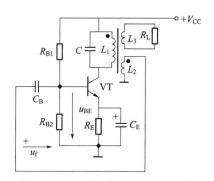

图 9-4-6 变压器反馈式 LC 振荡器

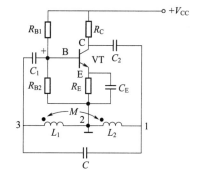

图 9-4-7 电感三点式振荡电路

五、电感三点式振荡器

电感三点式振荡器的典型电路如图 9-4-7 所示。在 LC 振荡回路中，电感有一个抽头使线圈分成两部分即线圈 L_1 和线圈 L_2，线圈 L_1 的 3 端接到晶体管的基极 B，线圈 L_2 的 1 端接晶体管的集电极 C，中间抽头 2 接发射极 E。也就是说电感线圈的三端分别接晶体管的三极，所以叫电感三点式振荡器，又称哈特莱振荡器。

在该电路中 L_1 兼作反馈网络，通过耦合电容 C_1 将 L_1 反馈电压加在晶体管的输入端，经放大后，在 LC 振荡回路中得到高频振荡信号，只要适当选择电感线圈抽头的位置，使反馈信号大于输入信号，就可以在 LC 回路中获得不衰减的等幅振荡。

其振荡频率可由下式求得：

$$f_0 = \frac{1}{2\pi\sqrt{L_{eq}C}}$$

其中　　　　　　　　　　　　　　　$L_{eq} = L_1 + L_2 + 2M$

式中，L_1、L_2 为线圈抽头两边的自感系数；M 为两段电感线圈的互感系数；C 为振荡电容；f_0 为振荡频率。

电感三点式 LC 振荡器的特点是振荡频率调节方便，电路容易起振，因反馈电压取自 L_1 上，L_1 对高次谐波阻抗大，从而引起振荡回路输出谐波分量增大，输出波形较差，频率稳定度不高，可产生正弦波信号的频率为几千赫至几十兆赫。一般用于要求不高的场合或设备中。

六、电容三点式振荡器

图 9-4-8 是电容三点式振荡器的典型电路图。其结构与电感三点式振荡器相似，只是将 L、C 互换了位置。LC 振荡回路中采用两个电容串联成电容支路，两电容中间有一引出端，通过引出端从 LC 振荡回路的电容支路上取一部分电压反馈到放大电路的输入端，由于电容支路三个端点分别接于晶体管的三极上，所以把这种电路称为电容三点式 LC 振荡器。

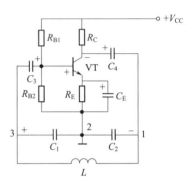

图 9-4-8　电容三点式振荡电路

该电路的振荡频率可由下式求得：

$$f_0 = \frac{1}{2\pi\sqrt{L \times \dfrac{C_1 C_2}{C_1 + C_2}}} = \frac{1}{2\pi\sqrt{LC_{eq}}}$$

式中，C_{eq} 为 LC 并联回路的等效电容。

电容三点式 LC 振荡器的特点是频率调节不方便，输出信号的波形好，频率的稳定度较高，可产生几兆赫至 100 兆赫以上的频率。一般用于频率固定或在小范围内频率调节的场合或设备中。

 习题九

9.1　在图 P9.1 所示电路中，$R_1 = 10\text{k}\Omega$，$R_F = 30\text{k}\Omega$，试计算电压放大倍数，并估算 R_2 的取值。

9.2　在图 P9.2 所示电路中，$R_1 = 3\text{k}\Omega$，如果要使它的电压放大倍数等于 5，试估算 R_F 和 R_2 的值各应取多大？

9.3　在图 P9.3 所示电路中，已知 $R_1 = R_2 = 10\text{k}\Omega$，$R_3 = R_F = 30\text{k}\Omega$，$u_{i1} = 3\text{V}$，$u_{i2} = 0.5\text{V}$，试求输出电压 u_o。

9.4　求图 P9.4 所示电路中，u_o 与各输入电压的运算关系式。并修改图 P9.4 的阻值，以

使 $u_o = -(u_{i1} + 2u_{i2} + 3u_{i3})$。

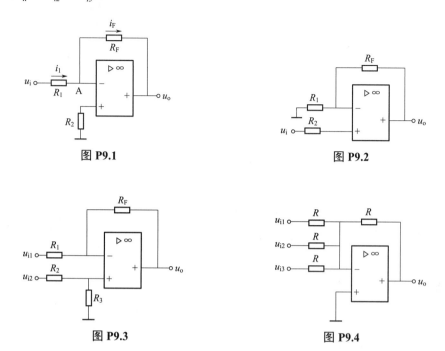

图 P9.1 　　　　　　　　　　　　　　图 P9.2

图 P9.3 　　　　　　　　　　　　　　图 P9.4

9.5　在图 P9.5 所示电路中，已知 $R_F = 2R_1$，$u_i = -0.5\text{V}$，试求输出电压 u_o。

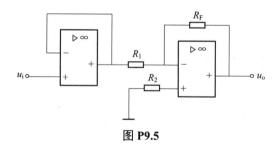

图 P9.5

9.6　求图 P9.6 的电路中，当开关 S 打开及闭合时的 u_o 与 u_i 的关系式。

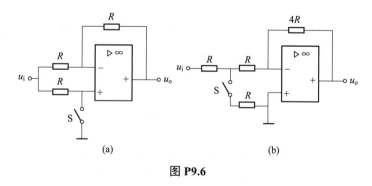

(a)　　　　　　　　　　　　(b)

图 P9.6

9.7　在图 P9.7 所示电路中，已知输入电压 $u_{i1} = 30\text{mV}$，$u_{i2} = 100\text{mV}$，求输出电压 u_o。

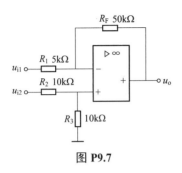

图 P9.7

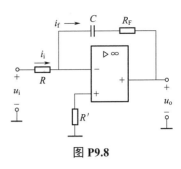

图 P9.8

9.8　电路如图 P9.8 所示，$R = R_F = 100\text{k}\Omega$，$C = 10\mu\text{F}$，试写出输出电压 u_o 与输入电压 u_i 的关系式。

9.9　在图 P9.9 所示电路中，电阻 $R_1 /\!/ R_2 /\!/ R_F = R_3 /\!/ R$，且 $t \le 0$ 时各输入信号都为零，输出电压也为零。试证明这个电路 u_o 与 u_i 的函数关系式为

$$u_o = \frac{1}{RC} \int_0^t \left(\frac{R_F}{R_1} u_{i1} + \frac{R_F}{R_2} u_{i2} - \frac{R_F}{R_3} u_{i3} \right) \mathrm{d}t$$

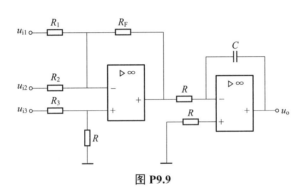

图 P9.9

9.10　按下列各运算关系式设计并画出运算电路，计算出各电阻的阻值及电容的大小。括号中已给出了反馈电阻 R_F 和电容 C_F 的值。

（1）　$u_o = -5u_i$　　　　　　　　　　　　（$R_F = 100\text{k}\Omega$）

（2）　$u_o = -(u_{i1} + 0.3u_{i2})$　　　　　　　（$R_F = 50\text{k}\Omega$）

（3）　$u_o = 6u_i$　　　　　　　　　　　　　（$R_F = 50\text{k}\Omega$）

（4）　$u_o = 2u_{i2} - u_{i1}$　　　　　　　　　　（$R_F = 30\text{k}\Omega$）

（5）　$u_o = 20\int u_{i1}\mathrm{d}t - 10\int u_{i2}\mathrm{d}t$　　　　（$C_F = 1\mu\text{F}$）

（6）　$u_o = -\dfrac{\mathrm{d}u_i}{\mathrm{d}t}$　　　　　　　　　　　（$R_F = 100\text{k}\Omega$）

9.11　电路如图 P9.11 所示，$R_1 = 10\text{k}\Omega$，$R_F = 20\text{k}\Omega$，$u_i = 3\text{V}$，求输出电压 u_o。

9.12　电路如图 P9.12 所示，$R_1 = R_2 = R_3 = 1\text{k}\Omega$，$R_4$ 随温度而变，其变化范围为 $0.9 \sim 1.1\text{k}\Omega$，$R_F = 5\text{k}\Omega$，$R' = 5\text{k}\Omega$，求输出电压 u_o 的变化范围。

9.13　图 P9.13 是应用集成运算放大器测量电阻的原理电路，输出端接有满量程 5V、

500μA 的电压表。当电压表指示 5V 时，试计算电阻 R_F 的阻值。

9.14　图 P9.14 是利用集成运算放大器测量三极管 β 的电路，试分析它的工作原理。设 $U_o = 200\text{mV}$，求 β 值。

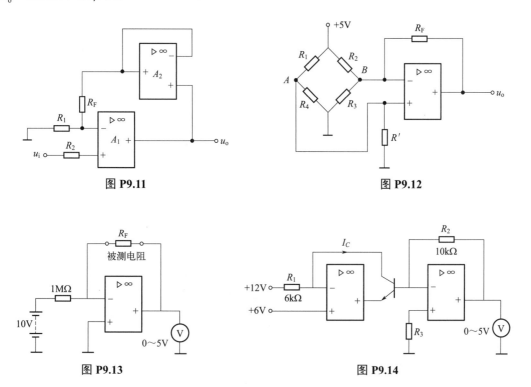

图 P9.11　　　　　　　　　　　　　　　　图 P9.12

图 P9.13　　　　　　　　　　　　　　　　图 P9.14

9.15　在图 P9.15 所示的测量电路中，电桥电阻 R_x 从 2kΩ 变化到 2.1kΩ 时，输出电压 u_o 变化多少？

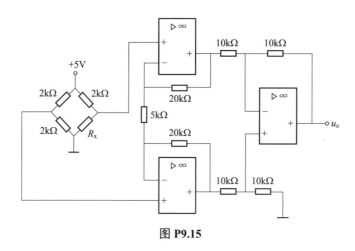

图 P9.15

9.16　反馈放大器产生自激振荡的条件？

9.17　一个正弦波振荡器的反馈系数 $F = \dfrac{1}{5} \angle 180°$，若该振荡器能够维持稳定振荡，求开环电压放大倍数 A_u。

9.18 在图 P9.18 所示的正弦波振荡器中，已知 $C = 0.1\mu F$，$R_2 = 100\Omega$，双连电阻可调节范围为 $0 \sim 20k\Omega$，试求输出电压 u_o 频率的变化范围。

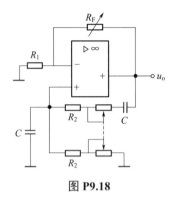

图 P9.18

9.19 振荡电路如图 P9.19 所示，请指出是由哪个电感和电容组成的选频网络？

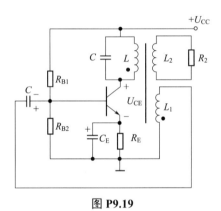

图 P9.19

第十章

直流稳压电源

在生产和科学实验中，除了广泛使用交流电之外，某些场合（如蓄电池的充电、直流电动机、电子仪器等）需要稳定的直流电。

第一节

整流电路

常用的直流稳压电源一般由电源变压器、整流电路、滤波电路和稳压电路等四部分组成，结构框图如图 10-1-1 所示。

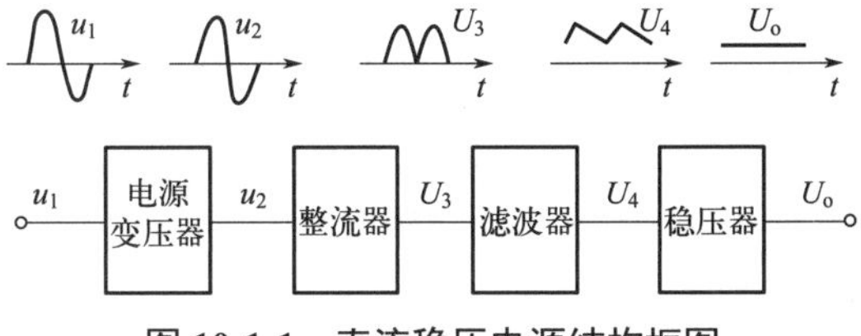

图 10-1-1　直流稳压电源结构框图

变压器把交流电压变为整流所需要的电压，再利用整流元件的单向导电特性，将交流电压变成单向脉动直流电压，最后经过滤波和稳压，把脉动直流电压变为平滑且稳定的直流电压。

将交流电转换成单向脉动直流电的电路称为整流电路。根据所用交流电源的相数，整流电路可分为单相整流、三相整流与多相整流。从整流所得电压波形看，又可分为半波整流与全波整流。

一、单相半波整流电路

单相半波整流电路如图 10-1-2 所示，图中 T_r 是整流变压器，D 是整流二极管，R_L 是直流负载电阻。变压器副边电压 u 作为整流电路的交流输入电压，设

$$u = U_m \sin\omega t = \sqrt{2}\, U \sin\omega t \qquad (10\text{-}1\text{-}1)$$

式中，U_m、U 为变压器副边电压 u 的最大值和有效值，u 的波形如图 10-1-3（a）所示。

当 u 为正半周时，即 $0 \leqslant \omega t \leqslant \pi$，在图 10-1-2 中电源 a 端电位高于 b 端，二极管 D 承受正向电压而导通。电流 i_o 自电源 a 端经二极管 D、负载 R_L 回到电源 b 端，从而在 R_L 上形成电压降 u_o，如图 10-1-3（b）所示。

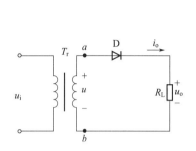

图 10-1-2　单相半波整流电路

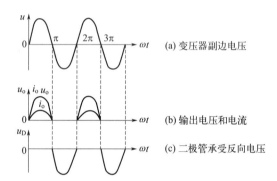

图 10-1-3　单相半波整流电路的电压与电流波形

当 u 为负半周时，即 $\pi \leqslant \omega t \leqslant 2\pi$，电源 b 端电位高于 a 端，二极管承受反向电压而截止，电路电流 $i_o = 0$，R_L 两端电压也为零。如图 10-1-3（b）所示。这时变压器副边电压 u 全部加在二极管 D 上，二极管承受反向电压 u_D，其波形如图 10-1-3（c）所示。

当电压 u 第二个周期到来时，电路将重复上述过程，这样就把交流电压转变成了负载上的单向脉动电压。由于输出电压仅为输入正弦交流电压的半个波，故称为半波整流。半波整流输出电压，常用一个周期的平均值 U_o 表示。其值为

$$
\begin{aligned}
U_o &= \frac{1}{2\pi} \int_0^\pi u \mathrm{d}(\omega t) \\
&= \frac{1}{2\pi} \int_0^\pi \sqrt{2}\, U \sin\omega t \mathrm{d}(\omega t) \\
&= \frac{\sqrt{2}}{\pi} U = 0.45U
\end{aligned}
\qquad (10\text{-}1\text{-}2)
$$

整流电流的平均值为

$$I_o = \frac{U_o}{R_L} = 0.45 \times \frac{U}{R_L} \qquad (10\text{-}1\text{-}3)$$

通过二极管的正向电流平均值，等于通过负载的电流，即

$$I_D = I_o \qquad (10\text{-}1\text{-}4)$$

二极管截止时所承受的最大反向电压 U_{RM} 就是变压器副边电压的最大值，即

$$U_{RM} = \sqrt{2}\, U = 3.14 U_o \qquad (10\text{-}1\text{-}5)$$

在选择整流电路的整流二极管时，为了工作可靠，应使二极管的最大整流电流 $I_{FM} \geqslant I_D$，二极管的最高反向工作电压 $U_{DRM} \geqslant U_{RM}$。采用单相半波整流电路时，所选用的二极管必须满足：

$$I_{FM} \geqslant I_D = 0.45 \times \frac{U}{R_L} \tag{10-1-6}$$

$$U_{DRM} \geqslant U_{RM} = \sqrt{2}\,U$$

考虑到交流电压的波动，对其最大的反向电压和最大的正向电流应留有一定的余量，以保证二极管的安全。

单相半波整流电路结构简单，但设备利用率低，输出电压脉动大，一般仅适用于整流电流较小或脉动要求不严格的直流设备。

例 10.1.1　试设计一台输出电压为 24V，输出电流为 1A 的单相半波整流直流电源，试确定变压器副边绕组的电压有效值，并选定相应的整流二极管。

解　变压器副边绕组电压有效值为 $U = U_o/0.45 = 24/0.45\text{V} = 53.3\text{V}$

整流二极管承受的最高反向电压为 $U_{RM} = \sqrt{2}\,U = 1.41 \times 53.3\text{V} = 75.15\text{V}$

流过整流二极管的平均电流为 $I_D = I_o = 1\text{A}$

因此，可选用 2CZ12B 整流二极管，其最大整流电流为 3A，最高反向工作电压为 200V。

二、单相桥式整流电路

单相桥式整流电路由四只二极管 $D_1 \sim D_4$ 接成桥式电路，如图 10-1-4（a）所示，图 10-1-4（b）为桥式整流电路的简化画法。

设变压器副边电压为 $u = \sqrt{2}\,U\sin\omega t$。

当 u 为正半周时，即 $0 \leqslant \omega t \leqslant \pi$，在图 10-1-4（a）中电源 a 端电位高于 b 端，二极管 D_1、D_3 导通，D_2、D_4 截止，电流 i_1 的通路是 $a \rightarrow D_1 \rightarrow R_L \rightarrow D_3 \rightarrow b$。这时负载 R_L 上得到一个半波电压，如图 10-1-5（b）中的 $0 \sim \pi$ 段所示。

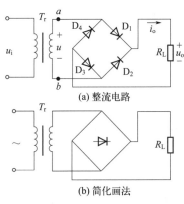

图 **10-1-4**　单相桥式整流电路

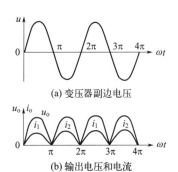

图 **10-1-5**　单相桥式整流电路电压与电流的波形

当 u 为负半周时，即 $\pi \leqslant \omega t \leqslant 2\pi$，电源 b 端电位高于 a 端，二极管 D_1、D_3 截止，D_2、D_4 导通，电流 i_2 的通路是 $b \rightarrow D_2 \rightarrow R_L \rightarrow D_4 \rightarrow a$。同样在负载 R_L 上得到一个半波电压，如图 10-1-5（b）中的 $\pi \sim 2\pi$ 段所示。

显然，全波整流电路的整流电压的平均值 U_o 比半波整流时增加了 1 倍，即

$$U_o = 2 \times 0.45U = 0.9U \qquad (10\text{-}1\text{-}7)$$

流经负载的直流电流也是半波整流的 2 倍。

$$I_o = \frac{U_o}{R_L} = 0.9 \times \frac{U}{R_L} \qquad (10\text{-}1\text{-}8)$$

流经二极管的平均电流仅为负载电流的一半。

$$I_D = \frac{1}{2} I_o = 0.45 \times \frac{U}{R_L} \qquad (10\text{-}1\text{-}9)$$

每个二极管截止时所承受的最大反向电压为

$$U_{RM} = \sqrt{2} U = \sqrt{2} \frac{U_o}{0.9} = 1.57U_o \qquad (10\text{-}1\text{-}10)$$

应用时，可根据式（10-1-9）和式（10-1-10）选择整流元件。

例 10.1.2　在例 10.1.1 中设计的电源如果采用单相桥式整流，试确定变压器副边绕组的电压有效值，并选定相应的整流二极管。

解　变压器副边绕组电压有效值为 $U = U_o/0.9 = 24/0.9V = 26.7V$

整流二极管承受的最高反向电压为 $U_{RM} = \sqrt{2} U = 1.41 \times 26.7V = 37.6V$

流过整流二极管的平均电流为 $I_D = (1/2)I_o = 0.5A$

因此，可选用 2CZ12A 整流二极管，其最大整流电流为 1A，最高反向工作电压为 100V。

三、三相桥式整流电路

单相桥式整流一般用于小功率场合，而在大功率的整流设备中，为避免造成三相电网负载不平衡，影响供电质量，广泛采用三相桥式整流电路，如图 10-1-6 所示。

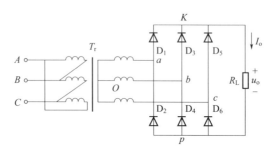

图 10-1-6　三相桥式整流电路

整流电路由三相整流变压器 T_r、二极管 $D_1 \sim D_6$、负载电阻 R_L 组成。变压器作 △/Y 连接。其副边绕组的三相电压 u_a、u_b、u_c 的波形如图 10-1-7（a）所示。六只二极管接成桥式，D_1、D_3、D_5 接成共阴极组，工作时其中阳极电位最高者导通，D_2、D_4、D_6 接成共阳极组，工作时其中阴极电位最低者导通。同一时间，每组中各有一只二极管导通。

在图 10-1-7（a）中的 $0 \sim t_1$ 期间，c 相电压为正且最高，D_5 导通，D_1、D_3 则被反偏而截止。同时，b 相电压为负且最低，D_4 导通，D_2、D_6 则被反偏而截止。此时，电流通路为 $c \rightarrow D_5 \rightarrow R_L \rightarrow D_4 \rightarrow b$。负载电压为线电压 u_{cb}。

在 $t_1 \sim t_2$ 期间，a 相电压为正且最高，D_1 导通，D_3、D_5 则被反偏而截止。同时 b 相电压为负且最低，D_4 导通，D_2、D_6 则被反偏而截止。此时，电流通路为 $a \to D_1 \to R_L \to D_4 \to b$。负载电压为线电压 u_{ab}。

同理，在 $t_2 \sim t_3$ 期间，a 相电压最高，c 相电压最低，D_1、D_6 导通，电流通路为 $a \to D_1 \to R_L \to D_6 \to c$。负载电压为线电压 u_{ac}。

依次类推，就可以列出图 10-1-7 中所示二极管导通次序，各组二极管导通情况是每隔 1/6 周期交换一次，每个二极管导通 1/3 周期。负载 R_L 两端的电压波形如图 10-1-7（b）所示。输出电压脉动较小，其平均值为

$$U_o = 2.34U \qquad (10\text{-}1\text{-}11)$$

式中，U 为变压器副边相电压的有效值。

负载电流 i_o 平均值为

$$I_o = \frac{U_o}{R_L} = 2.34 \times \frac{U}{R_L} \qquad (10\text{-}1\text{-}12)$$

流过每个管子的平均电流为

$$I_D = \frac{1}{3} I_o = 0.78 \times \frac{U}{R_L} \qquad (10\text{-}1\text{-}13)$$

每个二极管所承受的最大反向电压为变压器副边线电压的幅值。

$$U_{RM} = \sqrt{3}\ U_m = \sqrt{3} \times \sqrt{2}\ U = 2.45U = 1.05U_o \qquad (10\text{-}1\text{-}14)$$

现将三种整流电路列表 10-1-1，以便比较。

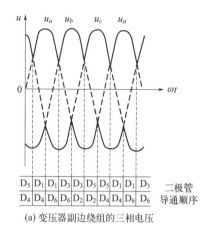

(a) 变压器副边绕组的三相电压

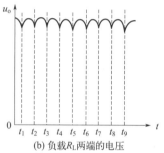

(b) 负载 R_L 两端的电压

图 10-1-7 三相桥式整流波形

表10-1-1 常用的三种整流电路

类型	单相半波	单相桥式	三相桥式
电路			
整流电压 u_o 的波形			
整流电压平均值 U_o	$0.45U$	$0.9U$	$2.34U$
流过每管的电流平均值 I_D	I_o	$\dfrac{1}{2}I_o$	$\dfrac{1}{3}I_o$

续表

类型	单相半波	单相桥式	三相桥式
每管承受的最高反向电压 U_{RM}	$\sqrt{2}\,U=1.41U$	$\sqrt{2}\,U=1.41U$	$\sqrt{3}\times\sqrt{2}U=2.45U$
变压器副边电流有效值 I	$1.57I_o$	$1.11I_o$	$0.82I_o$

现在，半导体器件厂已将整流二极管封装在一起，制造成单相整流桥和三相整流桥模块，这些模块只有输入交流和输出直流管脚，减少接线，提高了可靠性，使用起来非常方便。

第二节

滤波电路

利用整流电路，可以把交流电压转换成脉动直流电压，但这种电压除含有直流成分外，还含有较大的交流成分。为了滤除脉动直流电压中的交流成分，保留直流成分，需要在整流电路中接滤波电路（也称滤波器）。下面介绍几种常用的滤波电路。

一、电容滤波电路

单相半波整流电容滤波电路如图 10-2-1 所示。在负载电阻 R_L 两端并联滤波电容 C，利用电容 C 的充放电作用，使输出电压趋于平滑。负载电阻 R_L 两端的电压等于电容 C 两端的电压，即 $u_o = u_c$。其输出电压的波形如图 10-2-2 所示。

在分析电容滤波电路时，要特别注意电容器两端电压 u_c 对整流元件导电的影响，整流元件只有受正向电压作用时才导通，否则便截止。

设起始时电容器两端电压为零。当电源电压正半周由零按正弦曲线上升时，二极管导通，电源在向负载提供电流的同时，还对电容 C 充电，使 u_c 随 u 的上升而逐渐增大，直至达到 u 的最大值，如图 10-2-2 中 Op 段波形。

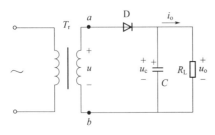

图 10-2-1　电容滤波电路

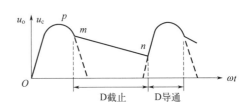

图 10-2-2　电容滤波电路的输出特性

当 u 从最大值开始下降时，由于电容器两端电压不会突变，将出现 $u < u_c$ 的情况，这时二极管则因反向偏置而截止，电容器通过 R_L 放电为负载提供电流，放电电流与二极管导通时的电流方向相同。在 R_L 和 C 足够大的情况下，放电过程持续时间较长，即使在 u 处于负半周时，仍有放电电流流过负载，输出电压仍为一定正值。如图 10-2-2 中 mn 段波形。

当交流电压 u 的下一个正半周出现，且 $u > u_c$ 时，二极管重新导通，电容器又被充电，重复上述过程。

由于二极管的正向导通电阻很小，所以电容充电很快，u_c 紧随 u 升高。当 R_L 较大时，电容放电较慢，负载两端的电压缓慢下降。因此，输出电压不仅脉动程度减小，其平均值也可得到提高，其波形如图 10-2-2 所示。

滤波电容一般在几百微法以上，电容越大，滤波效果越好。为了获得比较平滑的直流电压，可按

$$R_L C \geq (3 \sim 5) \times \frac{T}{2} \qquad (10\text{-}2\text{-}1)$$

来选择滤波电容，式中 T 为交流电的周期。

电容滤波电路输出电压的大小与负载有关。空载时，电容没有放电回路，其输出电压可达 $\sqrt{2}\,U$，接入负载后，输出电压约等于 U；若负载电阻 R_L 减小，则电容器放电加快，输出电压降低。所以电容滤波只适用于负载电流较小并且负载基本不变的场合。

桥式整流电容滤波电路的工作原理同半波整流电容滤波电路。当满足条件 $R_L C \geq (3 \sim 5) \times \dfrac{T}{2}$ 时，其输出电压约为

$$U_o = (1.1 \sim 1.2)U$$

例 10.2.1 设计一桥式整流、电容滤波电路。要求输出电压 $U_o = 48\text{V}$，已知负载电阻 $R_L = 100\Omega$，交流电源频率为 50Hz，试选择整流二极管和滤波电容器。

解 流过整流二极管的平均电流

$$I_D = \frac{1}{2}\,I_o = \frac{1}{2} \times \frac{U_o}{R_L} = \frac{1}{2} \times \frac{48}{100}\text{A} = 0.24\text{A} = 240\text{mA}$$

变压器副边电压有效值

$$U = \frac{U_o}{1.2} = \frac{48}{1.2}\text{V} = 40\text{V}$$

整流二极管承受的最高反向电压

$$U_{RM} = \sqrt{2}\,U = 1.41 \times 40\text{V} = 56.4\text{V}$$

因此可选择 2CZ11B 作整流二极管，其最大整流电流为 1A，最高反向工作电压为 200V。

根据式（10-2-1），取 $R_L C = 5 \times \dfrac{T}{2} = 5 \times \dfrac{0.02}{2}\text{s} = 0.05\text{s}$

$$C = \frac{0.05}{R_L} = \frac{0.05}{100}\text{F} = 500 \times 10^{-6}\text{F} = 500\mu\text{F}$$

二、电感滤波电路

电感滤波电路如图 10-2-3 所示，电感 L 与负载电阻 R_L 串联，利用通过电感的电流不能突变的特性来实现滤波。当电感电路电流增大时，电感产生的自感电动势阻止电流增加，同时将部分电能转变为磁场的能量储存起来；而电流减小时，自感电动势则阻止电流的减小，并释放出储存的能量来补偿流过负载的电流。从而使负载电流和负载电压的脉动大为减小。当忽略电感 L 的直流电阻时，负载上输出的平均电压和纯电阻负载相同，即 $U_o = 0.9U$。

电感滤波的特点是峰值电流小，输出电压比较平坦。缺点是由于铁芯的存在，导致笨重、体积大、易引起电磁干扰，一般只适用低电压大电流的场合。

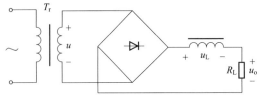

图 10-2-3　电感滤波电路

三、复合滤波电路

单独使用电容或电感构成的滤波电路，滤波效果不够理想，为了提高滤波效果，常用电容和电感组成的复合滤波电路。常见的复合滤波电路有 LC、CLC（Π型）、CRC（Π型）等三种，如图 10-2-4 所示。

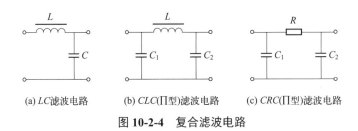

(a) LC滤波电路　　　　(b) CLC(Π型)滤波电路　　　　(c) CRC(Π型)滤波电路

图 10-2-4　复合滤波电路

LC 滤波电路如图 10-2-4（a）所示，同时利用电感阻止交流分量和电容旁路交流分量的特性，所以滤波效果较好。

CLC（Π型）滤波电路如图 10-2-4（b）所示，由于又并联了一个电容器，所以滤波效果更好。因此在许多电子设备中得到广泛应用。考虑到冲击电流，C_1 的容量应比 C_2 小些。

对于负载电流较小（几十毫安以下）和负载比较稳定的场合，为了简单经济，可用适当的电阻 R 代替电感 L 组成 CRC（Π型）滤波器，如图 10-2-4（c）所示。虽然电阻本身并无滤波作用，但因 R、C 元件对交直流呈现不同的阻抗，若适当选择 R、C 参数，使交流分量主要降在电阻 R 上，而直流分量主要降落在电容 C 上，也可取得一定的滤波效果。RC_2 值愈大，滤波效果愈好，但 R 增大时，功率损耗也增加。所以这种滤波电路多用于负载电流较小的情况。

▶ 第三节

稳压管稳压电路

交流电压经过整流滤波后，所得到的直流电压虽然脉动程度已经很小，但当电网电压波动或负载变化时，其直流电压的大小也将随之发生变化，从而影响电子设备和测量仪器的正常工作。因此，常在整流、滤波电路之后加一级直流稳压电路。

最简单的硅稳压管并联型稳压电路如图 10-3-1 所示，R_L 为负载电阻，稳压管 D_Z 与 R_L 并联，限流电阻 R 与 D_Z 配合起稳压作用。稳压电路的输入电压 U_i，是由整流、滤波电路提供的直流电压，输出电压 U_o 等于稳压管的稳定电压 U_Z。

当交流输入电压增加而使输入电压 U_i 增加时，负载电压 U_o 也增加，即 U_Z 增加。但 U_Z 稍有增加时，稳压管的电流 I_Z 就显著增加。因此 R 上的压降增加，以抵偿 U_i 的增加，使负载电压 $U_o = U_i - U_R$ 保持近似不变。反之，当电网电压降低时，通过稳压管与电阻 R 的调节作用，将使电阻 R 上的压降减小，仍然保持负载电压 U_o 近似不变。

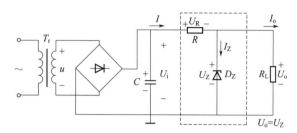

图 10-3-1 硅稳压管稳压电路

当输入电压 U_i 保持不变而负载电流变化引起负载电压 U_o 改变时，上述稳压电路仍能起到稳压的作用。例如，当负载电流增大时，电阻 R 上的压降增大，负载电压 U_o 因而下降，只要 U_o 下降一点，稳压管电流就显著减小，使通过电阻 R 的电流和电阻上的压降保持近似不变。因此负载电压 U_o 也就近似稳定不变，当负载电流减小时，稳压过程相反。

选择稳压管时，一般取

$$U_Z = U_o$$
$$I_{ZM} = (1.5 \sim 3)I_{oM} \tag{10-3-1}$$
$$U_i = (2 \sim 3)U_o$$

例 10.3.1 稳压管稳压电路如图 10-3-1 所示，交流电源电压经整流、滤波后得 $U_i = 25V$，负载电阻 R_L 由开路变到 $5k\Omega$，若要求输出直流电压 $U_o = 15V$，试选择稳压管。

解 因为输出电压 $U_o = 15V$，所以负载电流的最大值为

$$I_{oM} = \frac{U_o}{R_L} = \frac{15}{5}mA = 3mA$$

由 $U_Z = U_o = 15V$，$I_{ZM} = 3I_{oM} = 3 \times 3mA = 9mA$，查半导体器件参数表，选择稳压管 2CW20，其稳定电压 $U_Z = (13.5 \sim 17)V$，稳定电流 $I_Z = 5mA$，最大稳定电流 $I_{ZM} = 15mA$，所以满足要求。

第四节

串联型晶体管稳压电路

硅稳压管稳压电路的稳压效果不够理想，并且只能用于负载电流较小的场合。因此提出串联晶体管稳压电路。

如果我们将一个可变电阻 R 和负载电阻 R_L 相串联，当输入电压 U_i 或负载 R_L 变动时，均可通过调整 R 使输出电压 U_o 维持不变，如图 10-4-1（a）所示，输出电压 $U_o = U_i - U_R$。当输入电压 U_i 增加时，把可变电阻 R 调大，使它承受输入电压 U_i 的全部增量，这样，输出电压 U_o 就可维持不变。当 U_i 不变，而负载电流增大时，只要调小 R 的阻值，使其电压不变，输出电压也将维持不变。实际电路中，是用一工作在线性区的晶体管 T 来代替可变电阻 R，以实现自动调节，如图 10-4-1（b）所示。负载的端电压就是稳压电路的输出电压 U_o，它等于输入电压 U_i 与晶体管 T 的管压降 U_{CE} 之差，即 $U_o = U_i - U_{CE}$。只要控制晶体管的基极电流，就可调整 U_{CE} 大小，从而维持输出电压 U_o 稳定。这样，晶体管就起着调整电压的作用，所以称为调整管。

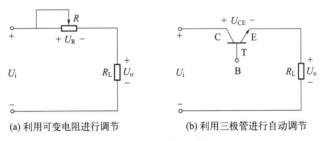

图 10-4-1　串联稳压基本原理

串联型晶体管稳压电路如图 10-4-2 所示。电阻 R_1、R_2 和电位器 R_p 构成采样环节，电阻 R_3 和稳压管 D_Z 为比较放大环节提供基准电压 U_Z，晶体管 T_1 是调整元件，晶体管 T_2 用作比较环节。

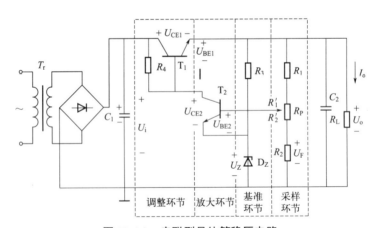

图 10-4-2　串联型晶体管稳压电路

在图 10-4-2 中，晶体管 T_1 实际上是接成射极输出器的形式，负载电阻 R_L 是它的射极电阻，整流滤波后的电压 U_i 是它的电源。这种稳压电路实质上就是一个电压串联负反馈电路。因此，它的稳压原理就是利用电压串联负反馈稳定输出电压的过程。

例如，当 U_i 上升或输出电流 I_o 减小使 U_o 升高时，有

$$U_i{\uparrow}(\text{或 } I_o{\downarrow}) \to U_o{\uparrow} \to U_F{\uparrow} \xrightarrow{U_Z\text{一定}} U_{B1}{\downarrow} \to I_{B1}{\downarrow} \to U_{CE1}{\uparrow} \to U_o{\downarrow}$$

同理，当 U_i 下降或输出电流 I_o 增大使 U_o 降低时，经过闭环系统的调节，可使输出电压基本不变。

▶ **第五节**

集成稳压电源

　　集成稳压电源具有体积小、可靠性高、使用灵活及价格低廉等优点，近年来发展很快，得到广泛应用。

　　图 10-5-1 是 W78×× 和 W79×× 系列稳压器的外形、管脚排列图。这种稳压器只有输入端、输出端和公共端三个引出端，所以也称为三端集成稳压器。使用时只需在其输入端和输出端与公共端之间各并联一个电容即可。C_1 用以抵消输入端较长接线的电感效应，防止产生自激振荡，接线不长时也可不用。C_2 是为了瞬时增减负载电流时不致引起输出电压有较大的波动。C_1 一般在 $0.1\mu F \sim 1\mu F$ 之间，如 $0.33\mu F$，C_2 可用 $1\mu F$。

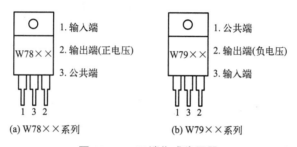

图 10-5-1　三端集成稳压器

　　W78×× 系列输出的正电压有 5V、6V、8V、9V、10V、12V、15V、18V 和 24V 等多种。其后两位数字表示该稳压器的输出电压，如 W7806 表示输出电压为 6V 的集成稳压器。W79×× 系列输出固定的负电压，如 W7912 表示输出电压为 -12V，其参数与 W78×× 系列基本相同。这类三端稳压器在加装散热器的情况下，输出电流可达 $1.5 \sim 2.2A$，最高输入电压为 35V，最小输入、输出电压差为 $2 \sim 3V$，输出电压变化率为 $0.1\% \sim 0.2\%$。

　　图 10-5-2 是 W78×× 系列稳压器的电原理图。不难看出，它与分立元件组成的串联调整式稳压电源十分相似。所不同的是增加了启动电路、恒流源以及保护电路。为了使稳压器能在比较大的电压变化范围内正常工作，在基准电压形成和误差放大部分设置了恒流电路。启动电

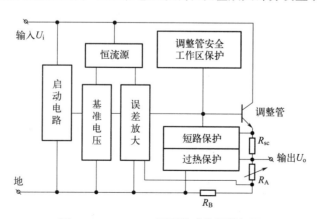

图 10-5-2　W78×× 系列集成稳压器框图

路的作用就是为恒流源建立工作点。R_{SC} 是过流保护取样电阻，R_A、R_B 组成电压取样电路。实际电路是由一个电阻网络组成，在输出电压不同的稳压器中，采用不同的串联接法，形成不同的分压比。通过误差放大后去控制调整管的工作状态，以形成和稳定一系列预定的输出电压，因此 R_A 为一只可变电阻。

W79×× 系列稳压器也是一种串联调整式稳压电源，但它的调整管处于共射工作状态，属集电极输出型稳压电路，其工作原理与 W78×× 系列类似。

1. 基本电路

图 10-5-3 为 W78×× 系列和 W79×× 系列三端稳压器基本接线图。

2. 提高输出电压的电路

图 10-5-4 所示电路的输出电压 U_o 高于 W78×× 的固定输出电压 U_{xx}，显然，$U_o = U_{xx} + U_Z$。

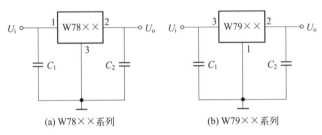

(a) W78×× 系列　　　　　　　　(b) W79×× 系列

图 10-5-3　三端稳压器基本接线图

3. 扩大输出电流的电路

当稳压电路所需输出电流大于 2A 时，可通过外接三极管的方法来扩大输出电流，如图 10-5-5 所示。

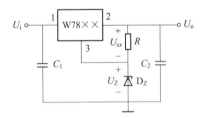

图 10-5-4　可提高输出电压的电路

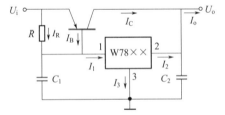

图 10-5-5　可扩大输出电流的电路

图 10-5-5 中 I_3 为稳压器公共端电流，其值很小，可以忽略不计，所以 $I_1 \approx I_2$，则可得

$$I_o = I_C + I_2 = I_2 + \beta I_B = I_1 + \beta(I_1 - I_R) = (1 + \beta)I_2 + \beta \frac{U_{BE}}{R} \qquad (10\text{-}5\text{-}1)$$

例如功率管 $\beta = 10$，$U_{BE} = -0.3V(U_{BE} = -U_{EB})$，电阻 $R = 0.5\Omega$，$I_2 = 1A$，则可计算出 $I_o = 5A$，可见 I_o 比 I_2 扩大了。

电阻 R 的作用是使功率管在输出电流较大时才能导通。

4. 输出正、负电压的电路

将 W78×× 系列、W79×× 系列稳压器组成如图 10-5-6 所示的电路，可输出正、负电压。

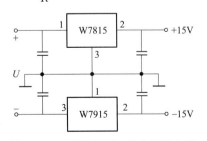

图 10-5-6　可输出正、负电压的电路

第六节

开关式稳压电源

前面介绍的线性型稳压电源，具有输出稳定度高、输出电压可调、波纹系数小、线路简单、工作可靠等优点，而且已经有多种集成稳压器供选用，是目前应用最广泛的稳压电路。但是，这种稳压电路的调整管工作在放大状态，故管子的功耗较大，电路的效率不高，一般只能达到 30%～50%。

开关型稳压电路则可以克服上述缺点。在开关型稳压电路中，调整管工作在开关状态，管子交替工作在饱和与截止两种状态中。当管子饱和导通时，虽然流过管子电流较大，但是管压降很小。当管子截止时，管压降大，而流过的电流接近于零。所以调整管在开关工作状态下，本身的功耗很小。在输出功率相同条件下，开关型稳压电源比串联型稳压电源的效率高，一般可达 70%～90%。由于电路自身消耗的功率小，有时可不用散热片，故体积小、重量轻。

开关型稳压电源的不足之处，主要表现在输出波纹系数大，调整管不断在导通与截止之间转换，对电路产生射频干扰，控制电路复杂且成本较高。随着微电子技术的迅猛发展，近年来已陆续生产出开关电源专用的集成控制器及单片集成开关稳压电源，这对提高开关电源的性能，降低成本，使用维护等方面起到了明显效果。目前开关稳压电源已在计算机、电视机、通信和航天设备中，得到了广泛的应用。

开关型稳压电源种类繁多：按开关信号产生的方式可分为自激式、它激式和同步式三种；按所用器件可分为双极型晶体管、功率 MOS、场效应管、晶闸管等开关电源；按控制方式可分为脉宽调制（PWM）、脉频调制（PFM）和混合调制三种方式；按开关电路的结构形式可分为降压型、反相型、升压型和变压器型等；从开关调整管与负载 R_L 的连接方式可分为串联型和并联型。

一、串联型开关稳压电源

串联型开关稳压电源是最常用的开关稳压电源。图 10-6-1 为串联它激式单端降压型开关稳压电源的方框图和电路原理图。

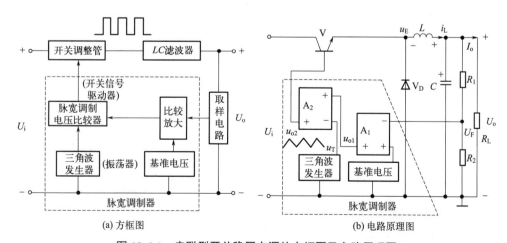

图 10-6-1 串联型开关稳压电源的方框图及电路原理图

从方框图可看出，它同前述的线性调整型串联稳压电路相比，其中采样电路、比较放大器和基准电压与前述串联型稳压电路相同。不同的是开关脉冲发生器（由振荡器和脉宽调制电压比较器组成）、开关调整管和储能滤波电路三部分。这三部分的功能为：

开关脉冲发生器：它一般由振荡器和脉宽调制电压比较器组成，产生开关脉冲。脉冲的宽度受比较放大器输出电压的控制。由于采样电路、基准电压和比较放大器构成的是负反馈系统，故输出电压 U_o 升高时，比较放大器输出的控制电压降低，使开关脉冲变窄。反之，U_o 下降时，控制电压升高，开关脉冲增宽。

开关调整管：它一般由功率管组成，在开关脉冲的作用下，使其导通或截止，工作在开关状态。开关脉冲的宽窄控制调整管导通与截止的时间比例，从而输出与之成正比的断续脉冲电压。

储能滤波电路：它一般由电感、电容和二极管组成。它能把调整管输出的断续脉冲电压变成连续的平滑直流电压。当调整管导通时间长、截止时间短时，输出直流电压就高，反之则低。

二、采用集成控制器的开关直流稳压电源

采用集成控制器是开关稳压电源的发展趋势。它使电路简化、使用方便、工作可靠、性能稳定。我国已经系列生产开关电源的集成控制器，它将基准电压源、三角波电压发生器、比较放大器和脉宽调制式电压比较器等电路集成在一块芯片上，称为集成脉宽调制器。型号有SW3520、SW3420、CW1524、CW2524、CW3524、W2018、W2019 等，现以采用 CW3524 集成控制器的开关稳压电源为例介绍其工作原理及使用方法。

图 10-6-2 所示为采用 CW3524 集成控制器的单端输出降压型开关稳压电源实用电路。该稳压电源 $U_o = +5\text{V}$，$I_o = 1\text{A}$。

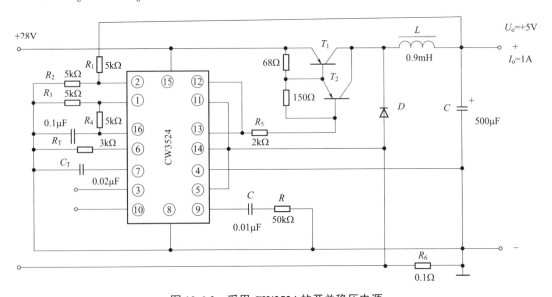

图 10-6-2 采用 CW3524 的开关稳压电源

CW3524 集成电路共有 16 个管脚。其内部电路包含基准电压器、三角波振荡器、比较放大器、脉宽调制电压比较器、限流保护等主要部分。振荡器的振荡频率由外接元件的参数来

确定。

15、8 脚接输入电压 U_i 的正、负端。12、11 脚和 14、13 脚为驱动调整管基极的开关信号的两个输出端（即脉宽调制式电压比较器输出信号 u_{o2}），两个输出端可单独使用，亦可并联使用，连接时一端接开关调整管的基极，另一端接 8 脚（即地端）。1、2 脚分别为比较放大器的反相和同相输入端。16 脚为基准电压源输出端。6、7 脚分别为三角波振荡器外接振荡元件 R_T 和 C_T 的连接端。9 脚为防止自激的相位校正元件 R 和 C 的连接端。

调整管 T_1、T_2 均为 PNP 型硅功率管，T_1 为 3CD15，T_2 选用 3CG14。D 为续流二极管。L 和 C 组成 LC 储能滤波器，选 $L = 0.9$mH，$C = 500$μF。R_1 和 R_2 组成取样分压器电路，R_3 和 R_4 是基准电压源的分压电路。R_5 为限流电阻，R_6 为过载保护取样电阻。

R_T 一般在 $1.8 \sim 100$kΩ 之间选取，C_T 一般在 $0.001 \sim 0.1$μF 之间选取。控制器最高频率为 300kHz，工作时一般取在 100kHz 以下。

CW3524 内部的基准电压源 $U_R = +5$V，由 16 脚引出，通过 R_3 和 R_4 分压，以 $\frac{1}{2} U_R = 2.5$V 加在比较放大器的反相输入端 1 脚。输出电压 U_o 通过 R_1 和 R_2 的分压后以 $\frac{1}{2} U_o = 2.5$V 加至比较放大器的同相输入端 2 脚，此时，比较放大器因 $U_+ = U_-$，其输出 $u_{o1} = 0$。调整管在脉宽调制器作用下，开关电源输入 $U_i = 28$V 时，输出电压为标称值 $+5$V。

如果将外接电路按需要加以改动，采用 CW3524 集成脉宽调制器的开关稳压电源可以实现电源反相、升压或双端输出等功能的开关稳压电源。

三、并联型开关稳压电源

除去串联型开关稳压电路外，常用的还有并联型开关稳压电路。在这种电路中，开关管与输入电压和负载是并联的。下面简单分析这种电路的工作原理和典型电路。这种开关稳压电源的工作原理示意图如图 10-6-3（a）所示。

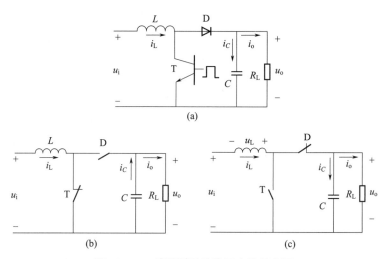

图 10-6-3 并联型开关稳压电路简化图

当控制信号到来使开关管 T 导通期间，二极管 D 截止，其等效电路如图 10-6-3（b）所示，在此 T_{on} 期间，u_i 通过开关管 T 给电感 L 充磁储能，负载电压由电容 C 放电供给。当控制信号使开关管 T 关断期间，二极管 D 导通，其等效电路如图 10-6-3（c）所示，在此 T_{off} 期间，因电感储有能量产生的感应电动势能保持 i_L 的方向不变，即电动势的方向与 i_L 的方向一致，故 u_L 与 u_i 同向串联，两个电压叠加后通过二极管向负载供电，同时对电容 C 充电。因为输出电压 U_o >输入电压 U_i，所以此电路称为升压型开关电路。

四、变压器输出型开关稳压电源

从实用角度出发，希望开关电源的输入直流电压从交流 220V 电源直接整流、滤波获取。再将斩波后得到的高频电压用脉冲变压器转换成需要的输出电压，这样做的目的是去掉笨重的工频变压器并将输出电路与供电电源、开关器件和控制电路隔离开来。

图 10-6-4 所示为单端正激式开关电源原理图，这种开关电源的工作情况与降压型开关电源有相似之处，当开关管 T 开通时，变压器原边电压近似等于输入电压 u_i，变压器副边电压使二极管 D_2 导通，为负载供电，并为电容 C_2 充电。当开关管 T 截止时，滤波电感 L 产生反向感应电动势使 D_3 导通，C_2 放电，使负载电流连续，在此 T_{off} 期间，D_2 截止，变压器副边相当于开路，但变压器储存的磁场能量必须在 T_{off} 期间放掉，否则在下一个导通期间，磁能将累加，并逐渐进入饱和状态使开关管过流而烧毁。因而，在变压器原边必须并联电阻、电容，并通过二极管 D_1 形成退磁回路。

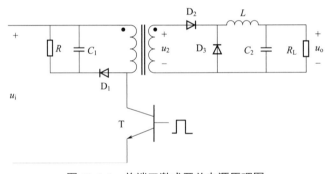

图 10-6-4　单端正激式开关电源原理图

近年来，开关稳压电源专用集成电路发展很快，品种不断增多，常见的有 MC34063、LM2575、TL494 和 CW3842 等。这些芯片将开关电源的 PWM 控制电路、开关管驱动电路和保护电路集成在一起，具有可靠性高、使用方便等特点。

实际的开关型稳压电路一般比较复杂，电路的种类和变化也比较多。但是，无论哪种电路其基本原理都是一样的，只要掌握了电路的基本工作原理，对各种不同的开关型稳压电路就不难理解了。

 习题十

10.1　在图 P10.1 所示电路中，已知变压器副边绕组电压有效值为 36V，负载电阻 R_L = 10Ω，求：（1）K 断开时，输出电压 U_o，输出电流 I_o 及二极管承受的最大反向电压。（2）若 K 闭合时，二极管被烧毁，试分析其原因。

10.2　在单相半波整流电路中，若负载电阻 R_L = 12Ω，工作电流为 2A，问需要的交流电压多大？并选用二极管。

10.3　有一电阻性负载，直流额定电压为 12V，额定电流为 600mA，由单相 220V 交流电源供电，当电路形式采用单相半波或单相桥式整流电路，试确定两种电路形式的整流变压器的变比，并选用相应的整流二极管。

10.4　在图 P10.4 所示电路中，若变压器副边绕组两段的电压有效值各为 U，试分析：

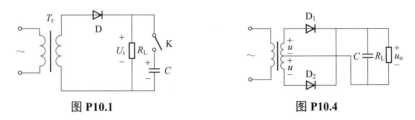

图 P10.1　　　　　　　　　图 P10.4

（1）标出负载电阻 R_L 上电压 u_o 和滤波极性电容器 C 的极性；

（2）分别画出无滤波电容器和有滤波电容器两种情况下负载电阻上电压 u_o 的波形；

（3）如无滤波电容器，负载整流电压的平均值 U_o 和变压器副边绕组每段的有效值 U 之间的数值关系如何？

（4）分别说明有滤波电容和无滤波电容两种情况下，截止二极管上所承受的最大反向电压 U_{RM} 是多大？

（5）如果把图中的 D_1、D_2 都反接，是否仍有整流作用？若有整流作用请说明输出电压有何不同？

10.5　有一整流电路如图 P10.5 所示，求：

（1）负载电阻 R_{L1} 和 R_{L2} 上整流电压的平均值 U_{o1} 和 U_{o2}，并标出极性；

（2）二极管 D_1、D_2、D_3 中的平均电流 I_{D1}、I_{D2}、I_{D3}，以及各管所承受的最大反向电压。

10.6　电路如图 P10.6 所示，已知变压器副边电压 $u_2 = 40\sqrt{2}\sin314t\text{V}$，电容 C 足够大，设电压表内阻为无穷大，二极管为理想元件，试求：

（1）开关 S_1 闭合、S_2 断开，直流电压表（V）的读数；

（2）开关 S_1 断开、S_2 闭合，直流电压表（V）的读数；

（3）开关 S_1、S_2 均闭合，直流电压表（V）的读数。并定性画出 u_o 的波形图。

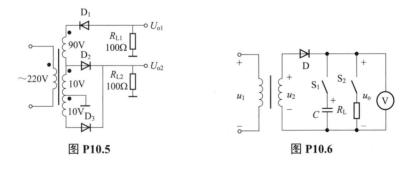

图 P10.5　　　　　　　　　图 P10.6

10.7　整流滤波电路如图 P10.7 所示，二极管为理想元件，已知负载电阻 $R_L = 400\Omega$，负载两端直流电压 $U_o = 60\text{V}$，交流电源频率 $f = 50\text{Hz}$。要求：

（1）在下表中选出合适型号的二极管；

（2）计算出滤波电容器的电容。

型号	最大整流电流平均值/mA	最高反向峰值电压/V
2CP11	100	50
2CP12	100	100
2CP13	100	150

图 P10.7

10.8   在单相桥式整流电路中，若有一个二极管断路，电路会出现什么现象？若有一个二极管短路，电路又会出现什么现象？若有一个二极管反接，情况又将如何？

10.9   整流电路如图 P10.9 所示，二极管为理想元件，已知直流电压表（V）的读数为 45V，负载电阻 R_L=5kΩ，整流变压器的变比 k = 10，要求：

（1）说明电压表（V）的极性；

（2）计算变压器原边电压有效值 U_1；

（3）计算直流电流表（A）的读数。（设电流表的内阻视为零，电压表的内阻视为无穷大）

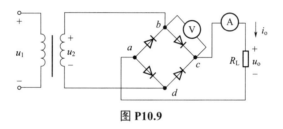

图 P10.9

10.10   试说明图 P10.10 所示各电路中，R、L、C 是否在起滤波作用？

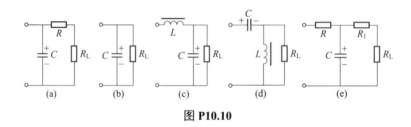

图 P10.10

10.11   整流滤波电路如图 10.11 所示，变压器副边电压有效值 U_2 = 10V，负载电阻 R_L=500Ω，电容 C = 1000μF，当输出电压平均值 U_o 为：（1）14V；（2）12V；（3）10V；（4）9V。四种数据时，分析哪个是合理的？哪个数据表明出了故障？并指出原因。

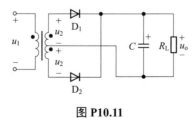

图 P10.11

10.12　电路如图 P10.12 所示，已知 U_1=30V，稳压管 2CW20 的参数为：稳定电压 U_Z=14V，最大稳定电流 I_{ZMAX}=15mA，电阻 R=1.6kΩ，R_L=2.8kΩ。

（1）试求电压表 Ⓥ 电流表 Ⓐ₁ 和 Ⓐ₂ 的读数。（设电流表内阻为零，电压表内阻视为无穷大）；

（2）写出点线框Ⅰ、Ⅱ、Ⅲ、Ⅳ各部分电路的名称。

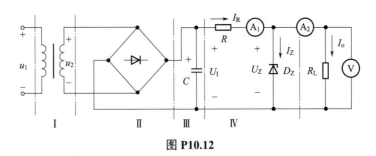

图 P10.12

10.13　在图 P10.13 所示的稳压管稳压电路中，若限流电阻 R = 0 是否有稳压作用？会出现什么结果？若稳压管接反了，又会出现什么结果？

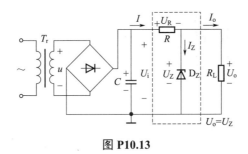

图 P10.13

10.14　图 P10.14 是 W78×× 稳压器组成的稳压电路，为一高输入电压画法，试分析其工作原理。

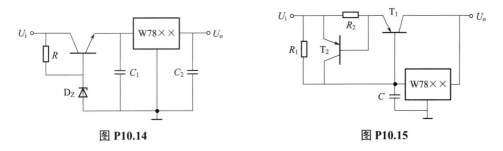

图 P10.14　　　　　　　图 P10.15

10.15　图 P10.15 是 W78×× 稳压器外接功率管扩大输出电流的稳压电路，且具有外接过流保护环节，用于保护功率管 T_1，试分析其工作原理。

第十一章

晶闸管及可控整流电路

第十二章

数字电路基础

概述

前面几章，我们分析的信号（电压或电流），从时间上或信号的大小上看都是连续变化的，这类信号称为模拟信号。用以传递、处理模拟信号的电路，称为模拟电路。

随着电子计算机的普及和信息时代的到来，数字电子技术正以前所未有的速度在各个领域取代模拟电子技术，并迅速渗入人们的日常生活。数字手表、数字相机、数字电视、数字影碟机、数字通信等都应用了数字化技术。

与模拟电路相比，数字电路具有抗干扰能力强、可靠性高、精确性和稳定性好、通用性广、便于集成、便于故障诊断和系统维护等特点。以抗干扰能力和可靠性为例，数字电路不仅可以通过整形去除叠加于传输信号上的噪声和干扰，还可以进一步利用差错控制技术对传输信号进行检错和纠错。

不仅如此，数字集成电路正向着大规模、低功耗、高速度、可编程、可测试和多值化方向发展，这就越来越显示出数字电路的优势。

（1）大规模

如今一块半导体硅片上已可集成上百万个数字逻辑门，集成规模的提高将极大地提高数字系统的可靠性，减小系统的体积，降低系统的功耗与成本。

（2）低功耗

即使是包含上百万个逻辑门的超大规模数字集成电路，其功耗也可低达毫瓦（mW）级。

（3）高速度

随着社会的发展，需要处理的信息越来越多，这就要求所使用的集成电路速度越来越高，目前每秒运算速度为上亿次的超级计算机已不是新鲜事。虽然计算机的这种高速度在很大程度上依赖于并行处理技术，但集成电路本身的高速度也不容置疑。

（4）可编程

早期数字集成电路的功能是由生产厂家根据用户的一般需求而在生产时决定的，而现在许多数字集成电路具有"可编程"的特性，即厂家只生产"半定制"的产品，模块的具体功能由用户根据实际需要进行现场"编程"，这不仅为用户研究开发产品带来了极大的方便和灵活性，也大大地提高了产品的可靠性和保密性。

在数字电路中一般都采用二进制，凡具有两个稳定状态的元件都可用来表示二进制的两个数码，故其基本单元电路简单。由于数字电路传递和处理的是二值信息，不易受外界的干扰，因而抗干扰能力强。另外，数字电路还具有精度高、信号便于长期存储、保密性好、通用性强等特点。随着半导体集成电路的迅速发展，数字电路的集成度高、成本低、使用方便。因此，数字电路在计算机技术、测量技术、自动控制、数字通信；家用电器等各个技术领域得到广泛应用。

数字电路所处理的信号多是矩形脉冲或尖脉冲。不同的脉冲信号，表示其特征的参数不同。图 12-1-1 是应用最广泛的矩形电压脉冲波形，其主要参数如下：

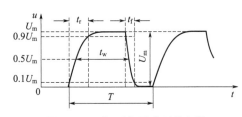

图 12-1-1　矩形电压波形的参数

（1）脉冲幅度 U_m

脉冲电压信号变化的最大值。

（2）脉冲前沿 t_r

波形从 $0.1U_m$ 上升到 $0.9U_m$ 所需要的时间。

（3）脉冲后沿 t_f

波形从 $0.9U_m$ 下降到 $0.1U_m$ 所需要的时间。

（4）脉冲宽度 t_w

从波形上升沿的 $0.5U_m$ 到下降沿的 $0.5U_m$ 所需要的时间，又称脉冲持续时间。

（5）脉冲周期 T

在周期性的脉冲信号中，任意两个相邻脉冲的上升沿（或下降沿）之间的时间间隔。

（6）脉冲频率 f

在周期性的脉冲信号中，每秒出现脉冲波形的个数，$f = \dfrac{1}{T}$。

脉冲信号有正负之分。如果脉冲跃变后的值比初始值高，则为正脉冲，反之为负脉冲，如图 12-1-2 所示。

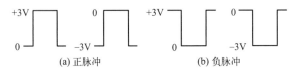

(a) 正脉冲　　　　　(b) 负脉冲

图 12-1-2　正、负脉冲

第二节

逻辑代数的基本运算

　　逻辑代数又称布尔代数，是研究数字电路的基本数学工具。在数字电路中，输入信号是"条件"，输出信号是"结果"，输出与输入的因果关系可用逻辑函数来描述。逻辑代数研究的内容，就是逻辑函数与逻辑变量之间的关系。

　　逻辑代数中的逻辑变量和普通代数的变量一样，可用字母 A、B、C、……、X、Y、Z 来表示，但逻辑变量的取值只有逻辑 0 和逻辑 1 两个值。这里的 0 和 1 不表示具体数值大小，只表示相互对立的逻辑状态，如电平的高与低、开关的通与断、信号的有和无等。

　　基本的逻辑关系只有"与""或""非"3 种。实现这三种逻辑关系的电路分别叫"与"门、"或"门、"非"门。因此，在逻辑代数中有 3 种基本的逻辑运算相适应，即"与"运算、"或"运算、"非"运算。

一、与逻辑和与运算

　　当决定某种结果的所有条件都具备时，结果才会发生，这种因果关系称为与逻辑。在图 12-2-1 所示电路中，开关 A 和 B 串联，只有当 A 与 B 同时接通，电灯才亮。只要有一个开关断开，灯就灭。灯亮与开关 A、B 的接通是与逻辑关系。与逻辑可用逻辑代数中的与运算表示，即

$$F = A \cdot B \tag{12-2-1}$$

式中，"·"为与运算符号，在逻辑式中也可省略。

　　如果把结果发生或条件具备用逻辑 1 表示，结果不发生或条件不具备用逻辑 0 表示，与运算的运算规则为

$$0 \cdot 0 = 0 \quad 0 \cdot 1 = 0 \quad 1 \cdot 0 = 0 \quad 1 \cdot 1 = 1$$

由于运算规则与普通代数的乘法相似，与运算又称逻辑乘。

图 12-2-2 为与逻辑的逻辑符号，也是与门的逻辑符号。

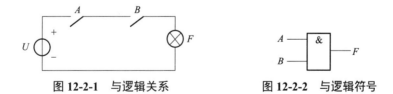

图 12-2-1　与逻辑关系　　　　　　图 12-2-2　与逻辑符号

二、或逻辑和或运算

　　当决定某一结果的各个条件中，只要具备一个条件，结果就发生，这种逻辑关系称为或逻辑。在图 12-2-3 所示电路中，开关 A、B 并联，只要 A 或 B 有一个闭合，电灯就亮。灯亮与 A、B 接通是或逻辑关系。或逻辑可用逻辑代数中的或运算表示，即

$$F = A + B \tag{12-2-2}$$

式中，"＋"为或运算符号。

同样，用 1 和 0 表示或逻辑中的结果和条件，则或运算的运算规则为

$$0 + 0 = 0 \qquad 0 + 1 = 1 \qquad 1 + 0 = 1 \qquad 1 + 1 = 1$$

或运算又称为逻辑加。图 12-2-4 为或逻辑的逻辑符号，也是或门的逻辑符号。

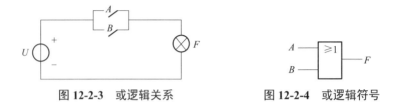

图 12-2-3 或逻辑关系 　　　　　　　　　　图 12-2-4 或逻辑符号

三、非逻辑和非运算

结果和条件处于相反状态的因果关系称为非逻辑。实现非逻辑的电路称为非门电路。在图 12-2-5 所示电路中，灯亮与开关接通是非逻辑关系。非逻辑可用逻辑代数中的非运算表示，其表达式为

$$F = \overline{A} \qquad\qquad (12\text{-}2\text{-}3)$$

式中，"—"为非运算符号，读作"A 非"。非运算规则为

$$\overline{0} = 1 \qquad \overline{1} = 0$$

图 12-2-6 是非逻辑的逻辑符号，也是非门的逻辑符号。

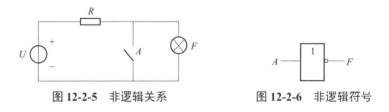

图 12-2-5 非逻辑关系 　　　　　　　　　　图 12-2-6 非逻辑符号

第三节

逻辑代数的基本运算规则和定律

一、基本运算规则

1. 逻辑乘（与运算） $F = A \cdot B$

$$A \cdot 0 = 0 \qquad A \cdot 1 = A \qquad A \cdot A = A \qquad A \cdot \overline{A} = 0$$

2. 逻辑加（或运算） $F = A + B$

$$0 + A = A \qquad 1 + A = 1 \qquad A + A = A \qquad A + \overline{A} = 1$$

3. 逻辑非（非运算） $F = \overline{A}$

$$\overline{0} = 1 \qquad \overline{1} = 0 \qquad A = A$$

二、交换律

$$AB = BA \tag{12-3-1}$$

$$A + B = B + A \tag{12-3-2}$$

三、结合律

$$AB\,C = (AB)C = A(BC) \tag{12-3-3}$$

$$A + B + C = A + (B + C)$$

$$= (A + B) + C \tag{12-3-4}$$

四、分配律

$$A(B + C) = AB + AC \tag{12-3-5}$$

$$A + BC = (A + B)(A + C) \tag{12-3-6}$$

证：

$$(A + B)(A + C) = AA + AB + AC + BC$$

$$= A(1 + B + C) + BC$$

$$= A + BC$$

五、吸收律

$$A(A + B) = A \tag{12-3-7}$$

$$A(\overline{A} + B) = AB \tag{12-3-8}$$

$$A + AB = A \tag{12-3-9}$$

$$A + \overline{A}B = A + B \tag{12-3-10}$$

证：

$$A + \overline{A}B = A + AB + \overline{A}B = A + (A + \overline{A})B$$

$$= A + B$$

$$(A + B)(A + \overline{B}) = A \tag{12-3-11}$$

证：

$$(A + B)(A + \overline{B}) = AA + A\overline{B} + AB + B\overline{B}$$

$$= A + A(B + \overline{B})$$

$$= A + A = A$$

六、反演律（摩根定律）

$$\overline{AB} = \overline{A} + \overline{B} \tag{12-3-12}$$

$$\overline{A + B} = \overline{A} \cdot \overline{B} \tag{12-3-13}$$

证明：见表 12-3-1。

表 12-3-1 证明反演律的逻辑状态表

A	B	$\overline{A}$	$\overline{B}$	$\overline{AB}$	$\overline{A}+\overline{B}$	$\overline{A+B}$	$\overline{A}\,\overline{B}$
0	0	1	1	1	1	1	1
0	1	1	0	1	1	0	0
1	0	0	1	1	1	0	0
1	1	0	0	0	0	0	0

逻辑运算的优先级别决定了逻辑运算的先后顺序。在求解逻辑函数时，应首先进行级别高的逻辑运算。各种逻辑运算的优先级别，由高到低的排序如下：

$$[长非号或括号] \rightarrow [乘] \rightarrow [异或及同或] \rightarrow [加]$$

长非号是指非号下有多个变量的非号。

第四节

逻辑函数的表示方法

逻辑函数可以用真值表、逻辑表达式、逻辑图、卡诺图等方法来表示。

一、真值表

将 n 个输入变量的 2^n 个状态及其对应的输出函数值列成的表格，叫做真值表，或称作逻辑状态表。

设有一 3 个输入变量的奇数判别电路，输入变量用 A、B、C 表示，输出变量用 F 表示。当输入变量中有奇数个 1 时，$F = 1$，输入变量中有偶数个 1 时，$F = 0$。因为三个输入变量共有 $2^3 = 8$ 个组合状态，将 8 个状态及其对应的输出状态列成表格，就得到真值表，如表 12-4-1 所示。

表 12-4-1 奇数判别电路的真值表

A	B	C	F
0	0	0	0
0	0	1	1
0	1	0	1
0	1	1	0
1	0	0	1
1	0	1	0
1	1	0	0
1	1	1	1

二、逻辑表达式

逻辑表达式是用各变量的与、或、非逻辑运算的组合表达式来表示逻辑函数。通常采用的是与或表达式，可根据真值表写出来，即将真值表中输出等于 1 的各状态，表示成全部输入变量（原变量或反变量）的与项，总的输出表示成所有与项的或函数。表 12-4-1 中有 4 项 $F = 1$，逻辑表达式为

$$F = \overline{A}\overline{B}C + \overline{A}B\overline{C} + A\overline{B}\overline{C} + ABC \qquad (12\text{-}4\text{-}1)$$

三、逻辑图

用规定的逻辑符号连接构成的图，称为逻辑图，也称为逻辑电路图。逻辑图通常是根据逻辑表达式画出的。如式 12-4-1 所对应的逻辑图如图 12-4-1 所示。

四、卡诺图

卡诺图也是表示逻辑函数的一种方法。利用卡诺图还能化简逻辑函数，详见本章第六节。

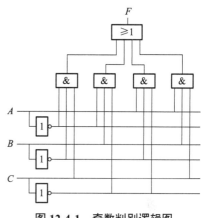

图 12-4-1　奇数判别逻辑图

第五节

逻辑函数的代数化简法

一个逻辑函数可以有多种表达式，例如：

$$F = AC + \overline{A}B$$
$$= \overline{\overline{AC} \cdot \overline{\overline{A}B}}$$
$$= (\overline{A} + C)(A + B)$$
$$= \overline{\overline{(\overline{A} + C)} + \overline{(A + B)}}$$
$$= \cdots\cdots$$

只有将函数化简到最简形式，才能方便、直观地分析其逻辑关系，而且在设计具体电路时，所用的元件数最少，电路最简单。与或表达式是逻辑函数最常用的表达式，化简逻辑函数时，要使逻辑函数的与或表达式中所含的或项数最少，每个与项的变量数也最少。

化简逻辑函数的方法有代数化简法和卡诺图化简法。代数化简法是利用逻辑代数的运算规则和定律来化简逻辑函数。

一、并项法

利用公式 $A + \overline{A} = 1$，可消去一个变量，化简逻辑函数，例如：

$$F_1 = AB\overline{C} + \overline{A}B\overline{C} = B\overline{C}(A + \overline{A}) = B\overline{C}$$

$$F_2 = ABC + A\,\overline{B}\, + A\,\overline{C} = A(BC + \overline{B} + \overline{C}\,)$$
$$= A(BC + \overline{BC}\,) = A$$

二、吸收法

利用 $A + AB = A$ 的公式消去多余的乘积项，例如：

$$F_1 = A\overline{B} + A\overline{B}\,CD(E + F)$$
$$= A\,\overline{B} + A\overline{B}\,CDE + A\,\overline{B}\,CDF$$
$$= A\,\overline{B}\,(1 + CDE + CDF)$$
$$= A\,\overline{B}$$
$$F_2 = ABC + \overline{\overline{A} + \overline{B} + C}$$
$$= ABC + AB\,\overline{C}$$
$$= AB(C + \overline{C}\,) = AB$$

三、消去法

利用公式 $A + \overline{A}\,B = A + B$，消去某项中的多余因子，例如：

$$F = BC + A\,\overline{B}\,C + \overline{C} = C(B + A\,\overline{B}\,) + \overline{C}$$
$$= C(B + A) + \overline{C} = A + B + \overline{C}$$

四、配项法

利用公式 $A + A = A$、$A + \overline{A} = 1$、$A \cdot A = A$ 等，给逻辑函数表达式增加适当的项，然后再用有关公式化简逻辑函数，例如：

$$F = AB + \overline{B}\,C + \overline{A}\,C$$
$$= AB(C + \overline{C}\,) + (A + \overline{A}\,)\,\overline{B}\,C + \overline{A}\,(B + \overline{B}\,)C$$
$$= ABC + AB\,\overline{C}\, + A\,\overline{B}\,C + \overline{A}\overline{B}\,C + \overline{A}\,BC$$
$$= (ABC + \overline{A}\,BC) + (A\,\overline{B}\,C + \overline{A}\overline{B}C) + AB\,\overline{C}$$
$$= BC + \overline{B}\,C + AB\,\overline{C}$$
$$= C + AB\,\overline{C} = AB + C$$

由于逻辑函数有简有繁，化简的方法也并非单一，因此，必须熟练掌握、运用逻辑代数的运算规则和定律，综合运用上述化简方法，才能达到化简逻辑函数的目的。

化简逻辑函数 $F = A\overline{C}\overline{D} + BC + \overline{B}\,C + A\overline{B} + \overline{A}\,C + \overline{B}\,C$

解 $F = A\overline{C}\overline{D} + BC + \overline{B}\,C + A\overline{B} + \overline{A}\,C + \overline{B}\,C + \overline{B}\,C$ （配项）

$= A\overline{C}\overline{D} + C(B + \overline{B}\,) + A\overline{B} + \overline{A}\,C + \overline{B}\,(C + \overline{C}\,)$ （并项）

$= A\overline{C}\overline{D} + C + A\overline{B} + \overline{A}\,C + \overline{B}$

$= A\overline{C}\overline{D} + C(1 + \overline{A}\,) + \overline{B}\,(1 + A)$ （吸收）

$= A\overline{C}\overline{D} + C + \overline{B}$

$= A\overline{D} + C + \overline{B}$ （消去）

逻辑函数的卡诺图化简法

用逻辑代数化简较复杂的逻辑函数时，往往难以确认化简结果是否是最简形式。利用卡诺图化简逻辑函数，不仅方法简单，而且很容易确认逻辑函数化简后的最简表达式。

一、逻辑函数的最小项

1. 最小项的定义

在有 n 个变量的逻辑函数中，若每个乘积项都包含 n 个变量因子，而且每个变量都以原变量或反变量的形式在乘积项中只出现一次，则这样的乘积项称为最小项。对 n 个变量的逻辑函数，有 2^n 个最小项。例如三个变量的逻辑函数 $F(A、B、C)$，共有 8 个最小项，依次是 $\overline{A}\overline{B}\overline{C}$、$\overline{A}\overline{B}C$、$\overline{A}B\overline{C}$、$\overline{A}BC$、$A\overline{B}\overline{C}$、$A\overline{B}C$、$AB\overline{C}$、$ABC$，而 AB、$B\overline{C}$、C 等都不是最小项。

2. 最小项的性质

① 对于任意一个最小项，只有一组变量取值使它为 1。在变量取其他值时，这个最小项都为 0。例如三变量逻辑函数中，对最小项 $AB\overline{C}$，只有变量 ABC 为 110 时，该最小项为 1，对其他取值，该最小项都是 0。

② 若两个最小项中只有一个变量互为反变量，其余各变量均相同，则称这两个最小项为相邻项。两个相邻项合并，可消去互为反变量的变量。如 $AB\overline{C}$ 和 ABC 为相邻项，两个最小项相加，$AB\overline{C} + ABC = AB(\overline{C} + C) = AB$，消去了变量 C。

③ 对于变量的任何一组取值，全体最小项之和为 1。

④ 任意两个最小项的乘积为 0。

⑤ 具有 n 个变量的逻辑函数，每个最小项有 n 个相邻项。

二、逻辑函数最小项的卡诺图

卡诺图是由许多方格组成的阵列图，方格又称为单元，每个单元代表了逻辑函数的一个最小项。卡诺图的结构特点是，两个位置相邻单元中的最小项必须是相邻项。因此，卡诺图中不仅上下、左右之间的最小项都是相邻项，而且同一行里最左和最右端的单元、同一列里最上和最下端单元中的最小项也符合相邻性的原则。

1. 二变量逻辑函数的卡诺图

二变量逻辑函数 $F(A、B)$，共有 4 个最小项，其卡诺图如图 12-6-1 所示。图中，两变量 A、B 作为卡诺图的纵、横坐标，0 和 1 为变量的两种可能取值，其中 0 对应于反变量，1 对应于原变量。

为方便起见，可以用十进制数对各单元编号，并将编号填写在各自的方格中。编号的方法是：最小项中的原变量用 1、反变量用 0 表示，构成二进制数；将此二进制数转换成相应的十进制数，就是该最小项的编号。例如 $A\overline{B}$ 的二进制数为 10，对应的十进制数为 2，即 $A\overline{B}$ 的编号为 2 或 m_2。

2. 三变量逻辑函数的卡诺图

三变量逻辑函数共有 8 个最小项，其卡诺图如图 12-6-2 所示。

同理可画出四变量的卡诺图，如图 12-6-3 所示。

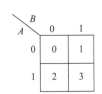

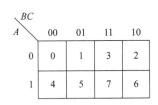

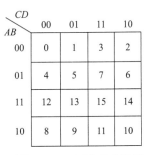

图 12-6-1　二变量卡诺图　　　　图 12-6-2　三变量卡诺图　　　　图 12-6-3　四变量卡诺图

三、用卡诺图化简逻辑函数

1. 逻辑函数的卡诺图

任何一个逻辑函数都可以表达成若干个最小项之和的形式，这样的逻辑表达式称为最小项表达式。根据逻辑函数的最小项表达式，就可以得到相应的卡诺图，其方法是将最小项表达式中的各项，在卡诺图相应的单元中填入 1，其余单元填入 0。

例 12.6.1　试用卡诺图表示逻辑函数 $F(A、B、C) = AB + B\,\overline{C}$

解　首先将逻辑函数写成最小项表达式

$$F(A、B、C) = AB(C + \overline{C}) + (A + \overline{A})B\,\overline{C}$$
$$= ABC + AB\,\overline{C} + AB\,\overline{C} + \overline{A}B\,\overline{C}$$
$$= ABC + AB\,\overline{C} + \overline{A}B\,\overline{C}$$

根据最小项表达式画出卡诺图，如图 12-6-4 所示。

$A \backslash BC$	00	01	11	10
0	0	0	0	1
1	0	0	1	1

图 12-6-4　例 12.6.1 的卡诺图

例 12.6.2　试用卡诺图表示逻辑函数 $F = A\overline{B} + C\overline{D} + \overline{B}CD + \overline{A}\overline{C}D + ABCD$

解　这是一个四变量的逻辑函数，按例 12.6.1 的方法应先将函数写成最小项表达式，然后才能表示在卡诺图上，这种做法比较麻烦。实际上，以与或表达式给出的逻辑函数，可以直接填入卡诺图中。以式中第一项 $A\overline{B}$ 为例，该项应是 4 个相邻最小项合并的结果，因此，它包含了所有含有 $A\overline{B}$ 因子的最小项，而不管另外两个因子 C、D 取何值。由此可直接在卡诺图上对应所有 $A = 1$ 同时 $B = 0$ 的单元里填入 1，即在第 8、9、10、11 号单元中填 1。

同理，对 $C\overline{D}$ 项，在 $C = 1$、$D = 0$ 所对应的第 2、6、10、14 号单元中填 1。对 $\overline{B}CD$ 项，应在 $B = 0$、$C = D = 1$ 所对应的第 3、11 号单元中填 1。对 $\overline{A}\overline{C}D$ 项，应在 $A = C = 0$、$D = 1$ 所对应的第 1、5 号单元中填 1。对 $ABCD$ 项应在第 15 号单元中填 1。其余单元填 0。则该函数的卡诺图如图 12-6-5 所示。

AB\CD	00	01	11	10
00	0	1	1	1
01	0	1	0	1
11	0	0	1	1
10	1	1	1	1

图 12-6-5　例 12.6.2 的卡诺图

2. 用卡诺图化简逻辑函数

用卡诺图化简逻辑函数的过程，就是利用公式 $A + \overline{A} = 1$ 将相邻的最小项合并，消去互为反变量的因子。若卡诺图中两个相邻单元均为 1，则这两个相邻最小项的和将消去一个变量；若 4 个相邻单元均为 1，则 4 个相邻最小项的和将消去两个变量；……；2^n 个相邻最小项的和将消去 n 个变量。因此，在化简逻辑函数时，可把卡诺图中有关相邻的最小项画成若干个包围圈，逐一进行合并。其步骤为：

① 将卡诺图中 2^n 个（ $n = 1$，2，3，…）相邻为 1 的单元圈成一组，形成一个包围圈，对应每个包围圈写成一个新的乘积项。

② 包围圈内的单元数要尽可能多，单元数越多，消去的变量数越多。

③ 包围圈的数目应尽可能少，必要时可重复使用某些单元，但新增包围圈中一定要有新的单元。包围圈越少，化简后的函数项越少。

④ 孤立的单元单独画包围圈。

⑤ 写出化简结果，其结果为各乘积项之和。

例 12.6.3　试用卡诺图化简逻辑函数 $F = \overline{A}\overline{B}\overline{C} + \overline{A}\overline{B}C + \overline{A}\,\overline{B}C + \overline{A}BC + A\overline{B}C$

解　作三变量卡诺图，把逻辑函数 F 直接填入卡诺图中，如图 12-6-6 所示。按合并最小项的规律，可画出两个包围圈（见图示），化简后的结果为

$$F = \overline{A} + \overline{B}C$$

例 12.6.4　用卡诺图化简逻辑函数 $F = \overline{A}B\overline{D} + B\overline{C}D + BC + C\,\overline{D} + \overline{B}CD$

解　作四变量卡诺图，将逻辑函数 F 填入卡诺图中，如图 12-6-7 所示，根据画包围圈的原则画出包围圈如图 12-6-7（a）、（b）所示。

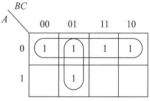

图 12-6-6　例 12.6.3 的卡诺图

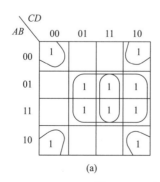

(a)

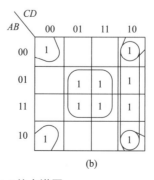

(b)

图 12-6-7　例 12.6.4 的卡诺图

按图 12-6-7（a）可得出化简结果为

$$F = BD + BC + \overline{B}\overline{D}$$

按图 12-6-7（b）可得出化简结果为

$$F = BD + C\overline{D} + \overline{B}\overline{D}$$

该例说明，逻辑函数的卡诺图是唯一的，但其最简表达式不是唯一的。或者说，任一逻辑函数经化简后其结果不一定是唯一的，但用卡诺图化简逻辑函数，得到的结果肯定是最简表达式。

通过以上分析，我们掌握了逻辑函数化简的两种基本方法，但逻辑函数化简并没有一个严格的原则，通常遵循以下几条原则：

① 逻辑电路所用的门最少；

② 各个门的输入端要少；

③ 逻辑电路所用的级数要少；

④ 逻辑电路能可靠地工作。

第①、②条主要从成本上来考虑，第③条是从速度上来考虑的，第④条是针对可靠性方面来考虑的。它们之间常常是矛盾的，如门数少，往往性能可靠性就要降低。因此，实际中要兼顾各项指标。为了便于比较，确定化简的标准，我们以门数最少和输入端数最少作为化简的标准。

 习题十二

12.1   逻辑函数有哪几种表示方法？试举例说明之。

12.2   一个电路有 3 个输入端 A、B、C，当输入信号中有偶数个 1 时，输出端 F 为 1，否则输出为 0。试列出此电路的真值表，写出逻辑函数 F 的逻辑表达式，画出该逻辑函数的卡诺图。

12.3   用逻辑代数的运算规则和基本定律证明下列恒等式：

（1） $ABC + \overline{A} + \overline{B} + \overline{C} = 1$

（2） $AB\overline{D} + A\overline{B}\overline{D} + \overline{A} = \overline{A} + \overline{D}$

（3） $A + A\overline{B}\overline{C} + \overline{A}CD + (\overline{C} + \overline{D})E = A + CD + E$

（4） $\overline{\overline{(A\overline{B} + \overline{A}B \cdot \overline{B})} + \overline{(\overline{A}C + A\overline{C} \cdot C)}} = \overline{A}B + A\overline{C}$

（5） $\overline{\overline{\overline{(A\overline{B})} \; (\overline{A}B)}} + \overline{(\overline{A} + B)} + \overline{(A + \overline{B})} = 1$

12.4   用代数法将下列逻辑函数化简为最简与或表达式：

（1） $F = A(\overline{A} + B) + B(B + C) + B$

（2） $F = (AB + \overline{A}\,\overline{B})(\overline{A} + \overline{B})A\overline{B}$

（3） $F = (AB + A\overline{B} + \overline{A}B)(A + B + D + \overline{A}\overline{B}D)$

（4） $F = \overline{A}\overline{B}C + \overline{A}\overline{B}C + AB\overline{C} + ABC + \overline{A}BC + A\overline{C}$

（5） $F = \overline{\overline{\overline{A\overline{B} + ABC + A(B + A\overline{B})}}}$

12.5 将下列函数展开为最小项表达式：

（1）$F = \overline{A\overline{B}} + B\overline{C} + A\overline{C} + AB\overline{C}$

（2）$F = \overline{B}\overline{C} + \overline{A}BC + AB\overline{D} + BCD$

12.6 用卡诺图化简下列逻辑函数：

（1）$F = A\overline{B}C + AC + \overline{A}BC + \overline{B}C\overline{D}$

（2）$F = AB + \overline{A}BC + \overline{A}B\overline{C} + AC$

（3）$F = AB + \overline{B}C + \overline{\overline{A} + \overline{B}}$

（4）$F = A\overline{B}C + (\overline{B} + \overline{C})(\overline{B} + \overline{D}) + \overline{A + C + D}$

（5）$F = A\overline{B}CD + AB\overline{C}D + A\overline{B} + A\overline{D} + A\overline{B}C$

12.7 试用逻辑状态表证明下式：$ABC + \overline{A}\,\overline{B}\,\overline{C} = \overline{A\overline{B} + B\overline{C} + C\overline{A}}$

第十三章

逻辑门电路与组合逻辑电路

逻辑门电路是构成数字电路的基本单元。最基本的门电路有"与"门、"或"门、"非"门。利用与、或、非门还可以构成各种常用的逻辑门。

在数字电路中，输入、输出量一般用高、低电平来表示，而电平的高、低则用数字"1"或数字"0"来代表。如果用数字 1 代表高电平，数字 0 代表低电平，则称为正逻辑。反之，用数字 0 代表高电平，数字 1 代表低电平，则称为负逻辑。若无特殊说明，本书一律采用正逻辑。

第一节

分立元件门电路

门电路，实际上就是一种开关电路。在一定的条件下它能允许信号通过，条件不满足时，信号就不能通过，门电路的输入信号和输出信号之间存在着一定的逻辑关系，故称为逻辑门电路。

一、二极管与门电路

图 13-1-1（a）是由二极管组成的与门电路，A、B 是它的两个输入端，F 是输出端。图 13-1-1（b）是它的逻辑符号。

设输入信号电压为 3V（高电平 1）或 0V（低电平 0），二极管为理想元件，则电路的工作原理如下：

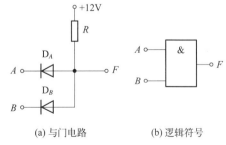

(a) 与门电路　　　　　(b) 逻辑符号

图 13-1-1　二极管与门电路及其逻辑符号

当输入端 A、B 都为高电平 1 时，二极管 D_A、D_B 均处于正向导通状态，输出端 F 为高电平（3V）。当输入端 A、B 都为低电平 0 时，二极管 D_A、D_B 亦处于正向导通状态，输出端 F 为低电平（0V）。

当输入端一端为高电平、另一端为低电平时，例如 A 端为 3V，B 端为 0V，则 D_B 优先导通，输出端 F 被钳制在 0V，输出为低电平。在 D_B 的钳位作用下，D_A 处于截止状态。

由上述可知，与门电路的输入端中只要有一个为低电平，输出端就是低电平，只有输入端全为高电平时，输出端才是高电平。其真值表如表 13-1-1 所示。

由真值表可得出与门电路的逻辑表达式：

$$F = AB \tag{13-1-1}$$

图 13-1-2 是与门电路的波形图。

表 13-1-1　与门电路真值表

输入		输出
A	B	F
0	0	0
0	1	0
1	0	0
1	1	1

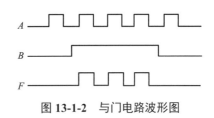

图 13-1-2　与门电路波形图

二、二极管或门电路

图 13-1-3（a）是由二极管组成的或门电路，A、B 为输入端，F 是输出端。图 13-1-3（b）是或门的逻辑符号。工作原理分析如下：

当输入端 A、B 都处于高电平 1（3V）时，则 D_A、D_B 都处于正向导通状态，输出端 F 为高电平 1（3V）。

当输入端 A、B 都处于低电平 0（0V）时，则 D_A、D_B 亦都正向导通，输出端 F 为低电平 0（0V）。

当输入端一端为高电平，而另一端为低电平时，例如 A 端为 3V，B 端为 0V。此时 D_A 管优先导通，输出端 F 被钳制在 3V，使输出端 F 为高电平。同时 D_B 管受反向偏置而截止。

由上述可知，在或门电路的输入端中，只要有一端为高电平，输出端 F 就是高电平，只有输入端全为低电平时，输出端 F 才为低电平，即具有或逻辑关系。其真值表如表 13-1-2 所示。

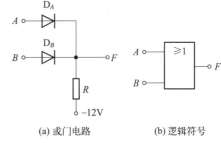

(a) 或门电路　　　(b) 逻辑符号

图 13-1-3　二极管或门电路及其逻辑符号

由真值表可得出其逻辑表达式：

$$F = A + B \tag{13-1-2}$$

图 13-1-4 是或门电路的波形图。

表 13-1-2　或门电路真值表

输入		输出
A	B	F
0	0	0
0	1	1
1	0	1
1	1	1

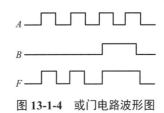

图 13-1-4　或门电路波形图

三、三极管非门电路

图 13-1-5（a）是由三极管组成的非门电路，A 为输入端，F 为输出端。图 13-1-5（b）是它的逻辑符号。

当 A 端为高电平时，三极管工作在饱和状态，输出端 F 为低电平。当 A 端为低电平时，三极管工作在截止状态，输出端 F 为高电平。因此三极管输出与输入的关系满足非逻辑关系。非门电路也称为反相器。其真值表如表 13-1-3 所示。

非门电路的逻辑表达式为

$$F = \overline{A} \tag{13-1-3}$$

例 13.1.1　在图 13-1-5 所示非门电路中，若 $V_{CC} = 10V$，$V_{BB} = 10V$，$R_K = 1k\Omega$，$R_B = 10k\Omega$，$R_C = 1k\Omega$，$\beta = 50$。试求：

（1）A 端输入电压为 0V 时输出端的电压；

（2）A 端输入电压为 5V 时输出端的电压。

表 13-1-3　非门电路真值表

输入	输出
A	F
0	1
1	0

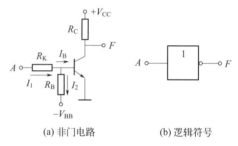

(a) 非门电路　　(b) 逻辑符号

图 13-1-5　三极管非门电路及其逻辑符号

解　（1）当输入端电压为 0V 时，在 $-V_{BB}$ 电压作用下，三极管基极为负偏置电压，三极管处于截止状态，输出端电压 $U_F \approx V_{CC} = 10V$。

（2）当输入端电压为 5V 时，设三极管已导通，$U_{BE} = 0.7V$，则

$$I_1 = \frac{5 - 0.7}{1} \text{ mA} = 4.3\text{mA}$$

$$I_2 = \frac{0.7 - (-10)}{10} \text{ mA} = 1.07\text{mA}$$

$$I_B = I_1 - I_2 = 4.3 - 1.07\text{mA} = 3.23 \text{ mA}$$

若忽略三极管的饱和压降，则集电极饱和电流

$$I_{CS} = \frac{V_{CC}}{R_C} = \frac{10}{1} \text{ mA} = 10\text{mA}$$

三极管基极临界饱和电流

$$I_{BS} = \frac{I_{CS}}{\beta} = \frac{10}{50} \text{ mA} = 0.2\text{mA}$$

由于三极管基极电流大于基极临界饱和电流，所以三极管工作在饱和状态，输出端电压

$$U_F \approx 0 \text{ V}$$

第二节
集成门电路

TTL 电路是晶体管 - 晶体管集成逻辑门电路的简称。它是以双极型晶体管和电阻为基本元件，集成在一块硅片上，并能完成一定逻辑功能的电路。

一、TTL 与非门电路

1.电路组成

图 13-2-1 是集成 TTL 与非门电路及其逻辑符号。T_1 为多发射极晶体管，它和 R_1 构成电路的输入级，实现与逻辑功能。T_2 和 R_2、R_3 组成中间级，其作用是从 T_2 的集电极和发射极同时输出两个相位相反的信号，分别驱动 T_3 和 T_5 管。T_3、T_4、T_5 和 R_4、R_5 组成输出级，直接驱动负载，以提高电路带负载的能力。

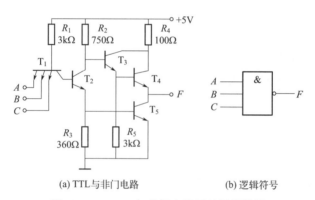

(a) TTL 与非门电路　　　　　　(b) 逻辑符号

图 13-2-1　TTL 与非门电路及其逻辑符号

图 13-2-2 是常用的 2 输入 4 与非门 74LS00 的管脚排列图，其内部各与非门相互独立，可以单独使用。

2. 工作原理

当输入端有一个（或几个）为低电平（约 0.3V）时，T_1 管的基极与接低电平的发射极间处于正向偏置，电源通过 R_1 为 T_1 管提供基极电流。T_1 的基极电位约为 0.3V + 0.7V = 1V，其集电极电位为 0.3V，T_2 和 T_5 管均截止。由于 T_2 截止，其集电极电位接近于电源电压（+ 5V），T_3、T_4 管导通，输出端 F 的电位为

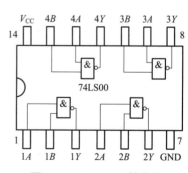

图 13-2-2　74LS00 管脚图

$$V_F = V_{CC} - I_{B3}R_2 - U_{BE3} - U_{BE4}$$

因为 I_{B3} 很小，可忽略不计，则

$$V_F = 5V - 0.7V - 0.7V = 3.6V$$

即输出端为高电平。

当输入端全为高电平（3.6V）时，T_1 管的基极电位足以使 T_1 的集电结、T_2 和 T_5 的发射

结均处于导通状态，所以 T_1 的基极电位：

$$V_{B1} = U_{BC1} + U_{BE2} + U_{BE5} = 2.1V$$

使 T_1 的几个发射结均处于反向偏置，电源通过 R_1 和 T_1 管的集电结向 T_2 提供足够的基极电流，使 T_2 饱和，T_2 的发射极电流在 R_3 上产生的压降，又为 T_5 提供足够的基极电流，使 T_5 饱和，输出端的电位：

$$V_F = 0.3V$$

即输出为低电平。

上述逻辑关系的真值表如表 13-2-1 所示。

表 13-2-1　3 输入端与非门真值表

输入			输出
A	B	C	F
0	0	0	1
0	0	1	1
0	1	0	1
0	1	1	1
1	0	0	1
1	0	1	1
1	1	0	1
1	1	1	0

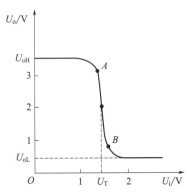

图 13-2-3　TTL 与非门电压传输特性

由真值表可得其逻辑表达式：

$$F = \overline{A \cdot B \cdot C} \tag{13-2-1}$$

即输出端 F 与输入端 A、B、C 之间符合与非逻辑关系。

3．电压传输特性

TTL 与非门的输出电压 U_o 随输入电压 U_i 变化而变化的关系曲线，称作电压传输特性，如图 13-2-3 所示。它是通过实验得出的，实验时将某一输入端的电压 U_i 由零逐渐增大，将其他输入端接高电平不变。当 U_i 从零开始增加时，在一定范围内输出高电平基本不变，$U_o \approx 3.6V$。当 U_i 上升到一定数值后，输出电压很快下降到低电平，$U_o \approx 0.3V$。如 U_i 继续增大，输出低电平基本不变。

4．主要参数

（1）输出高电平 U_{oH} 和输出低电平 U_{oL}

U_{oH} 是指输入端有一个或几个是低电平时的输出电压值。U_{oL} 是指输入端全为高电平且输出端接有额定负载时的输出电压值。TTL 与非门产品规定，当 $V_{CC} = 5V$ 时，$U_{oH} \geqslant 2.4V$，$U_{oL} \leqslant 0.4V$，便认为产品合格。

（2）开门电平 U_{ON} 和关门电平 U_{OFF}

U_{ON} 是指保持输出低电平所允许的输入高电平的下限值，即图 13-2-3 中 B 点所对应的输入电压值。TTL 产品规定 $U_{ON} \leqslant 2.0V$。

U_{OFF} 是指保持输出高电平所允许的输入低电平的上限值，即图 13-2-3 中 A 点所对应的输入电压值。TTL 产品规定 $U_{OFF} \geqslant 0.8V$。

传输特性曲线上 A、B 两点之间曲线的中点所对应的输入电压值，称为阈值电压，用 U_T 表示。对于理想的电压传输特性，A 点到 B 点的变化是陡直的，即 $U_{ON} = U_{OFF} = U_T$。当 $U_i < U_T$ 时，U_o 为高电平，当 $U_i > U_T$ 时，U_o 为低电平。

（3）输入低电平噪声容限 U_{NL} 和输入高电平噪声容限 U_{NH}

在数字系统中，门电路的输入通常是同类门的输出。但有时会有噪声电压叠加在输入信号上。当噪声电压超过一定限度时，就会破坏与非门的正常逻辑关系。我们把不致影响输出逻辑状态所允许的噪声电压幅度的界限，叫作 TTL 与非门输入端的噪声容限。

当输入低电平（$U_{iL} = U_{oL}$）时，只要噪声电压与输入低电平叠加后的数值小于 U_{OFF}，输出仍为高电平。该噪声电压的极限值即为输入低电平噪声容限 U_{NL}。

$$U_{NL} = U_{OFF} - U_{oL} \qquad (13\text{-}2\text{-}2)$$

U_{NL} 越大，表明输入低电平时抗正向干扰能力越强。

当输入高电平（$U_{iH} = U_{oH}$）时，只要噪声电压（负向）与输入高电平叠加后的数值大于 U_{ON}，输出仍为低电平。该噪声电压的极限值即为输入高电平噪声容限 U_{NH}。

$$U_{NH} = U_{oH} - U_{ON} \qquad (13\text{-}2\text{-}3)$$

U_{NH} 越大，表明输入高电平时抗负向干扰能力越强。

设一 TTL 与非门的数据为 $U_{oH} = 2.4\text{V}$，$U_{oL} = 0.4\text{V}$，$U_{OFF} = 0.9\text{V}$，$U_{ON} = 1.5\text{V}$，则

$$U_{NL} = 0.9 - 0.4 = 0.5\text{V}$$
$$U_{NH} = 2.4 - 1.5 = 0.9\text{V}$$

（4）扇出系数 N_O

扇出系数是指一个与非门能够带同类与非门的最大数目，它表示与非门带负载的能力。TTL 与非门产品规定值为 $N_O \geqslant 8$。

（5）平均传输延迟时间 t_{pd}

TTL 与非门工作时，由于晶体管工作状态的变化，如由导通到截止，或由截止到导通，均需要一定的时间，因此，输出脉冲波形相对输入脉冲波形存在一定的时间延迟，如图 13-2-4 所示。从输入脉冲上升沿的 50% 处到输出脉冲下降沿的 50% 处的时间间隔，称为输出从高电平跃变为低电平的传输延迟时间 t_{pHL}。从输入脉冲下降沿的 50% 处到输出脉冲上升沿的 50% 处的时间间隔，称为输出从低电平跃变为高电平的传输延迟时间 t_{pLH}。t_{pHL} 和 t_{pLH} 的平均值称为平均传输延迟时间 t_{pd}，即

$$t_{pd} = (t_{pHL} + t_{pLH})/2 \qquad (13\text{-}2\text{-}4)$$

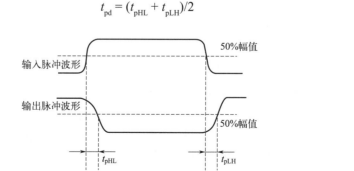

图 13-2-4 与非门的延迟时间

t_{pd} 是表示门电路开关速度的参数。TTL 与非门的 t_{pd} 一般为几纳秒至几十纳秒。

二、CMOS 门电路

由 MOS 器件构成的门电路，称为 MOS 集成逻辑门，也称为单极型逻辑门。根据所用 MOS 管类型不同，MOS 门电路可分为 NMOS 门电路、PMOS 门电路、由 PMOS 和 NMOS 构成的互补型 CMOS 门电路。

1. CMOS 非门电路

CMOS 非门电路（亦称 CMOS 反相器）如图 13-2-5 所示。驱动管 T_1 为 N 沟道增强型 MOS 管（NMOS），负载管 T_2 为 P 沟道增强型 MOS 管（PMOS），两者连成互补对称型结构。

当输入端 A 为低电平 0 时，T_1 截止，T_2 导通，输出端 F 为高电平 1。当输入端 A 为高电平 1 时，T_1 导通，T_2 截止，输出端 F 为低电平 0。该电路实现了非逻辑功能。

2. CMOS 与非门电路

CMOS 与非门电路如图 13-2-6 所示。驱动管 T_1、T_2 为 N 沟道增强型 MOS 管，两者串联。负载管 T_3 和 T_4 为 P 沟道增强型 MOS 管，两者并联。A、B 为输入端，F 为输出端。

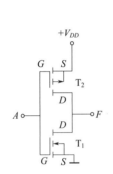

图 13-2-5　CMOS 非门电路

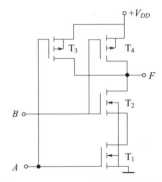

图 13-2-6　CMOS 与非门电路

当 A、B 两个输入端全为高电平 1 时，驱动管 T_1、T_2 都导通，负载管 T_3 和 T_4 都截止，输出端 F 为低电平 0。当 A、B 输入端有一个（或两个）为低电平 0 时，则 T_1、T_2 管有一个（或两个）截止，T_3、T_4 管有一个（或两个）导通，输出端 F 为高电平 1。实现了与非逻辑关系。

3. CMOS 或非门电路

CMOS 或非门电路如图 13-2-7 所示。T_1、T_2 是 N 沟道增强型 MOS 管，T_3、T_4 是 P 沟道增强型 MOS 管。

当 A、B 均为低电平 0 时，T_3、T_4 导通，T_1、T_2 截止，输出端 F 为高电平 1。当 A、B 至少有一个为高电平 1 时，T_3、T_4 至少有一个截止，T_1、T_2 至少有一个导通，输出端 F 为低电平 0。该电路具有或非逻辑功能，其逻辑表达式为

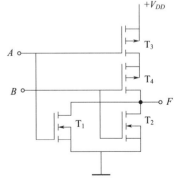

图 13-2-7　CMOS 或非门电路

$$F = \overline{A + B}$$

（13-2-5）

组合逻辑电路的分析和设计方法

组合逻辑电路是由门电路按一定的逻辑功能组合成的电路，其输出状态只与当前的输入状态有关，而与电路原来所处的状态无关。从电路结构上看，电路中无记忆元件，输入与输出之间无反馈。

一、组合逻辑电路的分析方法

组合逻辑电路的分析，就是对给定的逻辑电路，通过分析确定其逻辑功能，或者检查电路设计是否合理，验证其逻辑功能是否正确。

组合逻辑电路分析的一般步骤是：

① 由已知的逻辑图，逐级写出逻辑函数表达式；

② 化简和变换逻辑函数表达式；

③ 由化简后的逻辑表达式列出真值表；

④ 根据真值表确定电路的逻辑功能。

例 **13.3.1**　分析图 13-3-1 所示电路的逻辑功能。

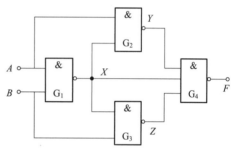

图 **13-3-1**　例 **13.3.1** 的图

解　（1）由逻辑图写出逻辑函数表达式

G_1 门：
$$X = \overline{AB}$$

G_2 门：
$$Y = \overline{A \cdot X} = \overline{A \cdot \overline{AB}}$$

G_3 门：
$$Z = \overline{B \cdot X} = \overline{B \cdot \overline{AB}}$$

G_4 门：
$$F = \overline{X \cdot Y \cdot Z} = \overline{\overline{AB} \cdot \overline{A \cdot \overline{AB}} \cdot \overline{B \cdot \overline{AB}}}$$

（2）对逻辑函数表达式 F 进行化简

$$F = \overline{\overline{AB} \cdot \overline{A \cdot \overline{AB}} \cdot \overline{B \cdot \overline{AB}}}$$
$$= AB + A \cdot \overline{AB} + B \cdot \overline{AB}$$
$$= AB + A \cdot \overline{AB} + B \cdot \overline{AB}$$
$$= AB + A\,(\overline{A} + \overline{B}) + B\,(\overline{A} + \overline{B})$$
$$= AB + A\overline{B} + \overline{A}B = A + B$$

由化简后的逻辑表达式可知，该电路能实现或逻辑功能。

例 **13.3.2**　分析图 13-3-2 所示电路的逻辑功能。

解　（1）由逻辑图写出逻辑表达式

G_1 门：
$$X = \overline{AB}$$

G_2 门：
$$Y = \overline{BC}$$

G_3 门：
$$Z = \overline{CA}$$

G_4 门：
$$F = \overline{X \cdot Y \cdot Z} = \overline{\overline{AB} \cdot \overline{BC} \cdot \overline{CA}}$$

（2）对 F 表达式化简

$$F = \overline{\overline{AB} \cdot \overline{BC} \cdot \overline{CA}}$$
$$= AB + BC + CA$$

（3）根据表达式列出真值表如表 13-3-1 所示

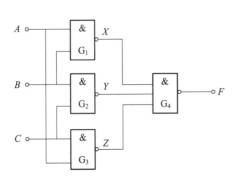

图 13-3-2　例 13.3.2 的图

表 13-3-1　例 13.3.2 的真值表

输入			输出
A	B	C	F
0	0	0	0
0	0	1	0
0	1	0	0
0	1	1	1
1	0	0	0
1	0	1	1
1	1	0	1
1	1	1	1

（4）确定逻辑功能

由真值表可知，当三个输入变量中有两个以上为 1 时，输出 F 为 1，否则输出为 0。该电路为三人表决电路。

二、组合逻辑电路的设计方法

组合逻辑电路的设计，就是根据给定的逻辑要求，画出能够实现逻辑功能的最简单的逻辑电路。设计的步骤如下：

① 根据给定的逻辑要求列出真值表；
② 根据真值表写出输出逻辑函数的与或表达式；
③ 化简或变换逻辑表达式；
④ 根据化简后的逻辑表达式画出逻辑电路图。

例 13.3.3　试用与非门设计一个逻辑电路 A、B 为输入变量，F 为输出变量，当输入变量中 1 的个数为奇数时，F 为 1，否则 F 为 0。

解　（1）根据题意列出真值表如表 13-3-2 所示

（2）由真值表写出逻辑表达式

$$F = \overline{A}B + A\overline{B}$$

（3）变换逻辑表达式

用与非门实现逻辑要求，可利用摩根定律将逻辑表达式进行变换，即

$$F = \overline{\overline{\overline{A}B + A\overline{B}}} = \overline{\overline{\overline{A}B} \cdot \overline{A\overline{B}}}$$

（4）画出逻辑电路图，逻辑电路如图 13-3-3 所示

该电路称做二位奇数校验器。就其逻辑功能来讲，当 A、B 状态相同时，输出 F 为 0，当 A、B 状态相异时，输出 F 为 1。这种逻辑关系称作异或逻辑，其表达式为

$$F = \overline{A}B + A\overline{B} = A \oplus B \tag{13-3-1}$$

表 13-3-2 例 13.3.3 的真值表

输入		输出
A	B	F
0	0	0
0	1	1
1	0	1
1	1	0

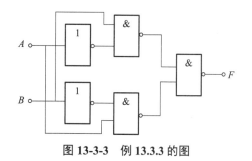

图 13-3-3 例 13.3.3 的图

实现异或逻辑功能的电路,称为异或门电路,用图 13-3-4 所示的逻辑符号表示。

将异或逻辑取反得 $F = \overline{A \oplus B} = AB + \overline{A}\,\overline{B}$,称作同或逻辑。实现同或逻辑的电路称为同或门,其逻辑符号如图 13-3-5 所示。

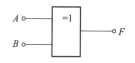

图 13-3-4 异或门逻辑符号

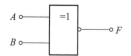

图 13-3-5 同或门逻辑符号

图 13-3-6 是集成四异或门 74LS136 的管脚排列图。图 13-3-7 是集成四异或(同或)门 74LS135 的管脚排列图,当 C 为低电平 0 时,Y 与 A、B 间为异或逻辑关系,当 C 为高电平 1 时,Y 与 A、B 间为同或逻辑关系。

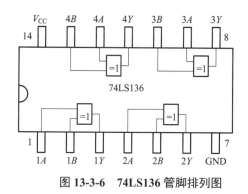

图 13-3-6 74LS136 管脚排列图

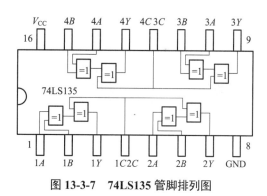

图 13-3-7 74LS135 管脚排列图

第四节

加法器

算术运算电路是计算机中不可缺少的单元电路,最常用的是加法器。加法器按功能又可分为半加器和全加器。

一、半加器

不考虑来自低位进位的两个一位二进制数的相加为半加,实现半加运算的电路称为半加器。

根据二进制数相加的运算规律可得半加器的真值表如表 13-4-1 所示。其中 A、B 为被加数和加数，S 为本位和，C 表示进位数。

由真值表可得半加和 S 与进位 C 的逻辑表达式：

$$S = A\overline{B} + \overline{A}B = A \oplus B$$

$$C = AB$$

由上式可知，半加器可由一个异或门和一个与门来实现，其逻辑电路和符号如图 13-4-1 所示。

表 13-4-1 半加器真值表

A	B	S	C
0	0	0	0
0	1	1	0
1	0	1	0
1	1	0	1

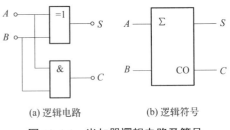

(a) 逻辑电路　　(b) 逻辑符号

图 13-4-1 半加器逻辑电路及符号

二、全加器

所谓全加，是指两个多位二进制数作加法运算时，第 n 位的被加数 A_n、加数 B_n 以及来自相邻低位的进位 C_{n-1} 三者相加，其结果得到本位和 S_n 以及向相邻高位的进位数 C_n 的运算。实现全加运算的逻辑电路叫全加器。全加器的真值表如表 13-4-2 所示。

表 13-4-2 全加器真值表

输入			输出	
A_n	B_n	C_{n-1}	S_n	C_n
0	0	0	0	0
0	0	1	1	0
0	1	0	1	0
0	1	1	0	1
1	0	0	1	0
1	0	1	0	1
1	1	0	0	1
1	1	1	1	1

根据真值表可写出和数 S_n、进位 C_n 的逻辑表达式：

$$
\begin{aligned}
S_n &= \overline{A}_n \overline{B}_n C_{n-1} + \overline{A}_n B_n \overline{C}_{n-1} + A_n \overline{B}_n \overline{C}_{n-1} + A_n B_n C_{n-1} \\
&= (\overline{A}_n B_n + A_n \overline{B}_n)\overline{C}_{n-1} + (\overline{A}_n \overline{B}_n + A_n B_n)C_{n-1} \\
&= (A_n \oplus B_n)\overline{C}_{n-1} + (\overline{A_n \oplus B_n})C_{n-1} \\
&= A_n \oplus B_n \oplus C_{n-1} \\
C_n &= \overline{A}_n B_n C_{n-1} + A_n \overline{B}_n C_{n-1} + A_n B_n \overline{C}_{n-1} + A_n B_n C_{n-1} \\
&= (\overline{A}_n B_n + A_n \overline{B}_n)C_{n-1} + A_n B_n(\overline{C}_{n-1} + C_{n-1}) = (A_n \oplus B_n)C_{n-1} + A_n B_n
\end{aligned}
$$

由上式可知，全加器可由两个半加器和一个或门组成，其逻辑电路和符号如图 13-4-2 所示。

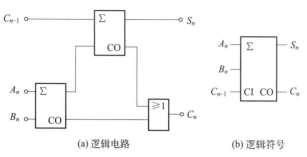

(a) 逻辑电路　　　　　　　(b) 逻辑符号

图 13-4-2　全加器逻辑电路及符号

三、多位加法器

要实现两个多位二进制数的加法运算，需要多个全加器（最低位可用半加器）。图 13-4-3 是一个 4 位串行进位加法器的逻辑电路，它是由 4 个全加器组成的，低位全加器的进位输出 CO 接到高位的进位输入 CI，任一位的加法运算必须在低一位的运算完成之后才能进行，故称为串行进位。实际应用中，该电路可选用两片 74LS183 或一片 74LS283 集成全加器芯片来完成。74LS183 为 2 位二进制全加器，74LS283 为 4 位二进制全加器。图 13-4-4 是用两片 74LS183 组成的 4 位二进制加法器。

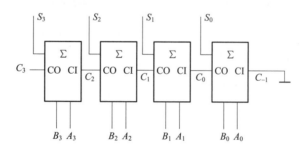

图 13-4-3　4 位串行加法器

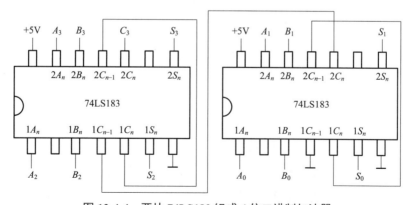

图 13-4-4　两片 74LS183 组成 4 位二进制加法器

编码器

把具有特定含义的输入信号（文字、数字、符号）转换成二进制代码的过程叫编码，能够实现编码的电路称为编码器。常用的有二进制编码器、二 - 十进制编码器等。

一、二进制编码器

将某种信号转换成二进制代码的电路称为二进制编码器。例如将 $I_0 \sim I_7$ 共 8 个输入信号进行编码，其步骤如下所述。

1．确定二进制代码的位数

现有 8 个信号，应有 8 种状态来表示，根据 $2^n = 8$ 可知 $n = 3$，所以输出应为三位二进制代码，即输出端有 3 个。

2．列编码表

编码表是将待编码的 8 个信号和对应的二进制代码列成表格，如表 13-5-1 所示。

表 13-5-1　3 位二进制编码表

输入								输出		
I_0	I_1	I_2	I_3	I_4	I_5	I_6	I_7	Y_2	Y_1	Y_0
0	0	0	0	0	0	0	1	1	1	1
0	0	0	0	0	0	1	0	1	1	0
0	0	0	0	0	1	0	0	1	0	1
0	0	0	0	1	0	0	0	1	0	0
0	0	0	1	0	0	0	0	0	1	1
0	0	1	0	0	0	0	0	0	1	0
0	1	0	0	0	0	0	0	0	0	1
1	0	0	0	0	0	0	0	0	0	0

由编码表可知，对应于每一组二进制代码，要求 8 个输入信号中只能有一个输入为 1，其他都为 0。例如 I_7 为 1，其他都为 0 时，对应的代码为 $Y_2 Y_1 Y_0 = 1\,1\,1$。

3．根据编码表写出逻辑表达式

$$Y_2 = I_4 + I_5 + I_6 + I_7 = \overline{\overline{I_4 + I_5 + I_6 + I_7}} = \overline{\overline{I_4} \cdot \overline{I_5} \cdot \overline{I_6} \cdot \overline{I_7}}$$
$$Y_1 = I_2 + I_3 + I_6 + I_7 = \overline{\overline{I_2 + I_3 + I_6 + I_7}} = \overline{\overline{I_2} \cdot \overline{I_3} \cdot \overline{I_6} \cdot \overline{I_7}}$$
$$Y_0 = I_1 + I_3 + I_5 + I_7 = \overline{\overline{I_1 + I_3 + I_5 + I_7}} = \overline{\overline{I_1} \cdot \overline{I_3} \cdot \overline{I_5} \cdot \overline{I_7}}$$

4．由逻辑表达式画出逻辑电路图

用与非门构成的逻辑电路如图 13-5-1 所示。由于该电路有 8 个输入端，3 个输出端，所以又称为 8 线 -3 线编码器。

二、二－十进制编码器

二 - 十进制编码器是将十进制的 10 个数码 0 ～9 编成二进制代码的电路。输入是 0 ～9 的 10 个数码，输出是对应的二进制代码。用二进制代码表示十进制数，称为二 - 十进制编码，简称 BCD 码。

1．确定二进制代码的位数

输入有 10 个数码，要求有 10 种状态，3 位二进制只有 8 种状态，所以输出应为 4 位二进制代码。

2．列编码表

4 位二进制代码共有 16 种状态，其中任何 10 种状态都可用来表示 0 ～9 十个数码。最常用的是 8421 编码方式，就是在 4 位进制代码的 16 种状态中取出前 10

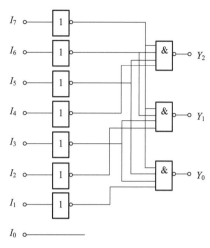

图 13-5-1　3 位二进制编码器

种状态，即 0000 ～1001，后 6 种状态去掉。二进制代码各位的 1 所代表的十进制数从高位到低位依次为 8、4、2、1，称之为"权"，8421 码由此而得名。二进制代码各位的数码乘以该位的"权"再相加，即得出该二进制代码所表示的一位十进制数。例如"0101"表示十进制数的 5：

$$0×8 + 1×4 + 0×2 + 1×1 = 5$$

二 - 十进制编码表如表 13-5-2 所示。

表 13-5-2　8421（BCD）码编码表

十进制数码	输入										输出			
	S_0	S_1	S_2	S_3	S_4	S_5	S_6	S_7	S_8	S_9	D	C	B	A
0	0	1	1	1	1	1	1	1	1	1	0	0	0	0
1	1	0	1	1	1	1	1	1	1	1	0	0	0	1
2	1	1	0	1	1	1	1	1	1	1	0	0	1	0
3	1	1	1	0	1	1	1	1	1	1	0	0	1	1
4	1	1	1	1	0	1	1	1	1	1	0	1	0	0
5	1	1	1	1	1	0	1	1	1	1	0	1	0	1
6	1	1	1	1	1	1	0	1	1	1	0	1	1	0
7	1	1	1	1	1	1	1	0	1	1	0	1	1	1
8	1	1	1	1	1	1	1	1	0	1	1	0	0	0
9	1	1	1	1	1	1	1	1	1	0	1	0	0	1

3．由编码表写出逻辑表达式

$$A = \overline{S}_1 + \overline{S}_3 + \overline{S}_5 + \overline{S}_7 + \overline{S}_9$$
$$= \overline{\overline{\overline{S}_1 + \overline{S}_3 + \overline{S}_5 + \overline{S}_7 + \overline{S}_9}}$$
$$= \overline{S_1 \cdot S_3 \cdot S_5 \cdot S_7 \cdot S_9}$$

$$B = \overline{S}_2 + \overline{S}_3 + \overline{S}_6 + \overline{S}_7$$
$$= \overline{\overline{\overline{S}_2 + \overline{S}_3 + \overline{S}_6 + \overline{S}_7}}$$
$$= \overline{\overline{S}_2 \cdot \overline{S}_3 \cdot \overline{S}_6 \cdot \overline{S}_7}$$

同理得
$$C = \overline{\overline{S}_4 \cdot \overline{S}_5 \cdot \overline{S}_6 \cdot \overline{S}_7}$$
$$D = \overline{\overline{S}_8 \cdot \overline{S}_9}$$

4. 由逻辑表达式画出逻辑电路图

由逻辑表达式画出逻辑电路图如图 13-5-2 所示。当按下某一键号时，输出便产生与该键号对应的 8421 码。例如按下 S_6，相应输入 "6" 为低电平 0，其余输入均为高电平 1，则输出端 $D = 0$，$C = 1$，$B = 1$，$A = 0$，即将十进制的 6 编成了二 - 十进制代码 0110。该电路设置了控制标志 S，$S = 0$ 时，电路尚未处于编码状态，输出端 $DCBA = 0000$，$S = 1$ 时，是 S_0 键按下，输出端 $DCBA = 0000$ 是十进制 0 的二进制代码。

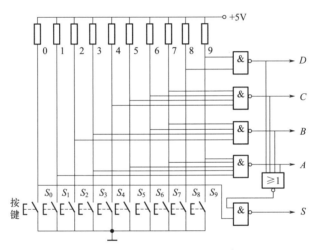

图 13-5-2　键控 8421（BCD）码编码器

三、优先编码器

上述两种编码电路存在一定的问题，编码器每次只允许出现一个输入信号。如果同时有多个输入信号出现时，其输出是混乱的。为解决这一问题，可采用优先编码器。优先编码器允许几个信号同时输入，但电路只对其中优先级别最高的输入信号编码。4 线 -2 线优先编码器的功能表如表 13-5-3 所示（× 表示可取 0 或 1 任意值）。

表 13-5-3　4 线 -2 线优先编码器功能表

输入				输出	
I_0	I_1	I_2	I_3	Y_1	Y_0
1	0	0	0	0	0
×	1	0	0	0	1
×	×	1	0	1	0
×	×	×	1	1	1

由功能表可知，4 个输入信号的优先级别的高低次序依次为 I_3、I_2、I_1、I_0。例如当 I_3 为 1 时，无论其他 3 个输入信号是否为有效电平输入，输出均为 11。读者可根据功能表列出逻辑表达式，并画出逻辑电路图。

在实际应用中多采用集成优先编码器，常用的有 74LS147、74LS148 等。74LS147 为 10 线 -4 线优先编码器，74LS148 为 8 线 -3 线优先编码器。

第六节

译码器

译码是编码的逆过程，即将每一组二进制代码"翻译"成一个相应的输出信号。实现译码功能的逻辑电路称为译码器。译码器按用途大致分为三大类：一是二进制译码器，又称变量译码器，用来表示输入变量状态的译码器；二是码制变换译码器，常见的是把 BCD 码转换成十进制的译码器，简称二 - 十进制译码器；三是显示译码器，用来驱动数码管等显示器件的译码器。

一、二进制译码器

图 13-6-1 所示电路是一个 2 位二进制译码器，其中 A、B 为输入端，输入 2 位二进制代码，$\overline{Y}_0 \sim \overline{Y}_3$ 为 4 个输出信号，所以又称为 2 线 -4 线译码器，其逻辑表达式为

$$\overline{Y}_0 = \overline{\overline{B}\,\overline{A}}$$
$$\overline{Y}_1 = \overline{\overline{B}A}$$
$$\overline{Y}_2 = \overline{B\overline{A}}$$
$$\overline{Y}_3 = \overline{BA}$$

当输入端 A、B 的状态改变时，输出端有相应的信号输出，其真值表如表 13-6-1 所示。

由真值表可看出，对应任何一组代码的输入，都只能有一条相应的输出线有信号输出，在该电路中为低电平 0，而其他输出端均为高电平 1。二进制译码器实现了把输入代码译成特定信号的功能。

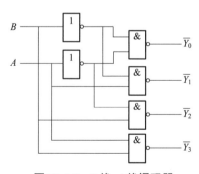

图 13-6-1　2 线 -4 线译码器

表 13-6-1　2 线 -4 线译码器真值表

输入		输出			
B	A	$\overline{Y}_3$	$\overline{Y}_2$	$\overline{Y}_1$	$\overline{Y}_0$
0	0	1	1	1	0
0	1	1	1	0	1
1	0	1	0	1	1
1	1	0	1	1	1

常用的集成二进制译码器种类很多，如 74LS139、74LS138 等。74LS139 为双 2 线 -4 线

译码器，74LS138 为 3 线 -8 线译码器。图 13-6-2 所示为 74LS138 译码器，它具有三个控制端 G_1、$\overline{G}_{2A}$ 和 $\overline{G}_{2B}$。当 $G_1 = 0$ 或 $\overline{G}_{2A} + \overline{G}_{2B} = 1$ 时，不论其他输入端为何状态，输出端 $\overline{Y}_0 \sim \overline{Y}_7$ 均为高电平 1，即禁止编码。只有当 $G_1 = 1$ 且 $\overline{G}_{2A} = \overline{G}_{2B} = 0$ 时，允许编码，译码器输出低电平有效，如当 $A_2A_1A_0 = 1\,0\,1$ 时，$\overline{Y}_5 = 0$，其他输出端均为高电平 1。

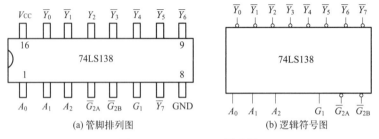

图 13-6-2　74LS138 译码器

二、二 – 十进制译码器

图 13-6-3 是集成电路二 - 十进制译码器 74LS42 的管脚排列图。该电路有 4 个输入端 $A_0 \sim A_3$，10 个输出端 $\overline{Y}_0 \sim \overline{Y}_9$，所以又称 4 线 -10 线译码器，其逻辑功能如表 13-6-2 所示。

由表可知，当 $A_3A_2A_1A_0 = 0\,0\,0\,0$ 时，$Y_0 = \overline{A}_3\,\overline{A}_2\,\overline{A}_1\,\overline{A}_0$，即 $\overline{Y}_0 = \overline{\overline{A}_3\,\overline{A}_2\,\overline{A}_1\,\overline{A}_0} = 0$，它对应的十进制数为 0，其余输出依次类推。

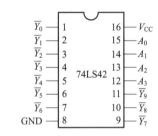

图 13-6-3　74LS42 二 - 十进制译码器

表13-6-2　74LS42 二-十进制译码器功能表

输入				输出									
A_3	A_2	A_1	A_0	$\overline{Y}_9$	$\overline{Y}_8$	$\overline{Y}_7$	$\overline{Y}_6$	$\overline{Y}_5$	$\overline{Y}_4$	$\overline{Y}_3$	$\overline{Y}_2$	$\overline{Y}_1$	$\overline{Y}_0$
0	0	0	0	1	1	1	1	1	1	1	1	1	0
0	0	0	1	1	1	1	1	1	1	1	1	0	1
0	0	1	0	1	1	1	1	1	1	1	0	1	1
0	0	1	1	1	1	1	1	1	1	0	1	1	1
0	1	0	0	1	1	1	1	1	0	1	1	1	1
0	1	0	1	1	1	1	1	0	1	1	1	1	1
0	1	1	0	1	1	1	0	1	1	1	1	1	1
0	1	1	1	1	1	0	1	1	1	1	1	1	1
1	0	0	0	1	0	1	1	1	1	1	1	1	1
1	0	0	1	0	1	1	1	1	1	1	1	1	1

三、显示译码器

常见的显示译码器是数字显示电路，它由译码器、驱动器和显示器等部分组成。

1. 显示器件

常用的显示器件有半导体数码管、液晶数码管和荧光数码管等。这里仅介绍半导体数码管。

半导体数码管亦称 LED 数码管，其基本结构是 PN 结。制造 PN 结的半导体材料是磷砷化镓、磷化镓等。当 PN 结外加正向电压时，就能发出清晰的光线。单个 PN 结可以封装成发光二极管，多个 PN 结可按分段封装成半导体数码管，如图 13-6-4 所示。发光二极管的工作电压为 $1.5 \sim 3V$，工作电流为几毫安到十几毫安。半导体数码管将十进制数码分成 7 段，又称为 7 段数码管，选择不同的字段发光，可显示 $0 \sim 9$ 不同的字形。

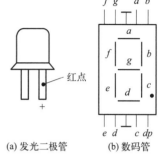

图 13-6-4 半导体显示器

半导体数码管中，7 个发光二极管有共阴极和共阳极两种接法，如图 13-6-5 所示。对共阴极接法，接高电平的字段发光，对共阳极接法，接低电平的字段发光。使用时，每个发光管要串接约 100Ω 的限流电阻。

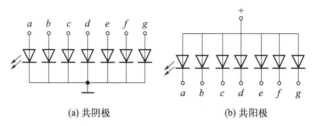

(a) 共阴极 　　　　　　 (b) 共阳极

图 13-6-5 7 段数码管的两种接法

2. 显示译码器

显示译码器种类很多。7 段显示译码器是把 BCD 代码译成驱动 7 段数码管的信号，显示出相应的十进制数码，其真值表如表 13-6-3 所示。

表 13-6-3 7 段显示译码器真值表

输入				输出							显示数字
A_3	A_2	A_1	A_0	a	b	c	d	e	f	g	
0	0	0	0	1	1	1	1	1	1	0	0
0	0	0	1	0	1	1	0	0	0	0	1
0	0	1	0	1	1	0	1	1	0	1	2
0	0	1	1	1	1	1	1	0	0	1	3
0	1	0	0	0	1	1	0	0	1	1	4
0	1	0	1	1	0	1	1	0	1	1	5
0	1	1	0	1	0	1	1	1	1	1	6
0	1	1	1	1	1	1	0	0	0	0	7
1	0	0	0	1	1	1	1	1	1	1	8
1	0	0	1	1	1	1	1	0	1	1	9

由真值表可以看出，该译码器输出为高电平有效，应与共阴极数码管配合使用。与共阳极配合使用的显示译码器，其真值表与表 13-6-3 所示的相反，即将输出状态中的 1 和 0 对换。

集成电路 74LS48 是输出高电平有效的 7 段显示译码器，其管脚排列图如图 13-6-6 所示。该电路除基本输入端和输出端外，还有三个辅助控制端：试灯输入端 $\overline{LT}$、灭零输入端 $\overline{RBI}$、灭灯输入/灭零输出端 $\overline{BI}/\overline{RBO}$。$\overline{BI}/\overline{RBO}$ 既可以作输入用，也可作输出用。

（1）试灯功能

当 $\overline{LT}=0$，$\overline{BI}/\overline{RBO}$ 作为输出端且 $\overline{RBO}=1$，无论其他输入端为何状态，$a \sim g$ 均为高电平 1，所有段全亮，显示十进制数字 8。该输入端常用于检查 74LS48 显示译码器及数码管的好坏。$\overline{LT}=1$ 时，方可进行译码显示。

（2）灭灯功能

$\overline{BI}/\overline{RBO}$ 做输入端，且 $\overline{BI}=0$，无论其他输入端为何状态，$a \sim g$ 均为低电平 0，数码管各段均熄灭。

（3）灭零功能

$\overline{BI}/\overline{RBO}$ 作为输出端，且 $\overline{LT}=1$、$\overline{RBI}=0$，若 $A_3A_2A_1A_0=0\,0\,0\,0$ 时，$a \sim g$ 均为低电平 0，实现灭零功能。与此同时，$\overline{BI}/\overline{RBO}$ 输出低电平 0，表示译码器处于灭零状态。而对非 0000 状态的数码输入，则照常显示，$\overline{BI}/\overline{RBO}$ 输出高电平。

$\overline{RBO}$ 和 $\overline{RBI}$ 配合使用，可实现无意义位的"消隐"。例如 5 位数显示器显示数为"03.150"，将无意义位的 0 消隐后，则显示"3.15"。

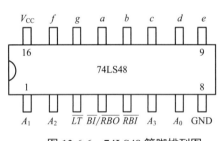

图 13-6-6   74LS48 管脚排列图

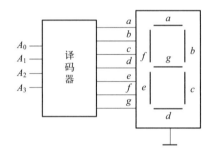

图 13-6-7   显示译码器与数码管连接示意图

译码显示器 74LS48 与共阴极半导体数码管的连接示意图如图 13-6-7 所示。

习题十三

13.1 试用一个三输入端的二极管与门和一个三极管非门连接成一个与非门电路，列出真值表，写出逻辑表达式。

13.2 试用一个三输入端的二极管或门和一个三极管非门连接成一个或非门电路，列出真值表，写出逻辑表达式。

13.3 晶体管非门电路如图 P13.3 所示，已知 $R_C=2\text{k}\Omega$，$R_B=100\text{k}\Omega$，$\beta=30$，当输入电压分别为 0V 和 5V 时，验证此电路是否符合非门的逻辑关系？如果不符合，应采取哪些措施使其满足非门的逻辑关系？

图 P13.3

13.4 判断图 P13.4 所示各电路的晶体管工作在什么状态？

13.5 二极管电路及其输入端 A、B、C 的电压波形均如图 P13.5 所示。

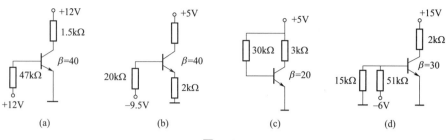

图 P13.4

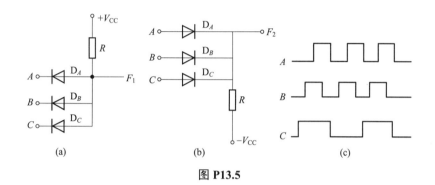

图 P13.5

（1）分别写出 F_1、F_2 与输入端 A、B、C 的逻辑关系；

（2）画出图 P13.5（a）、（b）电路的逻辑符号图；

（3）列出图 P13.5（a）、（b）电路的真值表；

（4）画出 F_1、F_2 的波形图。

13.6　已知某逻辑电路图如图 P13.6 的输入 A、B 及输出 F 的波形，试分别列出状态表，写出逻辑式并画出逻辑图。

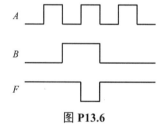

图 P13.6

13.7　写出图 P13.7 所示电路各输出端 F_1、F_2 的逻辑表达式。

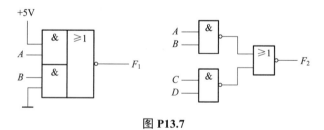

图 P13.7

13.8　图 P13.8 是由与非门构成的异或门电路，试分析输出与输入信号的逻辑关系，写出真值表及逻辑表达式。

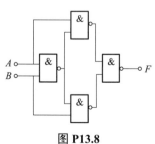

图 P13.8

13.9　试用"与非"门实现逻辑式 $F = \overline{A(B+C)}$，写出化简后的逻辑式，画出逻辑图。

13.10　逻辑电路图及输入 A、B、C 的波形如图 P13.10 所示，试分别画出输出 F_1、F_2、F_3 的波形。

13.11　已知"异或"门两输入 A、B 的波形如下图 P13.11 所示。试画出输出 F 的波形图，写出状态表及逻辑式，画出逻辑图。

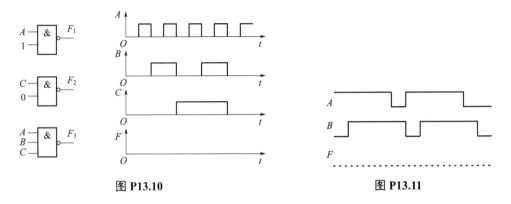

图 P13.10　　　　　　　　　　图 P13.11

13.12　试分析图 P13.12 所示各电路的逻辑功能。

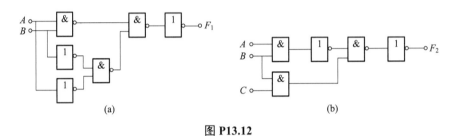

(a)　　　　　　　　　　　(b)

图 P13.12

13.13　逻辑电路如图 P13.13 所示，分别写出两图的逻辑式。

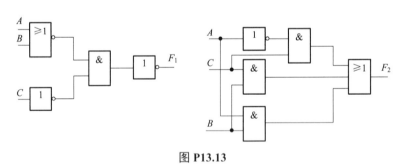

图 P13.13

13.14　逻辑电路如图 P13.14 所示，写出逻辑式。

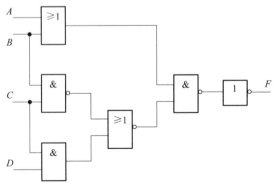

图 P13.14

13.15　图 P13.15 是一密码锁控制电路。开锁条件是：拨对密码；钥匙插入锁眼将开关闭合。当两个条件同时满足时，开锁信号为 1，将锁打开。否则报警信号为 1，接通警铃。试分析密码 ABCD 是什么？

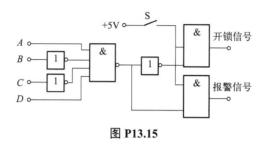

图 P13.15

13.16　图 P13.16 是一位二进制数码比较器，a_i、b_i 为输入端，$a_i < b_i$、$a_i = b_i$、$a_i > b_i$ 是比较结果输出端，试分析其工作原理。

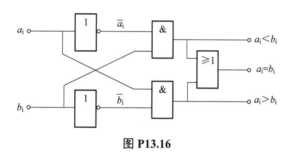

图 P13.16

13.17　试设计用单刀双掷开关来控制楼梯照明灯的电路，要求在楼下开灯后，在楼上可关灯，同样在楼上开灯后，在楼下也可关灯。用与非门实现上述逻辑功能。

13.18　试用与非门设计一个 3 输入、3 输出的组合逻辑电路。输出 F_1、F_2、F_3 为 3 台工作电动机，由 3 个输入信号 A、B、C 控制。当 A、B 有信号时，F_1 电动机工作，B、C 有信号时，F_2 电动机工作，C、A 有信号时，F_3 电动机工作。

13.19　旅客列车分为特快、快车、慢车 3 种，它们从车站开出的优先顺序由高到低依次是特快、快车、慢车。试设计一个列车从车站开出的逻辑电路。

13.20　已知半加器的逻辑式为 $S = \overline{A}B + A\overline{B}$，$C = AB$，其中 A 为被加数，B 为加数，C 为向高位的进位数，S 为本位和。要求：（1）列出其逻辑状态表；（2）画出逻辑图。

13.21　逻辑电路如图 P13.21 所示，试写出逻辑式，并化简之，列出状态表，说明它是什么逻辑部件。

图 P13.21

13.22　仿照半加器和全加器的设计方法，试设计一个半减器和全减器。

13.23　有两个 4 位的二进制数，A 为 1001，B 为 1101，若把它们并行相加起来需要几个全加器，画出逻辑图，和数 S 为多少。

13.24　某车间有 3 台大电炉，当一台电炉工作时，只需启动 A 电源，当两台电炉工作时，只需启动 B 电源，当 3 台电炉都工作时，则同时启动 A、B 两台电源供电。要求：

（1）用与非门设计能够完成上述供电任务的逻辑电路。

（2）用全加器实现上述供电任务。

13.25　已知某组合逻辑电路的输入 A、B、C 及输出 F 的波形如图 P13.25 所示，试列出真值表、卡诺图、写出逻辑表达式并画出逻辑电路。

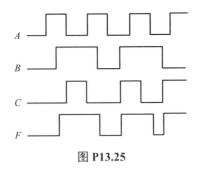

图 P13.25

13.26　用与非门设计一个 7 段显示译码器，要求能够显示 A、B、C、D、E 等 5 个字符。

13.27　图 P13.27 所示是用两个 3 线 -8 线译码器 74LS138 组成的 4 线 -16 线译码电路，试分析其逻辑功能，并列出真值表。

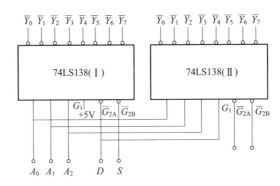

图 P13.27

第十四章

时序逻辑电路和集成 555 定时器

时序逻辑电路与组合逻辑电路不同，它在任何时刻的输出状态，不仅与该时刻输入信号的状态有关，而且还与输入信号作用前的输出状态有关。时序逻辑电路由门电路和具有记忆功能的触发器组成。常用的时序逻辑电路有寄存器、计数器等。555 定时器是一种中规模集成电路，可方便地构成施密特触发器、单稳态触发器以及自激多谐振荡器。

▶ 第一节

触发器

触发器是由门电路构成的单元电路，它可以接收、存储并输出二进制信息 0 和 1。触发器按其输出端的工作状态可分为双稳态触发器、单稳态触发器和无稳态触发器。双稳态触发器具有两个稳定状态，在触发信号作用下，两个稳定状态可以相互转换，亦称翻转。当触发信号消失后，电路将建立的稳定状态保存下来。根据触发器电路结构的不同，可分为基本 R-S 触发器、同步触发器、主从触发器等。

一、基本 R-S 触发器

由两个与非门交叉连接组成的基本 R-S 触发器及其逻辑符号如图 14-1-1 所示，$\overline{S}_D$、$\overline{R}_D$ 是两个信号输入端，Q、$\overline{Q}$ 为两个互补的信号输出端。通常规定以 Q 端的状态表示触发器的状态。输出与输入的逻辑关系分析如下所述。

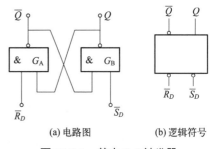

(a) 电路图　　　　(b) 逻辑符号

图 14-1-1　基本 R-S 触发器

1. $\bar{S}_D = 0$，$\bar{R}_D = 1$

当 $\bar{S}_D$ 端接低电平或输入负脉冲，即 $\bar{S}_D = 0$ 时，对与非门 G_B，不管输出端 Q 原来的状态怎样，此时 Q 必然为 1。由于与非门 G_A 两个输入端都为 1，其输出端 $\bar{Q}$ 必然为 0。这时即使 $\bar{S}_D$ 端恢复到高电平，Q 仍为 1。所以把 $\bar{S}_D$ 端称为置位端或置 1 端。

2. $\bar{S}_D = 1$，$\bar{R}_D = 0$

当 $\bar{R}_D$ 端接低电平或输入负脉冲，即 $\bar{R}_D = 0$ 时，对与非门 G_A，不论输出端 $\bar{Q}$ 原来为何种状态，此时 $\bar{Q}$ 必然为 1。由于与非门 G_B 两个输入端都为 1，其输出端 Q 必然为 0。这时即使 $\bar{R}_D$ 端恢复到高电平，Q 仍为 0。所以把 $\bar{R}_D$ 端称为复位端或复 0 端。

3. $\bar{S}_D = 1$，$\bar{R}_D = 1$

由与非门的逻辑功能可知，当 $\bar{S}_D = \bar{R}_D = 1$ 时，触发器保持原状态不变。

4. $\bar{S}_D = 0$，$\bar{R}_D = 0$

当 $\bar{S}_D$ 端和 $\bar{R}_D$ 端同时加负脉冲时，与非门 G_A、G_B 的输出端都为高电平 1，破坏了 Q 与 $\bar{Q}$ 端互为反变量的逻辑要求。当输入端的负脉冲同时消失时，由于无法预知与非门动态传输特性的差异，故触发器转换为何种状态将不能确定。因此，对于这种随机性的不定输出，在使用中是不允许出现的。

基本 R-S 触发器输出与输入之间的逻辑关系，可用逻辑状态表来表示。为了表达清楚，我们规定：触发器在接收触发信号之前的原稳定状态称为初态或现态，用 Q^n 表示；触发器在接收触发信号后建立的新稳定状态叫次态，用 Q^{n+1} 表示。由上述可知，基本 R-S 触发器的状态是由触发信号和初态 Q^n 的取值情况所决定的，其状态表如表 14-1-1 所示。

由状态表可得出基本 R-S 触发器的特性方程：

$$Q^{n+1} = S_D + \bar{R}_D Q^n$$
$$\bar{S}_D + \bar{R}_D = 1 \text{（约束条件）} \tag{14-1-1}$$

图 14-1-2 是基本 R-S 触发器的工作波形。

表14-1-1　基本 R-S 触发器状态表

$\bar{S}_D$	$\bar{R}_D$	Q^n	Q^{n+1}	功能
0	0	0	不确定	不允许
0	0	1		
0	1	0	1	置1
0	1	1	1	
1	0	0	0	复0
1	0	1	0	
1	1	0	0	不变
1	1	1	1	

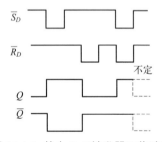

图 14-1-2　基本 R-S 触发器工作波形

二、同步 R-S 触发器

基本 R-S 触发器是由 $\bar{S}_D$、$\bar{R}_D$ 输入状态直接控制触发器的翻转，这在使用上有许多不便。在实际应用中，往往要求各触发器的翻转在时间上同步，这就需要增加一个同步控制端，只有在同步控制端信号到达时，触发器才能按输入信号改变状态。通常称同步控制信号为时钟信号，简称时钟，用 CP 表示。因此，同步触发器又称为钟控触发器。

图 14-1-3 是同步 R-S 触发器的逻辑电路及其逻辑符号。图中与非门 G_A、G_B 组成基本 R-S 触发器，G_C、G_D 组成输入控制门电路。S、R 为信号输入端，CP 是时钟脉冲的输入端。逻辑功能分析如下。

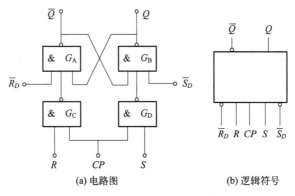

(a) 电路图　　　　　(b) 逻辑符号

图 14-1-3　同步 R-S 触发器

1. 当 $CP = 0$ 时，与非门 G_C、G_D 被封锁，不论 S、R 输入端为何种电平，输出均为高电平 1，由基本 R-S 触发器的状态表可知，触发器的状态保持不变。

2. 当 $CP = 1$ 时，与非门 G_C、G_D 开启，触发器的输出状态由输入端 S、R 的状态决定。

（1）$S = 0$，$R = 1$

$S = 0$，G_D 门输出为 1，$R = 1$，G_C 门两个输入端均为 1，输出为 0，使 G_A 门的输出端 $\overline{Q}$ 为 1。此时 G_B 门的三个输入端全为 1，其输出端 Q 为 0，所以触发器被复 0。

（2）$S = 1$，$R = 0$

$R = 0$，G_C 门输出为 1，$S = 1$，G_D 门输出为 0，使 G_B 门的输出 Q 为 1，此时 G_A 门输出 $\overline{Q}$ 为 0，所以触发器被置 1。

（3）$S = 0$，$R = 0$

$S = R = 0$ 时，G_C、G_D 门输出为 1，所以触发器保持状态不变。

（4）$S = 1$，$R = 1$

$S = R = 1$ 时，G_C、G_D 门输出均为 0，迫使触发器的 Q、$\overline{Q}$ 端暂时为高电平 1，当 CP 正脉冲或 S、R 信号消失后，触发器的状态不能确定，这在工作实际中是不允许的。

图中 $\overline{S}_D$ 端为直接置 1 端，当 $\overline{S}_D = 0$ 时，不论 CP 和 S、R 为何种状态，触发器被置 1。$\overline{R}_D$ 端为直接复 0 端，当 $\overline{R}_D = 0$ 时，触发器被直接复 0。电路工作前，可通过 $\overline{S}_D$ 或 $\overline{R}_D$ 使触发器置 1 或复 0。初始状态预置后，$\overline{S}_D$、$\overline{R}_D$ 均应处于高电平。

同步 R-S 触发器的状态表如表 14-1-2 所示。

表 14-1-2　同步 R-S 触发器状态表

S	R	Q_n	Q^{n+1}	功能
0	0	0	0	状态不变
0	0	1	1	

续表

S	R	Q_n	Q^{n+1}	功能
0	1	0	0	复0
0	1	1	0	
1	0	0	1	置1
1	0	1	1	
1	1	0	不确定	不允许
1	1	1		

由状态表可得出同步 R-S 触发器的特性方程是

$$Q^{n+1} = S + \overline{R}\, Q^n$$

$$SR = 0 \quad （约束条件）\qquad\qquad (14\text{-}1\text{-}2)$$

图 14-1-4 是同步 R-S 触发器的工作波形图。

将同步 R-S 触发器的 $\overline{Q}$ 端连到 S 端，Q 端连到 R 端，如图 14-1-5 所示。该电路不仅避免了输出状态不确定的情况，而且具有计数功能。

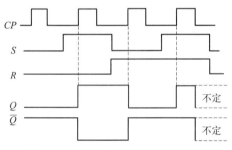

图 14-1-4　同步 R-S 触发器工作波形图

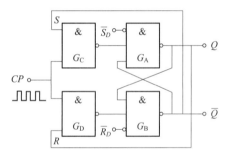

图 14-1-5　计数式 R-S 触发器

由 CP 端输入的计数脉冲每来一个，触发器的状态就翻转一次，翻转的次数等于计数脉冲的个数。

同步 R-S 触发器一般要求在 CP = 1 时，触发器只能翻转一次，即 CP = 1 期间 R、S 的状态不能再有变化。否则，R、S 的变化将会引起触发器状态的相应变化，即触发器在 CP = 1 期间可能有多次翻转，出现所谓的"空翻"现象，从而失去同步的意义。

三、主从 J-K 触发器

主从型 J-K 触发器的逻辑电路如图 14-1-6 所示，它由两个同步 R-S 触发器组成。

由电路可看出，当时钟脉冲上升沿到来时，由于 CP = 1，主触发器接收输入信号，其输出状态由 J、K、Q、$\overline{Q}$ 决定。与此同时，由于从触发器的时钟信号 $\overline{CP}$ = 0，所以不接收信号，其输出状态不变。当时钟脉冲下降沿到来时，由于

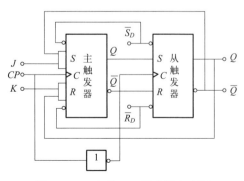

图 14-1-6　主从 J-K 触发器电路图

$CP = 0$，主触发器不接收输入信号，其输出状态保持 $CP = 1$ 时的状态不变，而从触发器则接收来自主触发器的输出信号，其输出状态由主触发器的状态决定。可见，主从型 J-K 触发器的工作过程是分两步进行的，在 CP 脉冲的上升沿主触发器接收输入信号，在 CP 脉冲的下降沿，从触发器输出相应的状态。每来一个时钟脉冲，触发器只能翻转一次，从而避免了"空翻"现象。

下面分四种情况分析 J-K 触发器的逻辑功能：

1. $J = 0$, $K = 0$

在 $CP = 1$ 时，由于主触发器的 $S = J\overline{Q} = 0$，$R = KQ = 0$，主触发器的输出状态不变，因此，当 $CP = 0$ 时，从触发器的输出状态也不会改变。即 $J = K = 0$ 时，$Q^{n+1} = Q^n$，触发器具有记忆（存储）功能。

2. $J = 0$, $K = 1$

设触发器初始状态为 0 态，主触发器的 $S = J\overline{Q} = 0$，$R = KQ = 0$，如上所述，触发器将保持 0 状态不变。

若触发器初始状态为 1 态，则主触发器的 $S = 0$，$R = 1$。当 $CP = 1$ 时，主触发器被复 0，当 CP 下降沿到来时，从触发器也被复 0。可见，在 $J = 0$，$K = 1$ 时，触发器具有复 0 功能。

3. $J = 1$, $K = 0$

设触发器的初始状态为 0 态，主触发器的 $S = J\overline{Q} = 1$，$R = KQ = 0$，在 CP 脉冲作用下，触发器被置 1。若触发器的初始状态为 1 态，则主触发器的 $S = J\overline{Q} = 0$，$R = KQ = 0$，CP 脉冲作用后，触发器的状态不变。所以，$J = 1$，$K = 0$ 时，触发器具有置 1 功能。

4. $J = 1$, $K = 1$

设触发器的初始状态为 0 态，则主触发器的 $S = 1$，$R = 0$，在 CP 脉冲作用下，触发器被置 1，若触发器的初始状态为 1 态，则主触发器的 $S = 0$，$R = 1$，在 CP 脉冲作用下，触发器被复 0。可见 $J = 1$，$K = 1$ 时，每来一个 CP 脉冲，触发器的状态就要翻转一次，即 $Q^{n+1} = \overline{Q}^n$。Q 的翻转次数等于 CP 脉冲的个数，因此，这种功能又称为计数功能。

根据上述分析，可列出 J-K 触发器的逻辑状态表如表 14-1-3 所示。

表14-1-3　J-K触发器状态表

J	K	Q^n	Q^{n+1}	功能
0	0	0	0 $\Big\}\,Q^n$	记忆
0	0	1	1	
0	1	0	0 $\Big\}\,0$	复0
0	1	1	0	
1	0	0	1 $\Big\}\,1$	置1
1	0	1	1	
1	1	0	1 $\Big\}\,\overline{Q}^n$	计数
1	1	1	1	

由状态表可写出 J-K 触发器的特性方程为

$$Q^{n+1} = J\,\overline{Q}^n + \overline{K}\,Q^n \qquad\qquad (14\text{-}1\text{-}3)$$

前面分析的主从型 J-K 触发器，其输出状态的变化，是在 $CP = 0$ 时完成的，这类触发器为低电平触发。如果改变电路结构，将主触发器用低电平触发，从触发器用高电平触发，则触发器输出状态的变化是在 $CP = 1$ 时完成的，这类触发器为高电平触发。它们的逻辑符号如图 14-1-7 所示。

例 14.1.1 低电平触发主从 J-K 触发器的时钟脉冲 CP 及 J、K 输入信号的波形如图 14-1-8 所示，试画出输出端 Q 的波形。

解 分析这类触发器的输出波形时，应熟记 J-K 触发器的状态表，并应注意到触发器输出什么状态，由 CP 上升沿所对应的 J、K 决定，而触发器输出相应状态的时间，却在 CP 下降沿到来之时。例如，当第一个 CP 脉冲上升沿到来时，$J = 1$，$K = 0$，所以第一个 CP 脉冲下降沿到来时，Q 由 0 变为 1 等。依此可画出 Q 端的波形如图 14-1-8 所示。

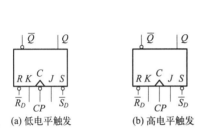

图 14-1-7　主从型 J-K 触发器的逻辑符号

(a) 低电平触发　　(b) 高电平触发

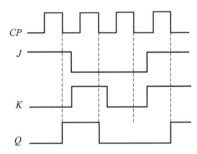

图 14-1-8　例 14.1.1 的波形图

这里需要说明，本例的分析是在 $CP = 1$ 期间 J、K 输入信号保持不变的条件下进行的。若 $CP = 1$ 期间，J、K 状态发生变化，则主从型 J-K 触发器可能发生一次翻转现象。一次翻转会破坏 J-K 触发器的逻辑功能，其结果与状态表不符，使用时应给予注意。

四、其他类型的触发器

1. D 触发器

将 J-K 触发器的 J 端通过一个非门与 K 端相连，输入端用 D 表示，就构成了 D 触发器，其电路如图 14-1-9 所示。

当输入端 $D = 1$ 时，即 $J = 1$，$K = 0$，在 CP 脉冲的下降沿，Q 端置 1。当 $D = 0$ 时，即 $J = 0$，$K = 1$，在 CP 脉冲的下降沿 Q 端复 0。其逻辑状态表如表 14-1-4 所示。

表 14-1-4　D 触发器状态表

D	Q^n	Q^{n+1}
0	0	0
0	1	0
1	0	1
1	1	1

由状态表可写出 D 触发器的特性方程：

$$Q^{n+1} = D \qquad (14\text{-}1\text{-}4)$$

与 $J\text{-}K$ 触发器一样，D 触发器也有下降沿翻转和上升沿翻转两类，即低电平触发和高电平触发，其逻辑符号如图 14-1-10 所示。

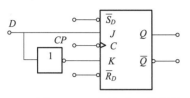

图 14-1-9　主从型 D 触发器

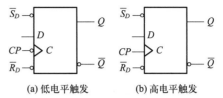

(a) 低电平触发　　(b) 高电平触发

图 14-1-10　D 触发器逻辑符号

2．T 触发器

将 $J\text{-}K$ 触发器的 J 端和 K 端相连，输入端用 T 表示，就构成 T 触发器，电路及逻辑符号如图 14-1-11 所示。

当输入端 $T = 1$ 时，即 $J = K = 1$，$J\text{-}K$ 触发器处在计数状态，即每来一个 CP 脉冲，触发器的输出端 Q 翻转一次。当输入端 $T = 0$ 时，即 $J = K = 0$，$J\text{-}K$ 触发器处于记忆状态，即使有 CP 脉冲，触发器的状态保持不变。其逻辑状态表如表 14-1-5 所示。

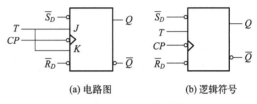

(a) 电路图　　　(b) 逻辑符号

图 14-1-11　T 触发器

由状态表可写出触发器的特性方程：

$$Q^{n+1} = T\,\overline{Q}^{\,n} + \overline{T}\,Q^{n} \qquad (14\text{-}1\text{-}5)$$

3．T' 触发器

将 D 触发器的输入端 D 和其输出端 $\overline{Q}$ 相连，输入端用 T' 表示，就构成了 T' 触发器，如图 14-1-12 所示。它的逻辑功能是每来一个 CP 脉冲，触发器的输出端 Q 就翻转一次，即具有计数功能，其特性方程是：

$$Q^{n+1} = \overline{Q}^{\,n}$$

T 触发器、T' 触发器都被广泛用于计数电路中。

表 14-1-5　T 触发器状态表

T	Q^{n+1}	功能
0	Q^{n}	记忆
1	$\overline{Q}^{\,n}$	计数

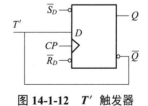

图 14-1-12　T' 触发器

第二节

寄存器

寄存器是数字系统中用来存放数码或指令的时序逻辑部件。它由触发器和一些逻辑门电路组成。触发器用来存放数码，一个触发器有 0、1 两种状态，只能存放一位二进制数，需要存放 n 位数时，就得用 n 个触发器。

寄存器存取数码的方式有串行和并行两种。串行方式是指在一个时钟脉冲作用下，只存入或取出一位数码，n 位数码需经 n 个时钟脉冲作用才能全部存入或取出，称为串行输入或串行输出。具有串行输入或输出功能的寄存器称为移位寄存器，它不仅能存放数码，而且还具有运算功能。并行方式是指在一个时钟脉冲作用下，n 位数码可同时全部存入或取出，称为并行输入或并行输出。具有并行输入或输出的寄存器称为数码寄存器，它只有存放数码的功能。

一、数码寄存器

由 4 个 D 触发器组成的 4 位数码寄存器如图 14-2-1 所示。4 位待存数码 $D_3 D_2 D_1 D_0$ 与 4 个 D 触发器的输入端相连接。存放数码前，在清零端 $\overline{R}_D$ 加一负脉冲，使各触发器均处于 0 态，清除寄存器中原有数码，准备接收新的数码。设待存数码 $D_3 D_2 D_1 D_0 = 1011$，当寄存脉冲到来时，4 个触发器的输出端分别为 $Q_3 = 1$、$Q_2 = 0$、$Q_1 = 1$、$Q_0 = 1$，数码已被存入。寄存脉冲过后，各触发器保持原态，数码被寄存。当需要取出该数码时，可发出取数脉冲，将 4 个与门打开，4 位数码分别从 4 个与门输出。只要不存入新的数码，原来的数码可重复取用，并一直保持下去。上述工作方式即为并行输入、并行输出方式。

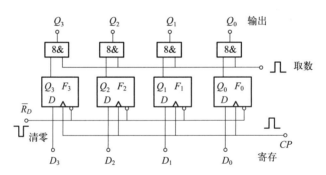

图 14-2-1　4 位数码寄存器

二、移位寄存器

移位寄存器按照移位方向可分为左移位寄存器、右移位寄存器、双向移位寄存器。图 14-2-2 是用 D 触发器构成的 4 位左移位寄存器。待存数码由触发器 F_0 的输入端 D_0 输入，在移位脉冲作用下，可将数码从高位到低位向左逐步移入寄存器中。其工作过程如下所述。

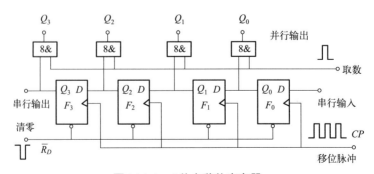

图 14-2-2　4 位左移位寄存器

输入数据前需进行清零，使各触发器均为 0 态。设待存数码为 1010，则先将数码的最高位 1 送入 F_0 的输入端，即 $D_0 = 1$，当第一个移位脉冲 CP 的上升沿到来时，F_0 的输出端 $Q_0 = 1$，移位寄存器呈 0001 状态。随后将数码的次高位 0 送入 F_0 的输入端，则 $D_0 = 0$，$D_1 = Q_0 = 1$。当第二个移位脉冲到来时，$Q_1 = 1$，$Q_0 = 0$，寄存器变为 0010 状态。经 4 个移位脉冲后，4 位数码全部移入寄存器，其状态表如表 14-2-1 所示。

表 14-2-1　左移位寄存器状态表

移位脉冲	Q_3	Q_2	Q_1	Q_0	移位过程
0	0	0	0	0	清零
1	0	0	0	1	左移 1 位
2	0	0	1	0	左移 2 位
3	0	1	0	1	左移 3 位
4	1	0	1	0	左移 4 位

该数码寄存器有两种输出方式，数码存入后，在并行输出端送入取数脉冲，4 位数码便同时出现在 4 个与门的输出端。若需要串行输出时，数据存入后可将 D_0 接地，即 $D_0 = 0$，再经 4 个移位脉冲作用后，数码便由触发器 F_3 的输出端依次送出。图 14-2-3 为串行输入、串行输出工作波形图，由图可见，4 个移位脉冲后，寄存器的状态为 1010，第 8 个脉冲时，寄存器为 0000。

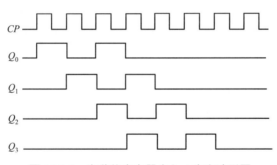

图 14-2-3　左移位寄存器串入／串出波形图

例 14.2.1　自启动脉冲分配器（亦称扭环形计数器）的电路如图 14-2-4 所示，试分析其工作原理，画出工作波形。

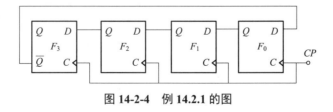

图 14-2-4　例 14.2.1 的图

解　该电路实质上是一个左移位寄存器，其串行输入端和串行反相输出端相连，构成了一个闭合的环。工作前，使各触发器为 0 态，因此 $D_0 = 1$，D_3、D_2、D_1 均为零。当第一个

CP 脉冲上升沿到来时，4 个触发器的状态为 $Q_3Q_2Q_1Q_0 = 0001\cdots\cdots$当第 4 个 CP 脉冲上升沿到来时，$Q_3Q_2Q_1Q_0 = 1111$。此时 $D_0 = 0$，D_3、D_2、D_1 都为 1，第 5 个 CP 脉冲上升沿到来时，$Q_3Q_2Q_1Q_0 = 1110\cdots\cdots$当第 8 个 CP 脉冲上升沿到来时，$Q_3Q_2Q_1Q_0 = 0000$，在 CP 脉冲作用下，电路按表 14-2-2 所示的状态循环工作。

表 14-2-2　图 14-2-4 工作状态表

CP	Q_3	Q_2	Q_1	Q_0
0	0	0	0	0
1	0	0	0	1
2	0	0	1	1
3	0	1	1	1
4	1	1	1	1
5	1	1	1	0
6	1	1	0	0
7	1	0	0	0
8	0	0	0	0

由于电路按 8 个状态循环变化，所以可实现八进制计数，又因为电路结构是闭合的环，故称为扭环形计数器。电路的工作波形如图 14-2-5 所示。

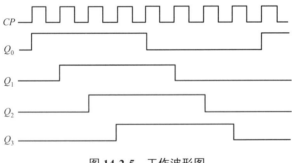

图 14-2-5　工作波形图

三、集成电路寄存器

目前各种功能的寄存器大都集成化，中规模集成电路 74LS194 就是一种功能比较齐全的 4 位双向移位寄存器，其管脚排列图如图 14-2-6 所示。图中 A、B、C、D 为并行输入端，Q_A、Q_B、Q_C、Q_D 为并行输出端，D_{SR} 为数据右移输入端，D_{SL} 为数据左移输入端，$\overline{CR}$ 为清零端，M_1、M_0 为工作模式控制端。其逻辑功能如表 14-2-3 所示，表中"×"表示可取 0 或 1 任意值，"↑"表示脉冲上升沿。

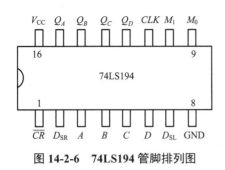

图 14-2-6　74LS194 管脚排列图

表14-2-3　74LS194功能表

$\overline{CR}$	CLK	M_1	M_0	功能
0	×	×	×	清 0
1	↑	0	0	保持
1	↑	0	1	右移：$D_{SR} \to Q_A \to Q_B \to Q_C \to Q_D$
1	↑	1	0	左移：$D_{SL} \to Q_D \to Q_C \to Q_B \to Q_A$
1	↑	1	1	并入：$Q_A Q_B Q_C Q_D = ABCD$

例 14.2.2　用 74LS194 构成的 4 位脉冲分配器（亦称环形计数器）如图 14-2-7 所示，试分析工作原理，画出其工作波形。

解　工作前首先在 M_0 端加预置正脉冲，使 $M_1 M_0 = 11$，寄存器处于并行输入工作状态，$ABCD$ 的数码 0001 在 CLK 移位脉冲作用下，并行存入 $Q_A Q_B Q_C Q_D$。预置脉冲过后，$M_1 M_0 = 10$，寄存器处在左移位工作状态，每来一个移位脉冲，$Q_D \sim Q_A$ 循环左移一位，工作波形图如图 14-2-8 所示。由波形图可知，从 $Q_D \sim Q_A$ 每端均可输出系列脉冲，但彼此相隔移位脉冲的一个周期时间。

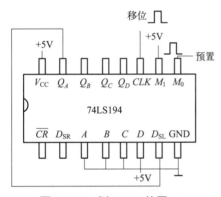

图 14-2-7　例 14.2.2 的图

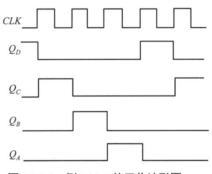

图 14-2-8　例 14.2.2 的工作波形图

第三节

计数器

计数器是一种累计电路输入脉冲个数的时序逻辑电路。除计数功能外，计数器也可用来定时、分频和进行数字运算。计数器的种类很多：按照时钟脉冲的输入方式可分为同步计数器、异步计数器和环形计数器；按照对输入计数脉冲的累计方式，可分为加法计数器、减法计数器和可逆计数器；按照计数的进制可分为二进制计数器、十进制计数器和任意进制计数器；按进位模数（进制方式）可分为模 2 计数器和非模 2 计数器；按电路集成度可分为小规模集成计数器和中规模集成计数器。

一、二进制计数器

二进制有 0 和 1 两个数码，双稳态触发器有 1 和 0 两个状态，所以一个触发器可以表示一位二进制数。如果要表示 n 位二进制数，就得用 n 个触发器，它可以累计 2^n 个脉冲。

1. 异步二进制计数器

由 4 个 J-K 触发器组成的 4 位二进制加法计数器如图 14-3-1 所示。图中 4 个触发器的 J、K 端均悬空，相当于接高电平 1，处于计数状态。计数脉冲从最低位触发器的 CP 端输入，并用该脉冲触发翻转，而其他触发器均用低一位触发器的输出 Q 进行触发，四个触发器的状态只能依次翻转，故称为异步计数器。

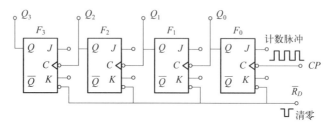

图 14-3-1　4 位异步二进制加法计数器

计数前，先在 $\overline{R_D}$ 端加一个负脉冲进行清零，各触发器的状态 $Q_3Q_2Q_1Q_0 = 0000$。当第 1 个计数脉冲 CP 的下降沿到来时，F_0 翻转，Q_0 端由 0 变 1，此时 Q_0 的正跳变不能使 F_1 翻转，计数器的输出状态为 $Q_3Q_2Q_1Q_0 = 0001$。当第 2 个计数脉冲输入后，其下降沿又使 F_0 翻转，Q_0 由 1 变 0，同时 Q_0 的负跳变使 F_1 翻转，Q_1 由 0 变 1，计数器的输出状态为 0010……第 15 个计数脉冲后，计数器为 1111，第 16 个计数脉冲后，计数器的 4 个触发器全部复 0，并从 Q_3 送出一个进位信号。计数器的工作状态如表 14-3-1 所示。

表 14-3-1　4 位二进制加法计数器状态表

计数脉冲	二进制数				十进制数
	Q_3	Q_2	Q_1	Q_0	
0	0	0	0	0	0
1	0	0	0	1	1
2	0	0	1	0	2
3	0	0	1	1	3
4	0	1	0	0	4
5	0	1	0	1	5
6	0	1	1	0	6
7	0	1	1	1	7
8	1	0	0	0	8
9	1	0	0	1	9
10	1	0	1	0	10
11	1	0	1	1	11

续表

计数脉冲	二进制数				十进制数
	Q_3	Q_2	Q_1	Q_0	
12	1	1	0	0	12
13	1	1	0	1	13
14	1	1	1	0	14
15	1	1	1	1	15
16	0	0	0	0	0

计数器的工作波形图如图 14-3-2 所示。由波形图可看出，Q_0 波形的周期比计数脉冲 CP 的周期大一倍，即频率是 CP 脉冲的一半，称 Q_0 对 CP 计数脉冲二分频。同理 Q_1 为四分频，Q_2 为八分频，Q_3 为十六分频。

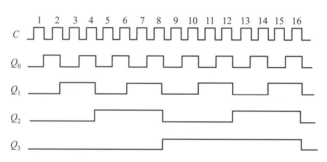

图 14-3-2　4 位二进制加法计数器波形图

将图 14-3-1 所示电路稍作变动，即将触发器 F_3、F_2、F_1 的时钟信号分别与前级触发器的 $\overline{Q}$ 端相连，就构成 4 位异步二进制减法计数器，电路如图 14-3-3 所示，其状态表如表 14-3-2 所示，工作波形如图 14-3-4 所示。

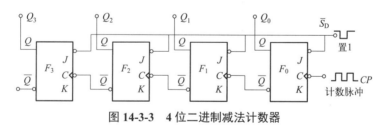

图 14-3-3　4 位二进制减法计数器

表 14-3-2　4 位二进制减法计数器状态表

计数脉冲	二进制数				十进制数
	Q_3	Q_2	Q_1	Q_0	
0	1	1	1	1	15
1	1	1	1	0	14
2	1	1	0	1	13

续表

计数脉冲	二进制数				十进制数
	Q_3	Q_2	Q_1	Q_0	
3	1	1	0	0	12
4	1	0	1	1	11
5	1	0	1	0	10
6	1	0	0	1	9
7	1	0	0	0	8
8	0	1	1	1	7
9	0	1	1	0	6
10	0	1	0	1	5
11	0	1	0	0	4
12	0	0	1	1	3
13	0	0	1	0	2
14	0	0	0	1	1
15	0	0	0	0	0
16	1	1	1	1	15

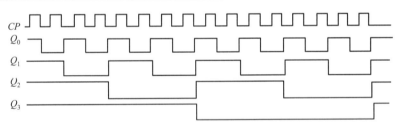

图 14-3-4　4 位二进制减法计数器波形图

2. 同步二进制计数器

同步计数器是指输入的计数脉冲同时送到各触发器的时钟输入端。在计数脉冲触发下，所有应该翻转的触发器可以同时动作。显然，同步计数器的计数速度比异步计数器快得多。

如果二进制加法计数器还是用 4 个 J-K 触发器组成，根据表 14-3-1 可得出各触发器 J、K 端的逻辑表达式，即各触发器的驱动方程。

触发器 F_0 是每输入一个计数脉冲，其输出端 Q_0 就变化一次，故 F_0 的驱动方程是 $J_0 = K_0 = 1$。

触发器 F_1 是在 $Q_0 = 1$ 的情况下，再来一个计数脉冲时，Q_1 才翻转，其驱动方程为 $J_1 = K_1 = Q_0$。

同理可得出 F_2 的驱动方程为 $J_2 = K_2 = Q_1 Q_0$，F_3 的驱动方程为 $J_3 = K_3 = Q_2 Q_1 Q_0$。

根据上述驱动方程，可画出 4 位同步二进制加法计数器如图 14-3-5 所示。其工作波形与图 14-3-2 完全相同。

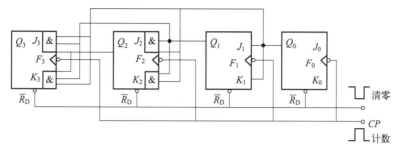

图 14-3-5　4 位同步二进制加法计数器

二、十进制计数器

二进制计数器虽然具有结构简单、运算方便的特点，但人们对二进制的读数并不习惯。因此，在数字系统中仍经常用到十进制计数器。

一位十进制数有 0～9 十个数码，一位十进制计数器必须有 10 个不同的状态与 10 个数码相对应。常用的方法是用 4 个触发器组成一位十进制计数器。4 个触发器共有 16 种不同的状态，取其 10 种状态分别表示 10 个数码，去掉多余的 6 种。被保留的 10 个状态与十进制数码一一对应的编码方式有多种，常见的有 8421 码、2421 码、5421 码等。本节只讨论 8421 码形式，其编码表如表 14-3-3 所示。

表 14-3-3　8421 码十进制加法计数器状态表

计数脉冲	二进制数				十进制数
	Q_3	Q_2	Q_1	Q_0	
0	0	0	0	0	0
1	0	0	0	1	1
2	0	0	1	0	2
3	0	0	0	1	3
4	0	1	0	0	4
5	0	1	0	1	5
6	0	1	1	0	6
7	0	1	1	1	7
8	1	0	0	0	8
9	1	0	0	1	9
10	0	0	0	0	0

1. 同步十进制加法计数器

如果同步十进制加法计数器用 4 个 J-K 触发器组成，根据表 14-3-3 可画出其电路如图 14-3-6 所示。工作原理简析如下。

触发器 F_0，其驱动方程为 $J_0 = K_0 = 1$，每来一个计数脉冲翻转一次。

触发器 F_1 的驱动方程为 $J_1 = Q_0 \overline{Q_3}$，$K_1 = Q_0$。在 $0 \sim 7$ 个计数脉冲期间，$\overline{Q_3} = 1$，故 $J_1 = K_1 = Q_0$，所以在 $Q_0 = 1$ 的情况下，再来一个计数脉冲 F_1 翻转。第 8、第 9 个计数脉冲作用后，$\overline{Q_3} = 0$，使 $J_1 = 0$，$K_1 = Q_0$，不论 Q_0 为何状态，计数脉冲到来时 $Q_1 = 0$，因此当第 10 个计数脉冲出现时，Q_1 复 0，而不像二进制加法计数器中被置 1。

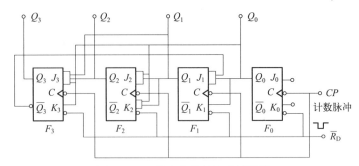

图 14-3-6 同步十进制加法计数器

触发器 F_2 的驱动方程为 $J_2 = K_2 = Q_1 Q_0$。当 $Q_1 Q_0 = 1$ 的情况下，再来一个计数脉冲，F_2 翻转。

触发器 F_3 的驱动方程为 $J_3 = Q_2 Q_1 Q_0$，$K_3 = Q_0$。不难看出，在 $0 \sim 7$ 个计数脉冲期间，$Q_3 = 0$。第 7 个计数脉冲后，$J_3 = Q_2 Q_1 Q_0 = 1$，$K_3 = 1$。所示第 8 个计数脉冲到来时 Q_3 翻转为 1，此时 $J_3 = 0$，$K_3 = 0$。第 9 个计数脉冲到来时，Q_3 保持 1 状态，此时 $J_3 = 0$，$K_3 = 1$。第 10 个计数脉冲到来时，使 Q_3 复 0。4 个触发器恢复到初始状态。

同步十进制计数器的工作波形图如图 14-3-7 所示。

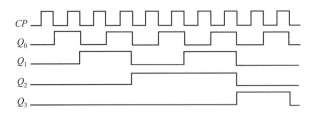

图 14-3-7 同步十进制计数器工作波形

2. 异步十进制计数器

图 14-3-8 是用 J-K 触发器构成的异步十进制加法计数器。其计数原理分析如下。

$F_0 \sim F_2$ 中除 F_1 的 J_1 端与 $\overline{Q_3}$ 相连接，其他输入端均接高电平。在 F_3 由 0 变 1 前，即从 0000 到 0111 期间，$\overline{Q_3} = 1$，$F_0 \sim F_2$ 均处于计数状态，其翻转情况与异步二进制加法计数器完全相同。

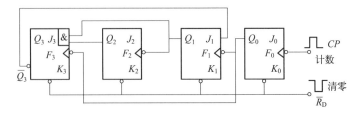

图 14-3-8 异步十进制加法计数器

经过 7 个计数脉冲后，$F_3 \sim F_0$ 的状态为 0111，$Q_2 = Q_1 = 1$，使 F_3 的 $J_3 = Q_1 Q_2 = 1$，为 F_3 由 0 变 1 准备了条件。

第 8 个计数脉冲到来时，$F_0 \sim F_2$ 均由 1 变 0，F_3 由 0 变 1，计数器的状态为 1000。此时 $\overline{Q}_3 = 0$，使 $J_1 = 0$，当下一次 F_0 出现负跳变时，F_1 不能翻转。

第 9 个计数脉冲到来时，计数器的状态为 1001。

第 10 个计数脉冲到来时，Q_0 产生负跳变，由于 $J_1 = \overline{Q}_3 = 0$，F_1 不翻转，但 Q_0 的负跳变触发 F_3，使 Q_3 由 1 变 0，从而使计数器复位到初始状态 0000，实现了十进制加法的计数功能。其工作波形与同步十进制加法计数器完全相同。

由上述分析可以看出，对异步计数器的分析必须注意两点，一是各触发器输入端的状态，二是是否具有触发脉冲，只有两个条件都具备时，触发器才能翻转。

三、任意进制计数器

在实际工作中，往往需要其他不同进制的计数器，我们把这些计数器称为 N 进制计数器，即每来 N 个计数脉冲，计数器重复一次。

图 14-3-9 是一个异步七进制计数器，分析步骤是首先根据电路图写出驱动方程和触发脉冲，并依此决定各触发器的状态，然后根据状态表判断是几进制计数器。

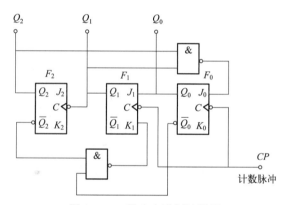

图 14-3-9 异步七进制计数器

图 14-3-9 中三个触发器的驱动方程和触发脉冲分别为

F_0： $J_0 = \overline{Q_2 Q_1}$ $K_0 = 1$ CP 触发
F_1： $J_1 = Q_0$ $K_1 = \overline{\overline{Q}_2 \overline{Q}_0}$ CP 触发
F_2： $J_2 = 1$ $K_2 = 1$ Q_1 触发

列状态表的过程如下：

首先确定计数器的初值，如 $Q_2 Q_1 Q_0 = 0\ 0\ 0$，根据驱动方程确定各触发器 J、K 的初值，然后根据 J、K 值确定在 CP 计数脉冲触发下各触发器的状态，如表 14-3-4 所示。

表 14-3-4 图 14-3-9 计数器的状态表

CP	Q_2	Q_1	Q_0	J_0	K_0	J_1	K_1	J_2	K_2
0	0	0	0	1	1	0	0	1	1
1	0	0	1	1	1	1	1	1	1

续表

CP	Q_2	Q_1	Q_0	J_0	K_0	J_1	K_1	J_2	K_2
2	0	1	0	1	1	0	0	1	1
3	0	1	1	1	1	1	1	1	1
4	1	0	0	1	1	0	1	1	1
5	1	0	1	1	1	1	1	1	1
6	1	1	0	0	1	0	1	1	1
7	0	0	0	1	1	0	1	1	1

由于 F_1、F_0 直接由 CP 脉冲触发，当计数脉冲到来时，可根据 F_1、F_0 的 J、K 状态确定触发器的状态。F_2 由 Q_1 触发，只有 Q_1 由 1 变 0 时才能触发 F_2 翻转，所以 F_2 只有在第 3 个和第 6 个计数脉冲到来时才能翻转。由状态表可知，该计数器为七进制计数器。

用异步清零法也可以实现任意进制计数。其计数的原理是在二进制计数器的基础上，用直接复零 $\overline{R}_D$ 信号强迫某状态出现时，全部触发器复 0。如图 14-3-10 所示电路，当 $Q_2Q_1Q_0$ = 110 时，与非门输出为 0，通过 $\overline{R}_D$ 使所有触发器复 0，即 $Q_2Q_1Q_0$ = 000。其工作波形如图 14-3-11 所示。

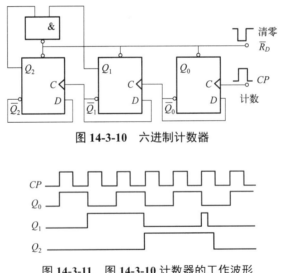

图 14-3-10　六进制计数器

图 14-3-11　图 14-3-10 计数器的工作波形

由波形图可看出，当 Q_2 = Q_1 = 1 时，计数器会立即被复零，即 $Q_2Q_1Q_0$ = 110 的状态是非常短暂的，不是计数器的独立工作状态，所以该计数器是六进制计数器。

四、集成电路计数器

1. 4 位同步二进制计数器 74LS161

4 位同步二进制计数器 74LS161 的管脚排列如图 14-3-12 所示，逻辑功能如表 14-3-5 所示，"×"表中可

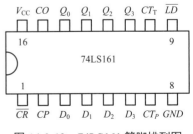

图 14-3-12　74LS161 管脚排列图

取 0 或 1 任意值，"↑"表示脉冲上升沿。

表 14-3-5 74LS161 逻辑功能表

$\overline{CR}$	$\overline{LD}$	CT_P	CT_T	CP	Q_3	Q_2	Q_1	Q_0	说明
0	×	×	×	×	0	0	0	0	清 0
1	0	×	×	↑	D_3	D_2	D_1	D_0	置数
1	1	0	×	×	Q_3	Q_2	Q_1	Q_0	保持
1	1	×	0	×	Q_3	Q_2	Q_1	Q_0	保持
1	1	1	1	↑		加法计数			

当复位端 $\overline{CR}$ = 0 时，输出端 $Q_3Q_2Q_1Q_0$ 全为零，实现异步清零功能。

当 $\overline{CR}$ = 1，预置控制端 $\overline{LD}$ = 0 时，在 CP 脉冲上升沿到来时，将 4 位二进制数 $D_3 \sim D_0$ 置入 $Q_3 \sim Q_0$，实现同步置数功能。

当 $\overline{CR}$ = $\overline{LD}$ = 1，$CT_P \cdot CT_T$ = 0 时，输出 $Q_3 \sim Q_0$ 保持不变。

当 $\overline{CR}$ = $\overline{LD}$ = CT_T = CT_P = 1 时，计数器在 CP 脉冲的上升沿进行同步加法计数，实现计数功能。

CO 为进位输出端，当计数溢出时，CO 端输出一个高电平进位脉冲。

74LS161 可直接用来构成十六进制计数器，通过 $\overline{CR}$、$\overline{LD}$ 也可以方便地组成小于十六的任意进制计数器。

例 14.3.1 试用 74LS161 和必要的门电路实现十进制计数器。要求利用 $\overline{CR}$ 端实现。

解 计数器采用 BCD8421 码。十进制计数器的状态如表 14-3-6 所示。

表 14-3-6 十进制计数器状态表

CP	Q_3	Q_2	Q_1	Q_0
0	0	0	0	0
1	0	0	0	1
2	0	0	1	0
3	0	0	1	1
4	0	1	0	0
5	0	1	0	1
6	0	1	1	0
7	0	1	1	1
8	1	0	0	0
9	1	0	0	1
10	1	0	1	0（过渡状态）

由于要求利用异步清零端 $\overline{CR}$ 实现，所以状态表中写出了 1010 状态，电路中应将此状态反馈到 $\overline{CR}$ 端实现异步清零，如图 14-3-13 所示。当第 10 个 CP 脉冲上升沿到来时，计数器的

状态为 $Q_3Q_2Q_1Q_0 = 1010$，与非门输出低电平送到 $\overline{CR}$ 端，计数器复位为 0000，由于 1010 状态转瞬即逝，故称为过渡状态，显然过渡状态不是计数器的独立工作状态。所以图 14-3-13 为十进制计数器。

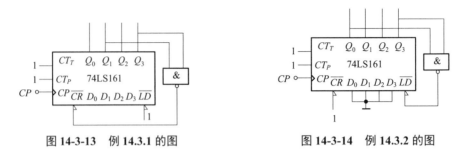

图 14-3-13　例 14.3.1 的图　　　　　图 14-3-14　例 14.3.2 的图

例 14.3.2　试用 74LS161 及必要的门电路实现十进制计数器。要求利用同步预置端 $\overline{LD}$ 实现。设计数器初始状态为 0000。

解　由于要求用同步预置端 $\overline{LD}$ 实现，所以应采用置位法，即当计数器计数到某一数值时，利用 $\overline{LD}$ 端给计数器预置初始状态值，保证计数器循环工作。电路如图 14-3-14 所示。图中与非门的输入信号取自 Q_3、Q_0，当第 9 个 CP 脉冲上升沿到来时，计数器的状态为 1001，与非门输出低电平，当第 10 个 CP 脉冲上升沿到来时，完成预置操作，计数器的状态为 $Q_3Q_2Q_1Q_0 = D_3D_2D_1D_0 = 0000$，使计数器复 0。由于同步预置使最后一个有效状态 1001 保持一个 CP 周期，所以 1001 是计数器的工作状态。与例 14.3.1 不同的是，利用预置端 $\overline{LD}$ 实现计数，不需要过渡状态。

如果需要大于十六进制的计数器，可将 74LS161 串联使用，图 14-3-15 是用两片 74LS161 构成的二十四进制计数器。

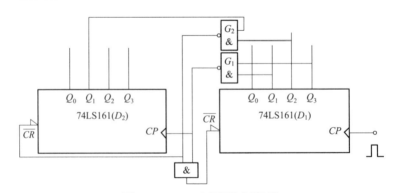

图 14-3-15　二十四进制计数器

2. 二 - 五 - 十进制异步计数器 74LS290

74LS290 逻辑电路如图 14-3-16 所示。在结构上分为二进制计数器和五进制计数器。二进制计数器由触发器 F_0 组成，CP_0 为二进制计数器计数脉冲输入端，Q_0 为计数输出端。五进制计数器由 $F_3 \sim F_1$ 组成，CP_1 为计数脉冲输入端，$Q_3 \sim Q_1$ 为输出端。若将 Q_0 与 CP_1 相连，以 CP_0 为计数脉冲输入端，则构成 BCD 8421 码十进制计数器，"二 - 五 - 十进制型集成计数器"由此得名。

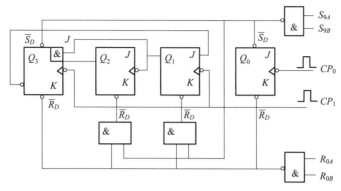

图 14-3-16　74LS290 逻辑电路

74LS290 芯片的管脚排列图如图 14-3-17 所示。其中 S_{9A}、S_{9B} 称为置 9 端，R_{0A}、R_{0B} 称为置 0 端。74LS290 的逻辑功能如表 14-3-7 所示，表中"×"表示可取 0 或 1 任意值，"↓"表示脉冲下降沿。

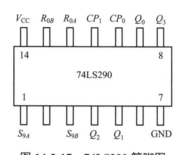

图 14-3-17　74LS290 管脚图

表 14-3-7　74LS290 功能表

输入					输出			
R_{0A}	R_{0B}	S_{9A}	S_{9B}	CP	Q_3	Q_2	Q_1	Q_0
1	1	0	×	×	0	0	0	0
1	1	×	0	×	0	0	0	0
0	×	1	1	×	1	0	0	1
×	0	1	1	×	1	0	0	1
×	0	×	0	↓	计数			
×	0	0	×	↓	计数			
0	×	×	0	↓	计数			
0	×	0	×	↓	计数			

当 $S_{0A} = S_{9B} = 1$ 时，不论其他输入端状态如何，计数器输出 $Q_3 Q_2 Q_1 Q_0 = 1001$，实现置 9 功能。

当 S_{9A} 和 S_{9B} 不全为 1，且 $R_{0A} = R_{0A} = 1$ 时，不论其他输入端状态如何，计数器输出 $Q_3 Q_2$

$Q_1Q_0 = 0000$，实现异步清零功能。

当 S_{9A} 和 S_{9B} 不全为 1，且 R_{0A}、R_{0B} 不全为 1，输入计数脉冲 CP 时，计数器实现计数功能。

用一片 74LS290 可以构成十进制以内的任意进制计数器。在图 14-3-18 所示电路中，（a）图为五进制计数器，（b）图为六进制计数器，（c）图为七进制计数器，（d）图为八进制计数器。

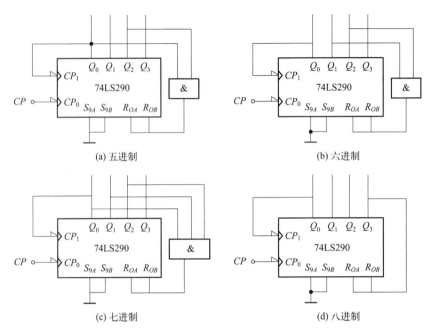

图 14-3-18   74LS290 构成五、六、七、八进制计数器

▶ 第四节

集成 555 定时器

在数字系统中，常常需要各种脉冲波形，如时钟信号等。获取脉冲信号的方法通常有两种：一种是利用脉冲振荡器直接产生；另一种是对已有的信号进行整形处理，使之符合电路的要求。本节主要介绍用于脉冲产生、整形的集成 555 定时器及其应用。

555 定时器是一种多用途的单片集成电路。若在其外部配上少许阻容元件，便能构成单稳态触发器、多谐振荡器等各种用途不同的脉冲电路。由于它性能优良，使用灵活方便，在工业自动控制、家用电器、电子玩具等许多领域都得到广泛应用。

555 定时器按内部元件分为双极型（TTL 型）和单极性（CMOS 型）两种。几乎所有双极型产品的型号最后三位数码为 555，如 NE555。所有单极型产品的型号最后四位数码都是 7555，如 CC7555。在同一基片上集成两个 555 单元，其型号的最后三位数码为 556，如 NE556 或 CC7556 等。在同一基片上集成四个 555 单元，其型号的最后三位数码为 558。双极型 555 定时器的电源电压在 4.5～16V 之间，输出电流大，能直接驱动继电器等负载，并能提供与 TTL、CMOS 电路相容的逻辑电平。CMOS 型定时器输出电流较小，功耗低，适用电源电压范围宽（通常为 3～18V），定时元件的选择范围大。555 定时器尽管产品型号繁多，但它们的逻辑功能和外部管脚排列却完全相同。

一、电路的组成及工作原理

555 定时器是一种模拟电路和数字电路相结合的中规模集成电路，其内部结构及管脚排列如图 14-4-1 所示。它由分压器、比较器、基本 R-S 触发器和放电三极管等部分组成。

单极型定时器一般接有输出缓冲级，以提高驱动负载的能力。分压器由三个 $5k\Omega$ 的等值电阻串联而成，"555" 由此而得名。分压器为比较器 A_1、A_2 提供参考电压，比较器 A_1 的参考电压为 $\frac{2}{3}V_{CC}$，加在同相输入端，比较器 A_2 的参考电压 $\frac{1}{3}V_{CC}$，加在反相输入端。比较器由两个结构相同的集成运放 A_1、A_2 组成。高电平触发信号加在 A_1 的反相输入端，与同相输入端的参考电压比较后，其结果作为基本 R-S 触发器 $\overline{S}_D$ 端的输入信号。低电平触发信号加在 A_2 的同相输入端，与反相输入端的参考电压比较后，其结果作为基本 R-S 触发器 $\overline{S}_D$ 端的输入信号。基本 R-S 触发器的输出状态受比较器 A_1、A_2 的输出端控制。

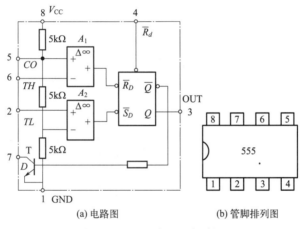

(a) 电路图　　　　(b) 管脚排列图

图 14-4-1　集成 555 定时器

555 定时器各管脚的功能说明如下所述。

8 脚为电源电压 V_{CC}，当外接电源在允许范围内变化时，电路均能正常工作。

6 脚为高触发端 TH，当输入的触发电压低于 $\frac{2}{3}V_{CC}$ 时，A_1 的输出为高电平 1。当输入电压高于 $\frac{2}{3}V_{CC}$ 时，A_1 输出低电平 0，使 R-S 触发器复 0。

2 脚为低触发端 TL，当输入的触发电压高于 $\frac{1}{3}V_{CC}$ 时，A_2 的输出为高电平 1。当输入电压低于 $\frac{1}{3}V_{CC}$ 时，A_2 输出低电平 0，使 R-S 触发器置 1。

3 脚为输出端 OUT，输出电流达 200mA，可直接驱动继电器、发光二极管、扬声器、指示灯等。

4 脚为复位端 $\overline{R}_d$，低电平有效，输入负脉冲时，触发器直接复 0。平时 $\overline{R}_d$ 保持高电平。

5 脚为电压控制端 CO，若在该端外加一电压，就可改变比较器的参考电压值。此端不用时，一般用 $0.01\mu F$ 电容接地，以防止干扰电压的影响。

7 脚为放电端 D，当 R-S 触发器的 $\overline{Q}$ 端为高电平 1 时，放电三极管 T 导通，外接电容器通过 T 放电。三极管起放电开关的作用。

1 脚为接地端 GND。

由上述可得 555 定时器的功能表如表 14-4-1 所示，表格中"×"可取 0 或 1 任意值。

表 14-4-1　555 定时器功能表

$\overline{R_d}$	TH	TL	$\overline{R_D}$	$\overline{S_D}$	Q	$\overline{Q}$	OUT
0	×	×	×	×	0	1	0
1	$>\frac{2}{3}V_{CC}$	$>\frac{1}{3}V_{CC}$	0	1	0	1	0
1	$<\frac{2}{3}V_{CC}$	$<\frac{1}{3}V_{CC}$	1	0	1	0	1
1	$<\frac{2}{3}V_{CC}$	$>\frac{1}{3}V_{CC}$	1	1	保持原状态		

二、555 定时器组成单稳态触发器

用 555 定时器组成的单稳态触发器如图 14-4-2（a）所示。R、C 为外接元件，触发信号 u_i 由 2 端输入。电路的工作波形如图 14-4-2（b）所示。工作原理分析如下。

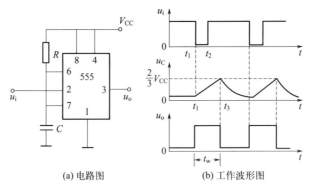

(a) 电路图　　　　　　(b) 工作波形图

图 14-4-2　555 定时器组成的单稳态电路

1. 电路的稳态（$0\sim t_1$）

在 $0\sim t_1$ 期间，u_i 为高电平 1，其值大于 $\frac{1}{3}V_{CC}$，故比较器 A_2 输出为 1，即 $\overline{S_D}=1$。

此间，若 R-S 触发器的初始状态 $Q=1$，$\overline{Q}=0$，三极管 T 截止，电容 C 被充电，当 $u_C\geqslant\frac{2}{3}V_{CC}$ 时，比较器 A_1 输出 0，即 $\overline{R_D}=0$，使 R-S 触发器复 0。若 R-S 触发器的初始状态 $Q=0$，$\overline{Q}=1$，三极管 T 导通，电容 C 经三极管放电，当 $u_C<\frac{2}{3}V_{CC}$ 时，比较器 A_1 输出为 1，即 $\overline{R_D}=1$，由于 $\overline{S_D}=1$，则 R-S 触发器状态不变。所以，在触发负脉冲未加入时，$Q=0$，输出 u_o 为 0 是电路的稳定状态。

2. 电路的暂稳状态（$t_1\sim t_3$）

在 t_1 时刻，输入触发负脉冲，其幅值小于 $\frac{1}{3}V_{CC}$，比较器 A_2 输出为 0，R-S 触发器置 1，即 $Q=1$，$\overline{Q}=0$，此时，输出端 $u_o=1$，电路进入暂稳状态。在暂稳态期间，三极管 T 截止，

电源经 R 对电容 C 充电。当 $t = t_3$ 时刻，$u_C = \dfrac{2}{3} V_{CC}$，比较器 A_1 输出为 0，即 $\overline{R}_D = 0$，由于在 t_2 时刻，u_i 已恢复到高电平，A_2 输出为 1，即 $\overline{S}_D = 1$，R-S 触发器复 0，使输出 u_o 恢复为低电平 0。此后电容 C 迅速放电，为下次触发作好准备。

如果 u_i 是一串负脉冲，在电路的输出端可得到一串矩形脉冲，其电压波形如图 14-4-2（b）所示。

输出脉冲的宽度 t_w 与充电时间常数 RC 有关，即

$$t_w = RC\ln3 = 1.1RC \tag{14-4-1}$$

当一个触发脉冲使单稳态触发器进入暂稳状态后，在 t_w 时间内的其他触发脉冲对电路不起作用，因此，触发脉冲 u_i 的周期必须大于 t_w，才能保证 u_i 的每一个负脉冲都能有效地触发。

单稳态触发器可以构成定时电路，与继电器、晶闸管或驱动放大电路配合，可实现自动控制、定时开关的功能。图 14-4-3 是一个常用的楼梯照明灯的控制电路。平时照明灯不亮，按下开关 SB，灯被点亮，经一定时间后灯泡自动熄灭。其工作原理如下所述。

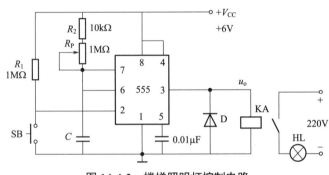

图 14-4-3 楼梯照明灯控制电路

由 555 定时器构成的单稳态触发器接通 + 6V 电源后，由于开关 SB 处于常开位置，2 端为高电平。电路进入稳态后，触发器输出端 OUT 为低电平，继电器 KA 无电流通过，串接在照明电路的常开触点不能闭合，灯不亮。

按下开关 SB 时，2 端被接地，相当于在低触发端输入了一个负脉冲，使电路由稳态转入暂稳状态，输出端 OUT 为高电平，继电器 KA 有电流流过，其常开触点闭合，照明电路被接通，灯泡被点亮。经过时间 t_w 后，电路自行恢复到稳态，输出端 OUT 为低电平，灯泡熄灭。暂稳态的持续时间 t_w，即灯亮的时间，改变电路中电阻 R_P 或电容 C，均可改变 t_w。

三、555 定时器组成多谐振荡器

由 555 定时器组成的多谐振荡器如图 14-4-4（a）所示，其中 R_1、R_2 和电容 C 为外接元件。其工作波形如图 14-4-4（b）所示。

1. 工作原理

设电容的初始电压 $u_C = 0$。$t = 0$ 时接通电源，由于电容电压不能突变，所以高、低触发端 $TH = TL = 0 < \dfrac{1}{3} V_{CC}$，比较器 A_1 输出为高电平，A_2 输出为低电平，即 $\overline{R}_D = 1$，$\overline{S}_D = 0$，R-S 触发器置 1，定时器输出 $u_o = 1$。此时 $\overline{Q} = 0$，定时器内部放电三极管截止，电源 V_{CC} 经 R_1、R_2 向电容 C 充电，u_C 逐渐升高。当 u_C 上升到 $\dfrac{1}{3} V_{CC}$ 时，A_2 输出由 0 翻转为 1，这时 $\overline{R}_D = \overline{S}_D = 1$，

$R\text{-}S$ 触发器保持状态不变。所以 $0 < t < t_1$ 期间，定时器输出 u_o 为高电平 1。

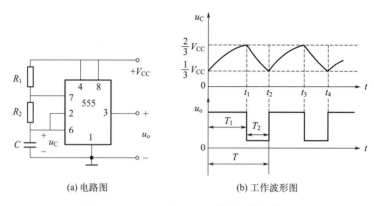

(a) 电路图　　　　　(b) 工作波形图

图 14-4-4　555 定时器组成的多谐振荡器

$t = t_1$ 时刻，u_C 上升到 $\frac{2}{3} V_{CC}$，比较器 A_1 的输出由 1 变为 0，这时 $\overline{R}_D = 0$，$\overline{S}_D = 1$，$R\text{-}S$ 触发器复 0，定时器输出 $u_o = 0$。

$t_1 < t < t_2$ 期间，$\overline{Q} = 1$，放电三极管 T 导通，电容 C 通过 R_2 放电。u_C 按指数规律下降，当 $u_C < \frac{2}{3} V_{CC}$ 时，比较器 A_1 输出由 0 变 1，$R\text{-}S$ 触发器的 $\overline{R}_D = \overline{S}_D = 1$，$Q$ 的状态不变，u_o 的状态仍为低电平。

$t = t_2$ 时刻，u_C 下降到 $\frac{1}{3} V_{CC}$，比较器 A_2 输出由 1 变为 0，$R\text{-}S$ 触发器的 $\overline{R}_D = 1$，$\overline{S}_D = 0$，触发器置 1，定时器输出 $u_o = 1$。此时电源再次向电容 C 充电，重复上述过程。

通过上述分析可知，电容充电时，定时器输出 $u_o = 1$，电容放电时，$u_o = 0$，电容不断地进行充、放电，输出端便获得矩形波。多谐振荡器无外部信号输入，却能输出矩形波，其实质是将直流形式的电能变为矩形波形式的电能。

2．振荡周期

由图 14-4-4（b）可知，振荡周期 $T = T_1 + T_2$。T_1 为电容充电时间，T_2 为电容放电时间。

充电时间

$$T_1 = (R_1 + R_2)C\ln 2 = 0.7(R_1 + R_2)C$$

放电时间

$$T_2 = R_2 C\ln 2 = 0.7 R_2 C$$

矩形波的振荡周期

$$T = T_1 + T_2 = 0.7(R_1 + 2R_2)C \tag{14-4-2}$$

改变 R_1、R_2 和电容 C 的数值，便可改变矩形波的周期和频率。由 555 定时器组成的多谐振荡器，最高工作频率可达 500kHz。

对于矩形波，除了用幅度，周期来衡量外，还有一个参数占空比 q，$q = \dfrac{\text{脉宽}\,t_w}{\text{周期}\,T}$，$t_w$ 指输出一个周期内高电平所占的时间。图 14-4-4（a）所示电路输出矩形波的占空比 $q = \dfrac{T_1}{T} = \dfrac{T_1}{T_1 + T_2} = \dfrac{R_1 + R_2}{R_1 + 2R_2}$。所以图 14-4-4（a）所示电路只能产生占空比大于 0.5 的矩形脉冲。

图 14-4-5 所示电路产生矩形波的占空比，根据需要可以调整。这是因为它的充放电的路

径不同。当输出 u_o 为高电平时，电源经 R_A、D_2 对电容 C_1 充电。当 u_o 为低电平时，电容 C_1 经 D_1、R_B 放电。

调节电阻 R_P 即可改变充、放电时间，也就改变了矩形脉冲的占空比。

$$q = \frac{R_A}{R_A + R_B}$$

图 14-4-6 所示为由 555 定时器组成的光控开关电路。当无光照时，光敏电阻 R_G 的阻值远大于 R_3、R_4，由于 R_3、R_4 阻值相等，此时 2、6 脚的电平为 $1/2V_{CC}$，输出端 3 脚输出低电平，继电器 K 不工作，其常开触点 K_{1-1} 将被控电路置于关机状态。当有光照射到光敏电阻 R_G 上时，R_G 的阻值迅速变得小于 R_3、R_4，并通过 C_1 并联到 2

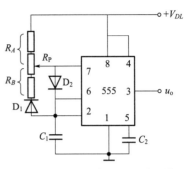

图 14-4-5 可调占空比的多谐振荡器

脚与地之间。由于无光照时 $U_o = 0$，则 7 脚与地导通，C_1 两端的电压为 0，因而在 R_G 阻值变小的瞬间，会使 2 脚电位迅速下降到 $1/3V_{CC}$ 以下，处于低电平，触发电路翻转，输出端 U_o 为高电平，继电器吸合，其触点 K_{1-1} 闭合，使被控电路置于开机状态。当光照消失后，R_G 的阻值迅速变大，使 2 脚电平为 $1/2V_{CC}$，555 输出仍保持在高电平状态，此时 7 脚呈截止状态，C_1 电容经 R_1、R_2 充电到电源电压 V_{CC}。若再有光照射光敏电阻 R_G，则 C_1 上的电压经阻值变小的 R_G 加到 2 脚，使 2 脚的电位大于 $2/3V_{CC}$，导致电路翻转，输出端 U_o 由高电平变为低电平，继电器 K 被释放，被控电路又回到了关机状态。

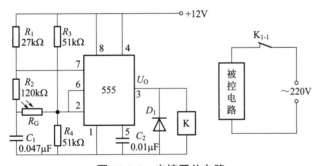

图 14-4-6 光控开关电路

由此可见，光敏电阻 R_G 每受光照射一次，电路的开关状态就转换一次，起到了光控开关的作用。

习题十四

14.1 基本 $R\text{-}S$ 触发器输入端 $\overline{S}_D$、$\overline{R}_D$ 的波形如图 P14.1 所示，试画出输出端 Q 和 $\overline{Q}$ 的波形。设初始状态为 0 和 1 两种情况。

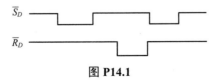

图 P14.1

14.2　已知同步 R-S 触发器 CP、R、S 的波形如图 P14.2 所示，试画出输出端 Q 的波形。设 Q 的初始状态为 0。

14.3　J-K 触发器的时钟脉冲 CP 和输入端 J、K 的波形如图 P14.3 所示，试画出输出端 Q 的波形。设触发器的初始状态为 0，CP 为低电平触发。

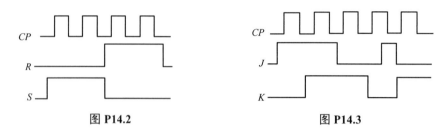

图 P14.2　　　　　　　　　　　　　　图 P14.3

14.4　在图 P14.4（a）所示电路中，各输入端的波形如图 P14.4（b）所示。试画出输入端 D、输出端 Q 的波形。设触发器的初始状态为 0。

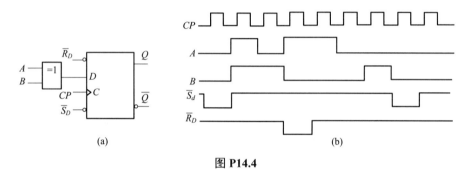

(a)　　　　　　　　　　　　　　　　　(b)

图 P14.4

14.5　图 P14.5 所示电路是利用 R-S 触发器、三极管、继电器等组成的触摸转换开关。试问当手指触摸 S_1 或 S_2 时，哪种情况下灯亮？哪种情况下灯灭？

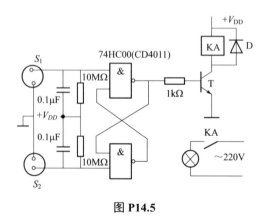

图 P14.5

14.6　图 P14.6 所示计数电路中，若计数脉冲的频率 $f = 800\text{Hz}$，试问 Q_0、Q_1 波形的频率各为多少？

14.7　画出用 J-K 触发器组成 4 位数码寄存器的电路图，并说明其工作原理。

14.8　用 J-K 触发器组成的移位寄存器如图 P14.8 所示，试列出串行输入数码 1011 的状态表，并画出各 Q 端的波形图。设各触发器初始状态为 0。

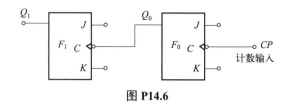

图 P14.6

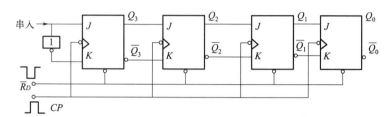

图 P14.8

14.9 图 P14.9 所示电路中，各触发器的初始状态为 $Q_3 Q_2 Q_1 Q_0 = 1000$，在 CP 脉冲作用下，试列出各触发器的状态表，画出波形图。

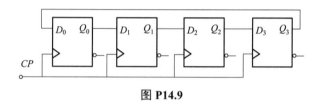

图 P14.9

14.10 逻辑电路图如图 P14.10 所示，试画出触发器输出 Q_0、Q_1 的波形（设 Q_0、Q_1 的初始状态均为 0）。

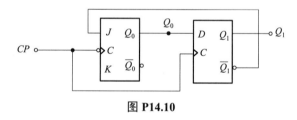

图 P14.10

14.11 J-K 触发器电路如图 P14.11 所示，试画出输出 Q_0、Q_1 的波形，列出其状态表（设 Q_0、Q_1 的初始状态均为 0）。

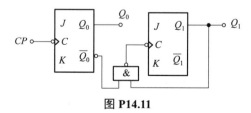

图 P14.11

14.12 逻辑电路如图 P14.12 所示，各触发器的初始状态为 0，已知 CP、A、B 的波形，试画出输出 F 的波形图，并写出 F 的逻辑式。

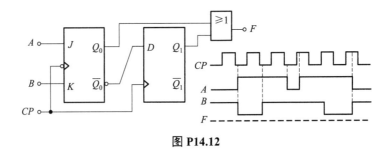

图 P14.12

14.13 试用 D 触发器组成一个 4 位二进制异步加法计数器。

14.14 电路如图 P14.14 所示，写出逻辑状态表，并说明它是几进制计数器。

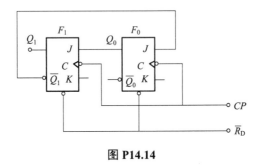

图 P14.14

14.15 电路如图 P14.15 所示，写出逻辑状态表，并说明它是几进制计数器。

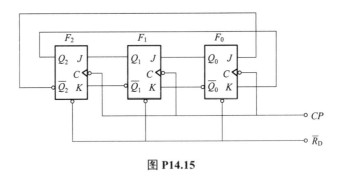

图 P14.15

14.16 已知逻辑电路图 P14.16 及 CP 和 D 的波形。试画出输出端 X、Y 的波形（各触发器初始状态为 0）。

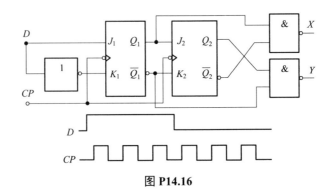

图 P14.16

14.17 逻辑电路如图 P14.17 所示，试列出逻辑图的状态表，设 Q_0、Q_1、Q_2 初始状态均为 0。

14.18 电路如图 P14.18 所示，试分析其逻辑功能，并列出状态表。

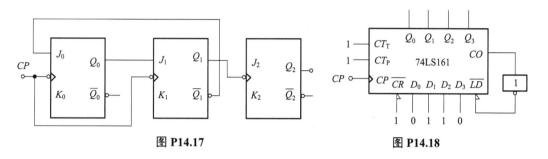

图 P14.17   图 P14.18

14.19 两片 74LS161 组成的计数电路如图 P14.19 所示，试分析其逻辑功能为几进制计数器。

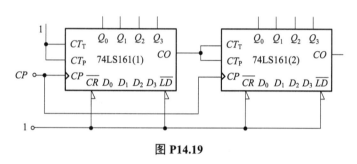

图 P14.19

14.20 图 P14.20 所示各电路均由 74LS290 所构成的计数电路，试分析它们各为几进制计数器。

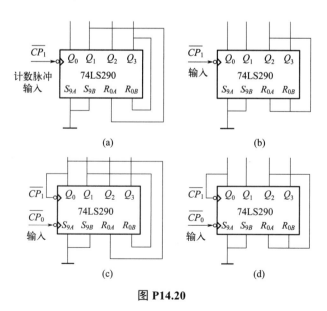

(a)   (b)

(c)   (d)

图 P14.20

14.21 两片 74LS290 组成的计数电路如图 P14.21 所示，试分析它为几进制计数器。

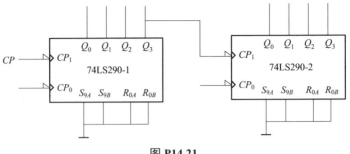

图 P14.21

14.22 按同步置数法画出用 74LS161 实现下列进制计数器的电路图。

（1）十进制（初始置数为 0110）；

（2）十进制（初始置数为 0100）。

14.23 试用触发器及必要的门电路组成数字钟分、时的计时电路。

14.24 用集成 555 定时器组成的单稳态触发器如图 P14.24 所示，电容 $C = 10\mu F$，$R = 100k\Omega$，试计算输出脉冲宽度 t_w。

14.25 用集成 555 定时器组成的多谐振荡器如图 P14.25 所示，$R_1 = 22k\Omega$，$R_2 = 62k\Omega$，$C = 0.022\mu F$，求输出矩形波的周期和频率。

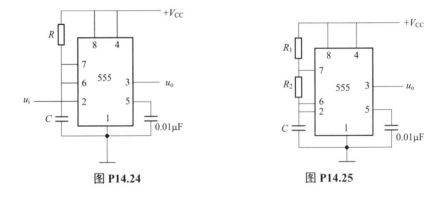

图 P14.24   图 P14.25

14.26 图 P14.26 是用集成 555 定时器构成的电子门铃电路，S 为门铃按钮，当按动 S 时，电路会发出"叮咚"的铃声。试分析电路的工作原理。

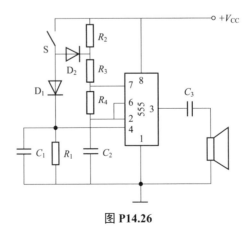

图 P14.26

14.27　图 P14.27 是一简单的具有自动关断功能的照明灯电路。Z 为触摸按钮，若要灯亮，需触摸 ON 端与地端。（1）分析电路的工作原理。（2）说明 OFF 端的作用。

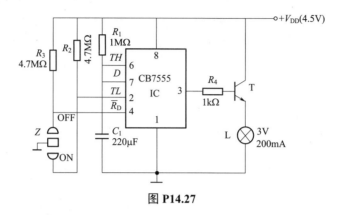

图 P14.27

14.28　温度控制电路如图 P14.28 所示，R_t 为具有负温度系数的热敏电阻，在被检温度为设定值时，$R_3 + R_t = 2R_2$。试分析电路的工作原理。

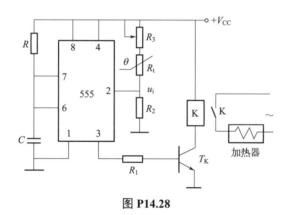

图 P14.28

14.29　电子游戏的接触反应电路如图 P14.29 所示。（1）分析两片 555 定时器各接成什么工作状态？（2）当人手接触 TL 端，输出端 u_{o2} 输出一系列方波，蜂鸣器响。简述电路的工作过程。

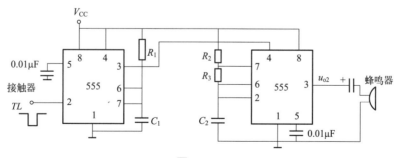

图 P14.29

第十五章

数／模和模／数转换器

第十六章

看汽车电路图的基本方法

汽车电气设备是汽车的重要组成部分。汽车配装电气设备的质量与数量，直接影响汽车的性能、档次与使用。例如：为使发动机可靠起动，需要装备电源系统和起动系统；为了保证汽车安全行驶，需要装备照明系统、信号系统、信息显示与警报系统、挡风玻璃刮水与洗涤系统；为了便于查找和排除汽车电气设备故障，需要装备熔断器、易熔线和故障自诊断系统；为了提高汽车的动力性，需要装备发动机燃油喷射系统、进气控制系统、增压控制系统、汽油发动机微机控制点火系统和爆燃控制系统；为了提高汽车的经济性和排放性，需要装备空燃比反馈控制系统、燃油蒸气回收系统和排气再循环控制系统；为了提高乘坐汽车的舒适性，需要装备汽车空调系统、悬架调节系统和座椅控制系统；为了提高汽车行驶的安全性，需要装备防抱死制动系统、安全气囊系统、座椅安全带控制系统、雷达车距控制系统和倒车防撞警报系统；等等。

汽车电路图是将电源电路、起动电路、点火电路、照明电路、仪表电路、空调电路、电子控制电路及辅助电器控制电路等，按照它们各自的工作特点以及相互的内在联系，通过开关、连接导线、中央配电器、熔断丝及继电器连接起来所构成的一个整体。

熟悉汽车电路图，了解汽车各电器部件的内在联系，为正确使用汽车电器及电子设备并能迅速地分析、诊断与排除故障提供了方便。

▶ 第一节

现代汽车电路的组成与特点

现代汽车电气设备由汽车电器系统与汽车电子控制系统两部分组成，每一部分又由若干个子系统组成。汽车电气设备的主要功能是保证汽车正常行驶，汽车电子控制系统的主要功能是提高汽车的整体性能，包括动力性、经济与排放性、安全性、舒适性、操纵性及通过性能等。图 16-1-1 所示为上海大众汽车有限公司制造的桑塔纳系列轿车电器系统零部件的分布情况（发动机燃油喷射系统部件未画出）。

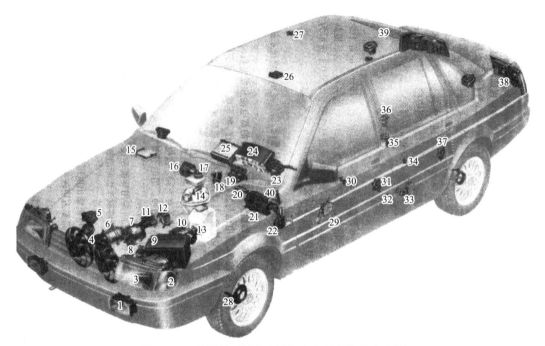

图 16-1-l　桑塔纳型轿车电器与电子控制部件分布图

1—雾灯；2—转向信号灯；3—组合前照灯；4—散热器风扇；5—双音喇叭；6—空调压缩机；7—交流发电机；8—储液干燥器；9—蓄电池；10—ABS ECU 与液压控制器总成；11—起动机；12—点火线圈与点火控制器；13—挡风玻璃洗涤泵；14—冷却液液位传感器；15—发动机 ECU；16—空调鼓风机；17—制动液液位传感器；18—风窗刮水器电动机；19—空调控制器；20—电动摇窗机控制按钮；21—中央接线盒；22—自动升降天线；23—扬声器；24—组合仪表盘；25—收放机；26—内顶灯；27—阅读灯；28—轮速传感器；29—前摇窗机电动机；30—电动后视镜调节开关；31—中央门锁控制器；32—车门接触开关；33—后摇窗机电动机；34—后摇窗机开关；35—燃油泵；36—燃油油位传感器；37—后门锁控制电动机；38—组合后灯；39—后风窗除霜器；40—防盗器 ECU

一、全车电路的组成

现代汽车全车电路主要由以下几部分组成。

1. 电源电路

电源电路又称充电电路，其主要任务是对全车所有用电设备供电并维持供电电压稳定。电源电路主要由蓄电池、发电机及电压调节器和工作情况显示装置等组成。

在汽车装备的蓄电池和发电机两个直流电源中，蓄电池是辅助电源，发电机是主要电源，蓄电池与发电机并联工作，整车电器与电子设备均与两个直流电源并联连接。调节器是一种电压调节装置，其功用是在发电机转速变化时自动调节发电机的输出电压并使其保持稳定。

现代汽车普遍采用交流发电机与电子调节器。不同车型采用交流发电机和电子调节器的结构型式各不相同，因此，电源系统部件及线路的布置形式各有不同。

2. 起动电路

其主要任务是将汽车发动机由静止状态转变为自行运转状态。现代汽车普遍采用电磁控制式起动系统，主要由起动机、起动继电器、点火起动开关及起动保护装置等组成。

3. 点火电路

其主要任务是控制并产生足以击穿火花塞电极间隙的电压，同时按发动机工作顺序将高压电送至各缸火花塞，点燃气缸内的可燃混合气。

按控制方式不同，汽车点火系统可分为传统点火系统、电子点火系统和微机控制点火系统三种类型。传统点火系统仅在早期生产的汽车上采用，工业发达国家于20世纪60年代、国内于20世纪80年代开始采用电子点火系统，目前国内外生产的载货汽车都已普遍采用电子点火系统，小轿车已普遍采用微机控制点火系统。电子点火系统主要由点火信号发生器、点火控制器、点火线圈和火花塞等组成。微机控制点火系统主要由安装在发动机上的各种传感器、发动机电控单元、点火控制器、点火线圈和火花塞等组成。

4. 空调控制电路

其主要任务是根据环境温度和空气质量控制调节汽车乘室内的温度和空气质量，以满足乘员舒适度的要求。空调控制电路由空调压缩机电磁离合器、空调控制器、控制开关及风机控制电路等组成。

5. 仪表电路与警报系统

该系统包括监测发动机和整车状态的各种监测仪表，其主要任务是控制各种仪表显示信息参数及报警，如冷却液温度、润滑油压、燃油箱油量、行驶里程及瞬时速度等。仪表电路与警报系统由仪表指示表、传感器、各种防盗警报装置、警告警报装置以及各种警报灯及控制器等组成。

6. 照明与信号电路

照明系统包括车内外各种照明灯，其主要任务是控制各种照明灯的启闭及各种警告信号的输出，用以提供夜间或雾天安全行车必需的灯光照明。照明与信号电路由前照灯、雾灯、示廓灯、转向灯、制动灯、倒车灯、电喇叭与蜂鸣器等及其控制继电器和开关组成。

7. 辅助电器电路

其主要任务是根据需要控制各种辅助电器的工作时机和工作过程，由各种辅助电器及其控制继电器和开关等组成。随着汽车技术的发展，辅助电器电路的电器部件将日益增多，主要向娱乐、舒适、方便和安全保障的需求方面发展。

8. 配电装置

配电装置包括各种控制开关、保险装置、中央继电器接线盒、配电线束和连接器等。

9. 电子控制系统电路

现代汽车电子控制系统都是由传感器、电控单元和执行器三部分组成的机电一体化控制系统。系统的控制功能和控制对象不同，采用控制部件的结构型式以及数量各不相同。汽车采用电子控制系统的目的是提高汽车的整体性能。

根据控制功能不同，汽车电子控制系统可分为动力性、经济与排放性、安全性、舒适性、操纵性、通过性和娱乐信息控制系统七种类型。根据汽车总体结构，汽车电子控制系统可分为发动机电子控制系统、底盘电子控制系统、车身电子控制系统和综合控制系统四大类。

汽车发动机电子控制系统主要包括：电子控制发动机燃油喷射系统 EFI、空燃比反馈控制系统 AFC、怠速控制系统 ISC、断油控制系统、燃油蒸气回收系统、排气再循环控制系统、加速踏板控制系统 EAP、微机控制点火系统 MCI、发动机爆燃控制系统 EDC、进气控制系统、增压控制系统和汽车巡航控制系统 CCS、第二代车载故障诊断系统 OBD-Ⅱ等。

汽车底盘电子控制系统主要包括：电子控制自动变速系统 ECT、防抱死制动系统 ABS、电子控制制动力分配系统 EBD、电子控制制动辅助系统 EBA、动态稳定控制系统 DSC、驱动防滑控制系统 ASR、电子控制动力转向系统 EPS、电子控制悬架系统 ECS、轮胎气压控制系统 TPC 等。

汽车车身电子控制系统主要包括：辅助防护安全气囊系统 SRS、安全带张紧控制系统 STTS、车辆保安系统 VESS、中央门锁控制系统 CLCS、前照灯控制与清洗系统 HAW、刮水器与清洗器控制系统 WWCS、座椅调节系统 SAMS 等。

汽车综合控制系统主要包括：维修周期显示系统 LSID、液面与磨损监控系统 FWMS、车载计算机 OBC、车载电话 CPH、交通控制与通信系统 TCIS、信息显示系统 IDS、控制器区域网络系统 CAN、自动空调系统 ACS、雷达车距控制系统、倒车防撞警报系统 PWS 等。

汽车电子控制系统具有综合控制功能，一个控制系统可以同时具有多种控制功能，例如：电子控制燃油喷射系统不仅能够控制喷油量来提高汽车的动力性，而且还能使喷射的燃油雾化良好、燃烧完全来提高汽车的经济性和排放性；电子控制自动变速系统不仅能够调节发动机输出转矩、控制液力变矩器锁止时机来提高汽车的动力性，而且还能根据发动机转速和节气门开度自动进行挡位变换来提高汽车的操纵方便性。

全车电路就是将这些电气设备的电路按照它们各自的工作性能及相互之间的内在联系，用导线连接起来，构成的一个整体。

二、汽车电路的设计原则

汽车电路用来给汽车上的用电设备输送电能和传递各种信息，形成了整车电气的电路网络，并使各种电控功能得以实现。汽车电路在结构设计上遵循了以下原则。

① 根据电路的性能及功能要求，在结构设计过程中尽量避免了重复布线，并进行反复的优化设计，使电路中每一根导线的长度最短。

② 为了保证由电路构成线束后的质量，在电路设计过程中尽可能地减少了连接焊点及接头。

③ 由于线束安装在汽车上后所处的工作环境不同，所以选择了不同性质的导线及不同的防护措施。在设计中根据负荷的大小，合理地选择了导线截面积。这样不仅保证了线束的质量，同时也降低了成本，减轻了重量。

④ 线束的设计充分考虑了整车装配工艺的合理性，同时还考虑了线束批量生产加工工艺的合理性，尽可能地使线束生产自动化，降低了线束成本，提高了产品可靠性。

⑤ 根据线束中每根导线的功能，按照国家标准规定可选择导线的颜色，为整车装配及维修提供了方便条件。

⑥ 导线颜色的选用需注意如下内容。

a. 名词术语：

● 单色线：绝缘表面为一种颜色的导线。

- 双色线：绝缘表面为两种颜色的导线。
- 主色：双色线中面积比例大的颜色。
- 辅助色：双色线中面积比例小的颜色。

b. 导线颜色及代号：导线颜色及代号应符合表 16-1-1 之规定。

表 16-1-1　导线颜色及代号

导线颜色	黑	白	红	绿	黄	棕	蓝	灰	紫	橙
代号	B	W	R	G	Y	Br	Bl	Gr	V	O

c. 导线颜色的组成：

- 单色导线的颜色由表 16-1-1 规定的颜色组成。
- 双色导线的颜色由表 16-1-1 规定的两种颜色配合组成。

d. 导线颜色的选用程序：导线颜色的选用程序是优先选用单色，再选用双色。

e. 搭铁线：各种汽车电器的搭铁线应选用黑色导线，黑色导线除作搭铁线外，不作其他用途。

f. 双色导线的辅助色：双色导线的辅助色，一般应为两条轴向条纹或螺旋形条纹成对称分布。但当导线截面小于 $0.5mm^2$ 时，可以只有一条轴向条纹或螺旋形条纹。双色导线的辅助色条纹与主色条纹沿圆周表面的比例为 $1:3 \sim 1:5$。

g. 导线颜色的标注：导线颜色的标注采用颜色代号表示。双色导线的颜色标注第一色为主色，第二色为辅助色。

导线颜色标注举例如下所述。

单色导线：R——表示红色。

双色导线：RW——主色为红色，辅助色为白色。

三、汽车电路的特点

汽车电路具有以下几个特点。

1. 低压

汽车电路的标称电压有 12V、24V 两种，汽油发动机汽车普遍采用 12V 电气系统、柴油发动机汽车大多数采用 24V 电气系统。12V、24V 电气系统的额定电压分别为 14V 和 28V。采用低压电气系统的主要优点是安全。蓄电池单格数较少，可使蓄电池的结构尺寸减小、重量减轻。此外，灯具的灯丝较粗，有利于延长灯具的使用寿命。为了满足汽车电器装置日益增多、用电量愈来愈大的需求，必须增大电源系统供电功率，目前正在研制开发 42V 电源系统。有些汽车电控系统的电脑电源使用 +5V 电源。

2. 直流

汽车采用直流电气系统的原因是发动机靠电力起动机起动，起动机采用直流电动机且由蓄电池供电，而蓄电池电能消耗后也必须使用直流电充电，所以汽车电气系统为直流电系（电气系统简称电系）。

3. 单线制

汽车上两个电源及所有的用电设备都是并联的，受有关装置控制，熔断器均串联在电源和相应的用电设备之间，电流表串联在供电电路上。单线制是指从电源到用电设备只用一根导线连接，该导线通常称为"火线"，并用汽车发动机、底盘等金属机体与车体作为另一根公用导线与电源的负极相连，称之为"搭铁"。由于单线制节省导线、安装维修方便，且电器总成部件不需与车体绝缘，因此现代汽车普遍采用单线制。但是在特殊情况下，为了保证电气系统（特别是电子控制系统）的工作可靠性，也需采用双线制。

4. 负极搭铁

将蓄电池的负极连接到车体上称为"负极搭铁"，反之，将蓄电池的正极连接到车体上则称为"正极搭铁"。负极搭铁对车架或车身的化学腐蚀较轻，对无线电干扰较小。根据中华人民共和国汽车行业标准 QC/T 413-2002《汽车电气设备基本技术条件》规定，国产汽车电气系统统一规定为负极搭铁。现代汽车电系均采用负极搭铁。

5. 用电设备的保护装置

为了防止发生电路短路和用电设备被过载电流烧毁，总电路和各分电器大都设有易熔线、熔断器或电路过载保护器等保护装置。

6. 电气线路的走向和布局

各电气设备均根据其用途装在车辆上大致相同的位置，所以整个电气线路的走向和布局大致相同。

7. 汽车线路的颜色和编号特征

为了便于区别各线路的连接，汽车所有低压导线，必须选用不同颜色的单色或双色线，并在每根导线上编号。编号由生产厂家统一编定。

8. 导线捆扎为线束

为了不使全车电线零乱，以便安装和保护绝缘，将导线做成线束。一辆汽车可以有多个线束。

四、现代汽车电气系统发展方向

1. 汽车电系电压升级

现代汽车技术进步的一个显著标志是汽车电气设备和电子控制装置的迅速发展。随着汽车用电设备的增多，用电量的增大，传统的 12V 电系已逐渐显得不堪重负。低电压发电机所能提供的极限功率有限，使汽车电源能量不足问题日渐突出。电源电压低而使线路能耗大、信号传送可靠性差、导线较粗而使线束显得庞大，这些问题也都制约着汽车技术的发展。因此，提高汽车电系电压，以增强汽车电源供电能力和线路信号传送的可靠性，已成为汽车进一步发展的关键技术之一。

汽车电气系统拟采用的电压标准是 42V。提高电压不仅可使汽车电源的极限功率提高，为新的电器与电子控制设备的使用提供电能保障，而且还可促使电子开关全面取代机械继电器，这将大幅减少线束及电器所占用的空间，显著提高汽车电气系统的工作可靠性。

2. 汽车采用网络技术

随着汽车装用电子电器部件的增多，网络技术已开始在汽车上运用。汽车车载局域网LAN（local area network）又称为汽车车载局域通信网，是指分布在汽车上的电器与电子设备在物理上互相连接，并按照网络协议相互进行通信，以共享硬件、软件和信息等资源为目的的电器与电子控制系统。

汽车采用网络技术的根本目的：一是减少汽车线束；二是实现快速通信。车载局域网 LAN 利用计算机总线技术进行数据通信和数据传输，使汽车电器与电子控制系统各控制器实现信息共享和多路集中控制，从而改变了汽车电气系统传统的布线方式和单线制控制模式。最有代表性的有博世（Bosch）公司制定的控制器局域网络 CAN（controller area network）通信协议，国际标准化组织 ISO 于 1999 年将该通信协议确认为 ISO 11898-1 串行通信协议标准，标志着汽车控制技术步入了网络通信时代。

汽车电子化程度高低，已经成为当今世界衡量汽车先进水平的重要标志。目前，在工业发达国家生产的汽车上，每辆车上电子装置的平均成本已占整车成本的 30% ～ 35%。在一些豪华轿车上，电子产品的成本已占整车成本的 50% 以上，例如在宝马公司（BMW AG）2004年新推出的 BMW 7 系列轿车上，就装备了 70 多个电控单元，利用了 8 个车载局域网分别按这些电控单元的作用连接起来。国内目前采用 LAN 技术的轿车有一汽宝来、奥迪 A6、上海帕萨特 B5、波罗、广州本田、东风雪铁龙等。

实践证明，由于汽车行驶的颠簸，发动机工作的振动以及气温、湿度、灰尘的影响，加之使用不当，很容易使电器与电子设备损坏。据有关资料统计：在汽车运行过程中，电器与电子控制系统故障占整车故障的比例为 85% 左右，且呈逐年增加的趋势。由此可见，为了提高汽车的完好率，熟悉汽车电路的结构特点和工作原理，是正确使用与检修的基础。

学习汽车电路，学会识读汽车电路图，不仅需要形象思维，而且需要抽象思维。如果只有形象思维而没有抽象思维，即仅了解汽车电路的结构特点，不了解电流的流动方向和流动路径，就不能准确判断电路发生的故障部位与故障性质。因此，对于从事汽车技术与管理的人员来说，熟悉汽车电路图方面的知识，并且具有一定的操作技能十分重要。

▶ 第二节

汽车电路图的种类

随着汽车性能的提高，汽车上装备的电器部件日益增多，汽车电路也日趋复杂。与此相适应，汽车电路图的表达方法也在发生变革，简化、规范已是当今世界汽车电路图表达方法的总趋势。汽车电路图一般有线路图、电路原理图、线束图三种。

一、线路图

线路图是传统的汽车电路表达方法，它把电器部件在汽车上的实际位置用导线从电源、开关、熔断丝至电器部件一一连接起来，也就是一种汽车导线在车上、线束中的分布图，见图 16-2-1。

线路图是按照电器在车身上的大致位置布线，具有整车电器数量准确、导线走向清楚、有始有终，便于循线跟踪，故障查找起来比较方便等特点。它按线束编制将导线分配到各条线束中，与各个接插件的位置严格对号，在各开关附近用表格法表示开关的接线柱与挡位控制关系，表示了熔断器与导线的连接关系及导线的颜色与截面积。

这种电路的优点是电器设备的外形、安装位置与实际情况一致，因此可循线跟踪查找电器故障，找到导线连接中的分支及接点，便于制作线束。缺点是图中导线密集、纵横交错，版面小难分辨，版面大受限制，且不易抓住电路重点、难点，读图和查找、分析故障不便，不易表达电路内部结构与工作原理。图 16-2-2 所示为北京轻型越野汽车全车线路图。全车线路图适用于汽车维修人员检查排除电器故障时使用。

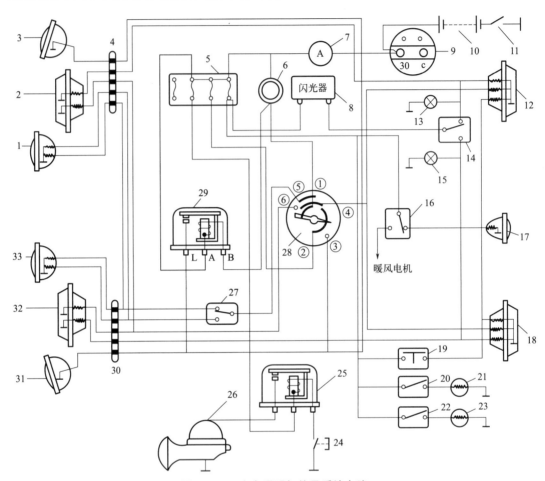

图 16-2-1　汽车照明与信号系统电路

1—右前照灯；2—右前组合灯；3—右侧灯；4—右前接线板；5—熔断器盒；6—20A 熔断器；7—电流表；8—闪光器；9—起动机；10—蓄电池；11—电源总开关；12—右后组合灯；13—右转向指示灯；14—转向灯开关；15—左转向指示灯；16—暖风电机与后照灯开关；17—后照灯；18—左后组合灯；19—制动开关；20—顶灯开关；21—顶灯；22—发动机罩下灯；23—发动机罩下灯开关；24—喇叭按钮；25—喇叭继电器；26—喇叭；27—变光开关；28—车灯开关；29—灯光继电器；30—左前接线板；31—左侧灯；32—左前组合灯；33—左前照灯；①—电源；②—侧灯电源；③—侧灯；④—尾灯；⑤—前照灯；⑥—前小灯

二、电路原理图

原理图是用国家规定的图形符号按电路原理将每个电器与电子控制系统由上到下合理地连接起来，再将每个系统按一定顺序排列起来。这种图是对线路图的高度简化，其优点是图面清晰、电路简单明了、电路连接及控制关系清楚，对分析、诊断、排除故障十分有利，因而被现代轿车的电路图广泛采用。电路原理图有整车电路原理图和局部电路原理图之分，可根据实际需要进行绘制或展示。尽管各汽车制造公司的表达方式不一，但一般都具有以下的特点：

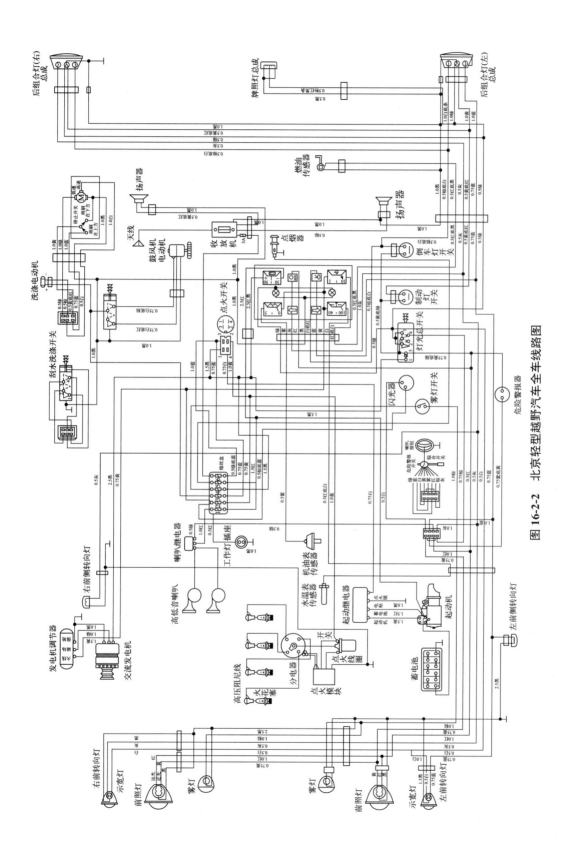

图 16-2-2　北京轻型越野汽车全车线路图

① 通过电器符号表达各电器。一般通过这些符号可了解该电器的基本结构和作用。

② 在大多数图中，电源线在图上方，接地线在图下方，电流方向自上而下。电路较少迂回曲折，电路图中电器串、并联关系十分清楚，电路图易于识读。

③ 各电器不再按电器在车上的安装位置布局，而是依据工作原理，在图中合理布局，使各系统处于相对独立的位置，从而易于对各用电设备进行单独的电路分析。

④ 各电器旁边通常标注有电器名称及代码，如控制器件、继电器、过载保护器件、用电器、铰接点及接地点等。

⑤ 电路原理图中所有开关及用电器均处于不工作的状态，例如点火开关是断开的，发动机不工作，车灯关闭，等等。

⑥ 导线一般标注有颜色和规格代码，有的车型还标注有该导线所属电器系统的代码。根据以上标注，易于对照定位图找到该电器或导线在车上的位置。

1. 整车电路原理图

整车电路原理图是展示整个车辆电路及工作原理的全车电路图，是分析故障的重要依据。为了快速找出故障的路线，特别是在分析故障原因时，不能孤立地局限于某一部分，而是要系统地将相关联的各个部分进行全面分析，才能够准确地找到故障的确切原因。东风型载货汽车的全车电路原理图如图 16-2-3 所示，其优点主要有：

① 全车电路有完整的概念，它既是一幅完整的全车电路图，又是一幅互相联系的局部电路图，重点、难点突出，繁简适当。

② 在此图上建立起电位高、低的概念，其正极"＋"电位最高，用最上面的那条线表示，负极"－"接地（俗称搭铁），电位最低，用最下面一条线表示。电流的方向基本都是由上而下，路径为电源正极"＋"→控制开关→用电设备→搭铁→电源负极"－"。

③ 尽量减少导线的曲折与交叉，布局合理，图面简洁、清晰，图形符号考虑到元器件的外形与内部结构，便于读图、分析。

④ 各局部电路（或称子系统）相互关系清楚，发电机与蓄电池间、各个子系统间的连接点尽量保持原位，熔断器、开关及仪表等的接法基本上与原理图吻合。

这种画法对电路做了高度简化，图面清晰，电路简单明了，通俗易懂，对分析、排除故障十分有利。但图形符号不太规范，不利于与国际标准统一，因而也不利于交流。

近 10 年来，国内外汽车电路变化很快，当前国外汽车电路图流行一种"纵向排列式画法"，也属于电路原理图，它的特点是纵向排列，不走折线，图上不出现导线交叉，对于某一条线路来说，从头到尾不超过所在篇幅纵向的 3/4，某一部分电路局限在总线路横向的一个区域内。从左到右一般均按电源、启动、点火、指示灯和仪表、照明、雾灯、报警闪光装置、信号灯、刮水器和洗涤器、双音喇叭的顺序编排。有些带较复杂电器设备的线路，图上采用断线带号法解决。

为满足国产汽车设计、使用、维修及教学、科研提出的对电路图表达方式统一的要求，有关方面终于取得共识：以德国博世（Bosch）公司提出的，经多年使用并修改定稿的《汽车电路图与图形符号》（*automotive symbols and circuit diagrams*）为基础，结合我国标准和国际标准及汽车电器行业的情况，对汽车电路原理图的画法制定了较为详细的规范。

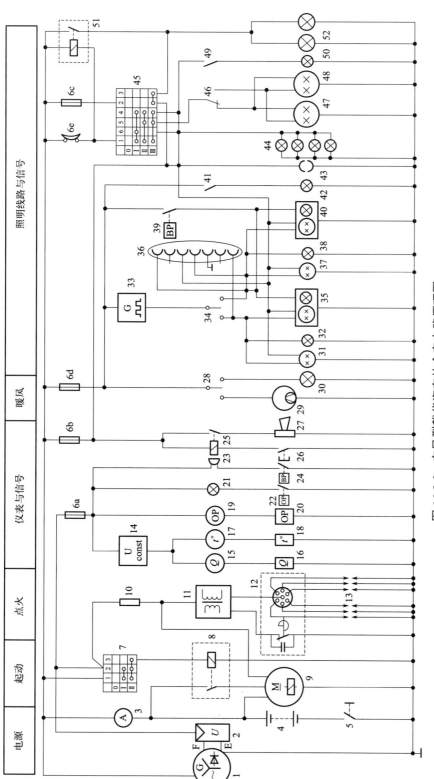

图16-2-3 东风型载货汽车的全车电路原理图

1—交流发电机；2—交流发电机调节器；3—电流表；4—蓄电池；5—电源总开关；6a～6d—熔断器；6c—双金属片式断路器（20A）；7—点火开关；8—起动机；10—附加电阻线（1.7Ω）；11—点火线圈；12—分电器；13—火花塞；14—仪表稳压器；15—燃油表；16—冷却液温度传感器；9—起动继电器；17—冷却液温度传感器；18—冷却液温度表；19—油压表；20—油压表传感器；21—油压过低指示灯；22—油压过低报警开关；23—气压过低报警开关；24—气压过低蜂鸣器；25—喇叭继电器；26—喇叭按钮；27—喇叭；28—后照灯和暖风电动机开关；29—暖风电动机；30—后照灯；31—后照灯组合灯；32—左前灯组合灯；33—闪光器；34—转向灯组合灯；35—左后灯组合灯；36—挂车插座；37—暖风灯和暖风电动机开关；38—右转向指示灯；39—制动灯开关；40—右后灯组合灯；41—驾驶室顶灯；42—驾驶室顶灯开关；43—工作灯开关；44—仪表灯；45—变光开关；46—右前照灯；48—右前照灯；49—发动机罩下灯开关；50—发动机罩下灯；51—灯光继电器；52—前侧灯；47—左前照灯；

2. 局部电路原理图

为了弄清汽车电器内部结构、各个部件间相互关系，弄懂某个局部电路工作原理，常从整车电路图中抽出某个需要研究的局部电路，并参照其他资料，必要时根据实地测绘、检查和试验记录，将重点部位进行放大、绘制并加以说明，就形成了局部电路原理图。图 16-2-4 为起动及点火系统局部电路原理图。这种局部电路原理图看起来简单明了，易读易绘，缺点是只能了解局部电路。

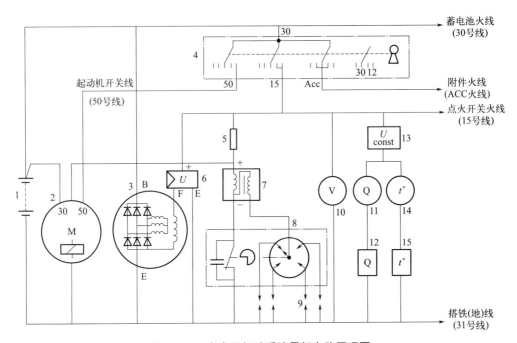

图 16-2-4　点火及起动系统局部电路原理图

1—蓄电池；2—起动机；3—发电机；4—点火开关；5—点火线圈附加（热变）电阻；6—电压调节器；
7—点火线圈；8—分电器的配电器；9—火花塞；10—电压表；11—燃油表；12—燃油传感器；
13—仪表电源稳压器；14—水温表；15—水温传感器

三、线束图

线束图是表达汽车线束分布情况的图形。它将汽车所有电器部件的连接导线汇集捆扎在一起，组成全车线束，线束图表明线束与各用电器的连接部位、接线柱的标记、线头、插接器（连接器）的形状及位置等的电路图，如图 16-2-5 所示。

线束图是人们在汽车上能够实际接触到的汽车电路图。这种图一般不去详细描绘线束内部的导线走向，只将露在线束外面的线头与插接器做详细编号或用字母标记。安装操作人员只要将导线或插接器按图上标明的序号，连接到相应的电器接线柱或插接器上，便完成了全车线路的装接。这种图突出装配记号，非常便于安装、配线、检测与维修。它的特点是不说明线路的走向和原理，线路简单。如果再将此图各线端用序号、颜色准确无误地标注出来，并与电路原理图和线路图结合使用，则会收到更好的效果。

但无论哪一种汽车电路图，都是由电源（蓄电池和发电机）、用电设备（起动机、点火装置、灯光音响系统等）、仪表、开关（电源开关、点火开关、灯开关、组合开关灯）、保险装置（熔断器、易熔线等）、断路器、继电器、各种连接插头及导线等组成。

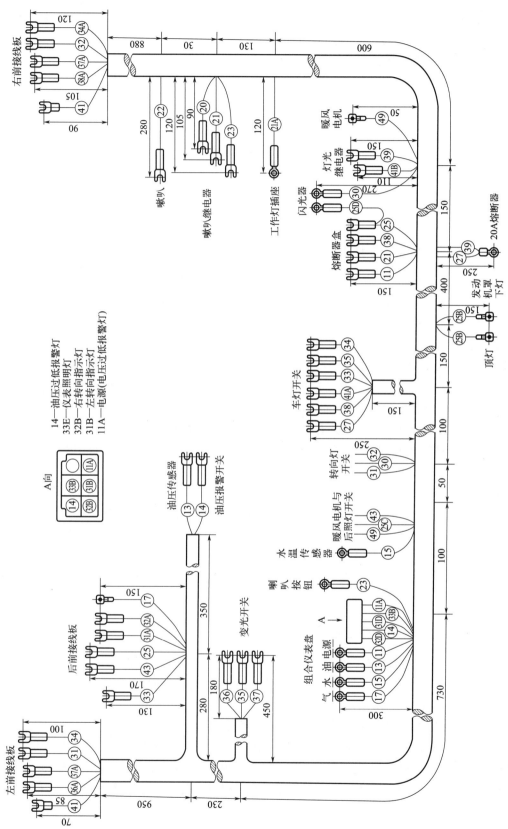

图 16-2-5　汽车线束图

> **第三节**
> # 看汽车电路图的基本方法

　　现代汽车上随着乘坐舒适性的提高，用电设备越来越多，且电路密集、纵横交错，从而使整车电路变得越来越庞大复杂，如果不从电路原理上掌握其连线规律，则阅读和诊断电路故障就会比较困难。但是整车电路都是由许多部分电路组成的，不同国家、不同的汽车公司绘制的汽车电路图都有各自的特点，读图时不仅要抓住这些特点并把电路的结构、原理弄清楚，还要了解汽车电路图的种类，熟悉电路图中的图形符号及有关标志，清楚电路图中的导线及接线柱标志，可按照以下方法对电路图进行识读。

一、熟悉全车电路的特点

　　① 一般采用单线制（不排除个别部位单、双线并存）、并联、负极搭铁。用电设备连接都是由一根导线与电源的正极相连接，用电设备与电源之间可能串联了熔断器、开关或继电器等，但与其他电气系统都是并联关系，一些电器通过其壳体搭铁连接电源的负极。特别要注意几个元器件共用电源线、共用接地线和共用控制线的情况。

　　② 各用电设备均并联且受各自的开关控制。

　　③ 继电器是控制开关保护装置，一般利用开关控制继电器，再用继电器控制用电设备，所以继电器均装在电源与用电设备之间电路中。

　　④ 各用电设备与电源之间大多装有熔断丝，以防止短路烧坏线束或用电设备。

　　⑤ 在现代轿车上均设置有中央配电盒，将熔断丝、继电器集中安装在中央配电盒内，以便于及时检查和更换。

　　⑥ 电器装置采用从左到右（供电电源在左、用电设备在右，在局部电路的原理图中，信号输入端在左，信号输出端在右）、从上到下（火线在上，搭铁线在下）的顺序进行布置，且各电气系统的电路尽可能绘制在一起。

　　⑦ 在电路图的上方，绘制有一个说明条框，用以说明条框下面电路的组成与功能。

　　⑧ 传感器经常共用电源线、接地线，但绝不会共用信号线。执行器会共用电源线、接地线、控制线。

二、熟悉局部电路的分析方法

　　在全车电路中，大多数汽车的局部电路都大同小异。识读全车电路图时，首先根据电路图上的电器图形符号和文字符号，了解全车电器设备的组成。然后根据电路图上方的说明条框，了解局部电路的组成与功能。在局部电路中，各电气设备之间的联系紧密，根据所学电气系统的相关知识，即能容易地分析其工作原理和判断故障。

　　要把局部电路从总图中分解出来，就必须掌握各个单元电路的基本原理和接线规律。汽车电路的基本特点是单线制，电器互相并联。各单元电路，如电源系统、起动系统、点火系统、照明系统、信号系统等都有其自身的一些特点，以其自身的特点为指导去分解全车电路就会少一些盲目性。

为了清楚起见，可以用彩色笔按所标导线颜色逐条加以区分，对照图注找出每一个电器设备的电流通路。为了防止遗漏，应当找出一条就记录一条，其步骤如下。

1. 找出电源系统

① 先找电源（蓄电池）与起动机之间的连接（包括电源总开关）。

② 找到发电机、调节器、电流表、蓄电池充电主回路：发电机"+"→电流表→熔断器→蓄电池→搭铁→发电机"-"。充电电路是全车电路的主干，它确立了两个直流电源之间的关系。

③ 找出励磁电路。交流发电机的励磁电路常由点火开关或磁场继电器控制通断。

2. 找出起动机控制电路

起动机通常与电源总开关相接。

3. 找出点火系统

蓄电池点火系统的低压电路由电源、断电器、点火线圈、点火开关、电子点火控制器和信号传感器等串联而成，高压电路的高压线则按工作顺序与各缸火花塞相接。

4. 找出照明系统

先找到车灯总开关，按接线符号分别找到电源火线、大灯远近光、变光器、小灯、仪表灯与尾灯、顶灯及其他灯等。一般接线规律为，小灯与大灯不同时亮，远光与近光不同时亮，仪表灯、后灯、牌照灯在夜间工作时常亮。

一些汽车采用四灯制大灯，远光四灯全亮，近光则两灯亮。有些日本汽车将大灯改为双线制，一根灯丝设一个熔断器，变光器有手动与脚踩两种，有的大灯增设了刮水器。新增加的特殊用途灯常经备用熔断器引出，单设开关控制。由于汽车电路中灯线多而长，若将照明系统改用原理图来表达，看图与查线都很方便。

5. 找出信号系统

一般汽车都有转向信号灯、制动信号灯和喇叭。这些信号装置属于随时可能使用的短暂工作电器，都接在常有电的接线柱上，只受一个开关控制，以免耽误信号的发出。

6. 找出仪表系统

仪表系统都受点火开关或电源总开关控制。电热或电磁式仪表的表头与传感器串联，有的几块表共用一个稳压器或降压电阻，以获得较高的读数精度。

7. 找出辅助电器

为了提高汽车的操纵性、安全性和舒适性等，汽车电器的种类越来越多，目前较常见的辅助电器有：电子控制系统、刮水器、暖风装置、空调装置、洗涤电动泵、门窗电机、点烟器、除霜器等。这些电器因用途各异，其本身的结构也比较复杂。

有些汽车为了减小总开关的电流，设置了一些继电器，继电器的控制线圈属于一个开关控制，而其触点所控制的电器可能属于另一个开关（或熔断器），在查线和改画原理图时要加以注意。

此外，应用电子设备较多的汽车，其电子控制（电控）系统也可分为若干个子系统来分析，如可分为燃油喷射电控系统、自动变速器电控系统、制动防抱死控制系统（ABS）、动力转向控制系统、悬架控制系统、巡航（定速）控制系统、安全气囊控制系统（SRS）等。

三、阅读图注并熟悉电器元件

在阅读局部电路图时，必须先认真阅读图注，图注是说明汽车所有电气设备的名称及其数码代号，通过读图注可清楚该部分电路所包含的电器种类、名称、数量、用途等，有利于在读图中抓住重点，进一步找出相互连线、控制关系。如果掌握一定的汽车电器知识，对提高读图速度大有帮助。

现代汽车电路如同计算机局域网，其复杂程度与日俱增，而电路中的配线连接器、接线盒、继电器、接地点等如同"节点"，所以熟悉这些元件在电路图中的表示符号、位置、连接方式、内部电路，对解读汽车电路图很有帮助。这样就可以大致了解汽车电路的组成及特点。

四、明确开关和继电器的初始状态

在分析局部电路的工作原理时，要特别注意控制开关、继电器触点的工作状态。大多数电气设备都是通过开关、继电器触点状态的变化来改变其回路，从而实现不同的电路功能。例如转向信号灯电路就是通过转向灯开关位置转换来接通不同的转向信号灯电路，从而发出转向方向不同的信号。

在电路图中，控制开关和继电器的状态是其初始状态。控制开关总是处于零位，即开关处于断开状态。继电器线圈处于断电状态，其触点未闭合（常开触点）或未打开（常闭触点），这种状态称为原始状态。对于电子开关，若初始状态通电，其初始状态则是电路达到稳定工作时的状态。若初始状态时不通电，其初始状态则是静止时的状态，即相当于触点断开。但看图时，不能完全按原始状态分析，否则很难理解电路所表达的工作原理。因为大多数用电设备都是通过开关、按钮、继电器触点的变化而改变回路的，进而实现不同的电路功能。例如，刮水器就是通过刮水开关挡位的变化来实现间歇、低速、高速刮水功能的。

因此在分析汽车电路中的开关时，应注意以下几个问题：

① 蓄电池（或发电机）的电流是通过什么路径到达这个开关的？中间是否经过其他开关和熔断器？这个开关是手动还是电控的？

② 这个开关控制哪些用电器？每个被控电器的作用是什么？当开关接线柱较多时，首先应抓住从电源来的一两个接线柱，再逐个分析与其他各接线柱相连的用电装置处于何种挡位，从而找出控制关系。

③ 开关的许多接线柱，哪些是直通电源的？哪些是接用电器的？接线柱旁是否有接线符号？这些符号是否常见？

④ 开关共有几个挡位？在每一挡中哪些接线柱有电，哪些无电？对多层多挡多接线柱的开关，要按层、按挡位、按接线柱逐级分析其各层各挡的功能。

⑤ 在被控的用电器中，哪些电器应经常接通，哪些应短暂接通，哪些应先接通，哪些应后接通，哪些应当单独工作，哪些应当同时工作，哪些电器不允许同时接通？

⑥ 有的用电装置受两个以上单挡开关（或继电器）的控制，有的受两个以上多挡开关的控制，其工作状态可能比较复杂，如间歇刮水器电路等。

⑦ 对于组合开关，在线路图中是画在一起的，而在电路图中又按其功能画在各自的局部电路中。因此必须仔细识读。

五、必须遵循回路原则

在分析局部电路的组成时，一定要遵循回路原则，即各局部电路只有电源和电源开关是公用的，任何一种用电设备都要构成回路。汽车电器要想正常工作，必须与电源（发电机或蓄电池）的正负两极构成通路，即从电源的正极出发，通过用电器，回到同一电源的负极。回路原则在汽车电路上的具体形式是电源正极→熔断器→导线→开关→用电器→搭铁→同一电源的负极，才能构成回路。这个简单而重要的原则必须牢记，否则读汽车电路图时会理不出头绪来。

读图中常常出现这样的错误：从电源正极出发，到某用电器（或再经其他用电器）又回到了电源正极。大家知道，电源的电位差（电压）存在于电源正负极之间，而电源的同一电极是等电位的，没有电压，所以，从正极到正极的电路不会产生电流，这样读图当然是错误的。

在读图时往往将发电机、蓄电池这两个电源当作一个电源，常从这个电源的正极出发，经过用电器回到另一个电源的负极，这实际上并未构成真正的通路，也就不能产生电流。因此，读图时要强调从一个电源正极出发，经过用电器回到同一电源的负极，也可逆着电流的方向，由用电设备查向电源。尤其是查寻一些不太熟悉的电路，后者比前者更为方便。

有些人虽然注意到回路原则，但在电流方向上却是随意的，有时从电源正极出发，经用电器回到同一电源的负极（这是正确的）。有时又从电源的负极出发，经用电器回到电源的正极，这样虽然构成了回路，却因电流方向不确定，容易在某些线圈与磁路中引出错误的结论，而且这种电流方向在电子电路中是行不通的，即可能使元器件损坏。

进口汽车一般只配有接线图，其原理图往往是汽车进口以后有关人员为研究、使用与检修而收集和绘制的。由于这些图的来源不同，收集时间不同及符号、惯例的变更等，在画法上可能出现差异，所以读电路原理图时应注意这一点。

六、熟悉典型全车电路的分析方法

在全车电路图中，电器部件的图形符号都已大大简化，大多数图形符号都难以表达出电器部件的原理电路。因此，先要看全车电路图，根据电路图上的电气图形符号及文字符号，首先对全车电气设备的基本功能作全面的了解，在分析局部电路的工作原理时，可将某些电器部件的图形符号（例如发电机、起动机、刮水器等）还原成较为详细的原理电路，这样便可比较清楚地表达出局部电路的相互联系，分析和查找电路十分方便。

由汽车电路的特点可知，在全车电路图中，各系统的局部电路之间以及局部电路与电源电路之间的连接关系都是并联关系。在查找局部电路的过程中，一定要遵守回路原则。各局部电路只有电源和电源总开关（若有的话）是公用的，任何一个用电设备都要自成回路。看电路图时，应先找出电源部分，然后从电源火线到熔断丝、开关，再往下找到用电设备，最后经搭铁回到电源负极。掌握局部电路的分析方法和工作原理之后，再分析各部分电路之间的联系，整车电路的分析方法和工作原理便可迎刃而解。

汽车电气设备的标准化、通用化和专业化生产水平很高，同一国家汽车电路的表达形式逐步趋于一致，世界各国汽车电路的形式也可划分为几种类型。例如：了解解放牌汽车电路的特点，国产汽车电路图的识读就可迎刃而解；了解丰田、日产等汽车电路的特点，就可基本了解日本各汽车公司生产汽车的电路特点；了解桑塔纳轿车电路的特点，就可了解德国等西欧汽车公司生产汽车的电路特点。因此，熟悉不同国家和地区生产的几种典型汽车的电路特点及电子控制装置的结构原理和接线原则，并掌握其电路分析方法，是识读各种汽车的全车电路和排除汽车电气设备故障的必由之路。

七、读图注意事项

① 开始读图必须先读电路图注，对照图注先弄清楚各电器部件的数量及功用，找出每一

个电器部件的电流通路。

为了便于识读汽车电路图，可根据电器装置或其接线柱上赋予的不同标志代号阅读，例如：接至电源端接线柱用"B"或"+"表示；接至点火开关的接线柱用"SW"表示；接至启动机的接线柱用"S"表示；接至各种灯具的接线柱用"L"表示；发电机中性点接线柱用"N"表示；发电机磁场接线柱用"F"表示；励磁电压输出端接线柱用"D+"表示；发电机电枢输出端接线柱用"B+"表示；等。

② 读图时可以采用逐一分割法进行，也就是说将各部分电路根据需要逐一摘除后，再进行必要的分析。判断电气系统的控制方式若属于电子控制系统，则要把该系统的线路分成三部分：a.电控单元与电源的连接电路；b.信号输入电路；c.执行器工作电路。

若电器电路中使用了继电器，则要区分主电路及控制电路。应注意无论主电路还是控制电路，往往都不止一条。

③ 对于庞大复杂的电路，为了防止线路交叉错乱又使读图方便，在电路图下都标注有"地址"码，在电路图中未连到所处位置的线头也标注有应到位置的对应"地址"码，只要两处地址码完全相同，即说明两处导线相连。

④ 读图时应从电源开始，先找到蓄电池、发电机及电压调节器，发电机励磁电路必须受点火开关控制。

⑤ 找起动电路必须先找到点火开关、起动继电器及电磁开关控制电路。

⑥ 找点火电路时，先找点火控制器（或分电器）、点火线圈、点火开关及火花塞。

⑦ 找照明电路时，先找车灯控制开关、变光器、大灯、小灯及各种照明灯。照明灯电路一般接线规律是：小灯与大灯不同时亮；大灯的远光和近光不同时亮；仪表照明灯、尾灯、牌照灯等只有在夜间工作时才常亮。

⑧ 找仪表电路时，先找组合仪表、点火开关、仪表传感器及仪表电源稳压器。有些汽车仪表和指示灯共同显示一种参数，如充电、油压、油量及冷却液温度等，它的指示灯是闪烁的，由一个多谐振荡器控制，同时还有蜂鸣器报警。

⑨ 找信号控制电路时，由于信号装置属于随时使用的短暂工作的设备，一般应注意它是接在经常有电的导线上，且仅受一个开关控制，以免影响信号的发出。

⑩ 找辅助装置控制电路时，应首先熟悉辅助装置的图形符号及有关控制开关及其功能，而后按照从电源—熔断丝—控制开关—用电设备的顺序进行。

总之，在读汽车电路图时，一定先读懂某种型号的汽车电路，再遵循举一反三、触类旁通、对照比较的原则，去掌握其他车型电路的读图方法。

八、读图实例

如图 16-3-1 所示为桑塔纳型轿车部分电路图，以此电路图为例，说明其读图方法。

1. 整车电气系统电源正极输出分为三路

标有"30"字样的导线直接与蓄电池正极相连接，中间不经过任何开关，不论汽车处于停车或发动机处于熄火状态均有电，其电压为电源电压（12V 或 14V）。"30"字样导线所连接的用电设备均为发动机熄火时也需要用电的电器，如停车灯、报警灯、制动灯、顶灯、冷却风扇电动机等。标有"15"字样的导线为小容量用电设备的电源正极线，受点火开关控制。只有在点火开关接通后，用电设备才能通电使用。标有"X"字样的导线为大容量用电设备的电源正极线，受点火开关控制。只有在点火开关接通后、卸荷继电器触点闭合、车辆起步运行中才能使用的大容量电器所用电源线。

2. 搭铁线分为三路

标有"①"的为电源搭铁点，标有"②""③""④"的为中央线路板搭铁点，标有"⑦"的为尾灯线束搭铁点，而标有"31"字样的为中央线路板内搭铁点。

桑塔纳2000型轿车的原版电气线路图为彩色图，车上电线用什么颜色，图上就印什么颜色，非常直观。红色线大多为控制电源线，棕色线都为接地线，白、黄色线用于控制灯，蓝色线大多用于控制指示灯或传感器，全绿、红／黑或绿／黑用于控制脉冲式的用电器，不同用处的导线采用不同的底色和嵌色，给维修安装带来极大的方便。

3. 读图

如图16-3-1所示。K_2为继电器，黄色圈内标号为12，表示该继电器位于中央配电盒上第12号位，K_2为电子控制的复合式继电器。

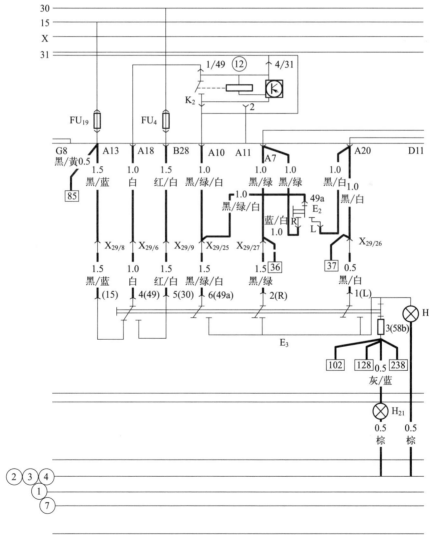

图 16-3-1　桑塔纳型轿车部分电路图

FU 代表熔断丝（即保险丝），下脚标号代表该熔断丝在中央配电盒上的位置，如 FU_{19} 表示该熔断丝处于中央配电盒第 19 位，熔断丝的容量可从它的颜色来判别：红色为 10A，蓝色为 15A，绿色为 30A，黄色则为 20A。

A13 为中央配电盒上的接头说明，该蓝／黑色导线连接于中央配电盒 A 插座第 13 孔插头上，以此类推，B28 即在 B 插座第 28 孔插头上。导线上标有的数字表示线的截面积，如 1.5、1.0、2.5 分别表示该线截面积为 $1.5mm^2$、$1.0mm^2$、$2.5mm^2$。

$X_{29/8}$ 表示连接插头，即 29 孔插头的第 8 孔。

图 16-3-1 下端的数字 135、136、137 等，表示"地址"码。图中连线端头矩形框中的数字 36、37、85 等，表示该导线与"地址"码 36、37、85 等处的导线端头对应连接。

习题参考答案

参考文献

[1] 张宪. 电工技术 [M]. 北京：国防工业出版社，2003.

[2] 张大鹏，张宪. 电子技术基础问答 [M]. 北京：化学工业出版社，2006.

[3] 张大鹏，张宪. 汽车电工电子基础学习指导与习题选解 [M]. 北京：北京理工大学出版社，2011.

[4] 张宪、张大鹏. 电子技术公式速查手册 [M]. 北京：化学工业出版社，2014.

[5] 张宪、张大鹏. 电子电路实用手册——识读、制作、应用 [M]. 北京：化学工业出版社，2012.

[6] 张宪、张大鹏. 汽车电工电子基础（4 版）[M]. 北京：北京理工大学出版社，2019.

[7] 秦曾煌. 电工学（上册）·电工技术（7 版）[M]. 北京：高等教育出版社，2009.

[8] 秦曾煌. 电工学（下册）·电子技术（7 版）[M]. 北京：高等教育出版社，2009.

[9] 王鸿明. 电工技术与电子技术 [M]. 北京：清华大学出版社，1990.

[10] 贾贵玺，姚海彬. 电工技术（电工学 I）[M]. 4 版. 北京：高等教育出版社，2013.

[11] 叶挺秀，张伯尧. 电工电子学 [M]. 北京：高等教育出版社，1999.

[12] 唐介. 电工学（少学时）[M]. 北京：高等教育出版社，1999.

[13] 刘全忠. 电子技术（电工学 II）[M]. 第四版. 北京：高等教育出版社，2013.

[14] 王乃成. 电子技术 [M]. 北京：国防工业出版社，2003.

[15] 李瀚荪. 电路分析基础（5 版）[M]. 北京：高等教育出版社，2017.

[16] 康华光. 电子技术基础·数字部分 [M].6 版. 北京：高等教育出版社，2014.

[17] 孙津平. 数字电子技术 [M]. 西安：西安电子科技大学出版社，2002.

[18] 张锡赓. 数字电子技术·重点难点及典型题精解 [M]. 西安：西安交通大学出版社，2002.

[19] 沈任元，吴勇. 数字电子技术基础 [M]. 北京：机械工业出版社，2002.

[20] 张纪成. 电路与电子技术（下册）·数字电子技术 [M]. 北京：电子工业出版社，2002.

[21] 教育部高等教育司. 电子技术·电工学 II [M]. 北京：高等教育出版社，2000.

[22] 罗守信. 电工学 [M].3 版. 北京：高等教育出版社，1993.